21世紀への挑戦

7

民主主義・平和・地球政治

加藤哲郎・丹野清人
[編]

日本経済評論社

21世紀への挑戦 7

民主主義・平和・地球政治

目次

序章

情報戦の時代とソフト・パワーの政治

加藤　哲郎

1　本書の狙いと構成

本書は、シリーズ「二一世紀への挑戦」の政治編である。もっとも政治の概念そのものが変容し、経済や社会・文化との境界が見えなくなっているところに、現代政治の特質が見出される。ここでの政治とは、永田町や霞が関の新聞政治面の政治やテレビのワイドショー政治ではなく、人々が抱えるさまざまな問題を、権力を媒介に解決し秩序化する社会的営為の総体である[1]。

そこで本書では、二一世紀の政治を大きく規定する要因として、福祉、環境、国籍、戦争、宗教、労働、ジェンダー、グローバル秩序の論点を抽出し、それぞれのイシューについて、狭義の政治学に限定しない専門的視角からの分析と、グローバルな視野にたっての提言を含む、一巻を編むことにした。

第1章「二一世紀の福祉政治——三つの争点と型の転換」（宮本太郎）は、福祉の領域を扱う。ケインズ・ベヴァリッジ型の二〇世紀福祉国家は、重化学工業依存、ブレトンウッズ体制、コミュニティと家族の紐帯、ネオ・コーポラティズムの政治を特質としていた。それが新自由主義の台頭によって変容し、二一世紀における争点は、雇用のあり方と社会保障の連携、家族とライフスタイルのかたち、行政と民間団体の関係という三つの争点をめぐるポスト新自由主義の政治が展開されると、明快に論じる。

第2章は、「政治的エコロジーの可能性——『エコロジー的近代化』を超えて」（畑山敏夫）を問う。二〇世紀ヨーロッパに先駆的に現れた「非近代のプロジェクト」エコロジズムの思想をトレースしながら、経済成長と生活向上を大量生産・大量消費で解決しようとしてきた近代政治が変容を迫られ、科学技術と制度的手段で乗り切る「グリーン・ニューディール」など「エコロジー的近代化」が登場し脚光を浴びている現状を見る。「エコでスローでピースな生き方」を可能とする社会のためには、新しい脱産業主義的価値観とライフスタイルに立脚した新しい政党と政治が必要になるとして、二一世紀型エコロジー政治の可能性を説く。

第3章「グローバリゼーションと国籍のゆらぎ——『国家を背負う移民』と『国家を背負わぬ移民』」（丹野清人）は、二〇世紀末に一時流布したグローバル化による国民国家の黄昏・終焉という楽観論を採らず、移民への国籍付与を事例に、近代の国籍概念と日本の国籍法、その具体的運用の歴史的展開に内在しながら、国家の側のみならず、社会と国民の側に存在する国境とコミュニティ構成、家族の問題を、二一世紀の人権の課題として問題提起する。

第4章「グローバル化・帝国・戦争――『帝国の衰退』とアフガン／イラク後の戦争」(木下ちがや)は、冷戦終焉後も世界を席巻したアメリカ「帝国」の世界戦略が有効性を失い、介入の「必要性」と「限界」がアメリカ国内で論じられる様相を描く。二〇世紀に総力戦の時代、冷戦の時代、そして冷戦後のアメリカ一極支配と展開した世界が、「多極化」「帝国の衰退」という新たな局面に至り、「帝国」「帝国主義」を前提としない戦争と平和の二一世紀的展望が必要とされていることを示唆する。

第5章「世界政治論におけるイスラーム政治神学――デリダ後の政治的なものへの余白に」(鈴木規夫)は、オリエンタリズムを背景に、ポスト冷戦の不安定な世界のなかでもとりわけ「異質」とされる、「非西洋的世界」の典型イスラーム社会の政治をとりあげる。なぜイスラームはネオリベラリズムにより国際社会の〈敵〉とされるのかを問いながら、そこでの「政治的なもの」が孕む問題性、「政治と宗教」をめぐる古典的問題の現代化に照準を定め、二一世紀的なデモクラシーの方向を探る。

第6章「貧者の社会運動は可能か?」(西澤晃彦)は、一九世紀、二〇世紀において国家に対抗する政治的主体として自明視された労働者、貧者の現代的存在様態を、労働市場、国家、社会からの「排除」の位相で問題にする。雇用が不安定で定住点もない貧者が、自らの置かれた境遇を社会問題として公共圏へと提起する異議申し立てを行うことは可能なのか、むしろ公共圏には浮上しない様々な「抵抗」こそすぐれて二一世紀的なものではないかと問う。社会的に排除された不満や怒りが逸脱行動や暴動として「可視化」される組織ならざる組織、政治ならざる政治の局面に、「社会」の再定義を求める社会運動の原点を見出す。

第7章「女性が変える政治――政策過程への参加形態の変容」(岩本美砂子)は、人類の半分を占めながら、二〇世紀後半にようやく政治の世界に本格的に登場した、女性たちにとっての政治を追う。日本のいわゆる五五年体制下での政党、行政、利益集団からの女性の排除と名目的包摂の歴史をトレースしながら、ポスト自民党政権の立法過程と政党政治における女性関連政治の争点化、女性にとっての「抗議と反対」「名目の参加」から「政策の創造」への可能性を見る。

巻末の第8章「グローバル・ジャスティスの政治――金融拡大局面終焉期における規制強化を中心に」(土佐弘之)は、一九九〇年代以降本格的に進んだネオリベラル・グローバリゼーション、それに対抗するオルタ・グローバリゼーション運動の展開を踏まえて、二〇〇八年のグローバル金融危機を契機にスポットを浴びた「上からのグローバル・ガヴァナンス」の再編方向とその正統性根拠を問題にする。ネオリベラルな金融支配レジームに対して、すべての人間が基本的人権を享受する資格を有すると同時に、すべての人間は他の人間の権利を尊重する義務を有するとするグローバル・ジャスティスに注目し、その思想的・規範的理念に内在して二一世紀を展望する。

本書の全体は、これらのコラボレーションによって、一九世紀、二〇世紀とは歴史的位相の異なる、二一世紀の人類にとっての新しい政治の課題と挑戦のあり方が、浮かび上がることをめざしている。

2　グラムシの機動戦・陣地戦から情報戦の時代へ

序論である本章では、右に概観したそれぞれのイシューを論理的に組み立て総括することよりも、これらのイシューを横断して表層をおおう、ひとつのグローバルな問題領域に挑戦する。それが、情報、ネットワーク、ソフト・パワーの政治である。筆者自身は「情報戦の政治」と命名し、二一世紀の初めから提唱してきた。

それは、ひとまず「戦争と革命の世紀」と呼ばれた「短い二〇世紀」（エリック・ホブズボーム）の経験から導かれる。

あるデータによると、二〇世紀の世界は、人類史を画する政治暴力・大量虐殺の時代であった。一六世紀は戦争犠牲者一六〇万人、一日平均四四人であったのが、一七世紀に六一〇万人、一八世紀に七〇〇万人、一九世紀に一九四〇万人と倍々ゲームで犠牲者が増え、二〇世紀の一〇〇年間では一億七八〇万人以上と一〇倍になった。最大の見積では一億六〇〇〇万人にのぼり（マクナマラ元米国国防長官）、年百数十万人、毎日三、四千人が戦争によって殺された計算になる。(2)

しかも、犠牲者のあり方が大きく変化した。一九世紀までの戦争は兵士と兵士の戦闘で、犠牲者も兵士が中心だったが、二〇世紀の第一次世界大戦以降、徴兵制・国民動員と戦車や航空機の登場で、参戦兵士ばかりでなく一般市民の戦争被害が飛躍的に増える。

「戦争とは他の手段をもってする政治の継続である」と喝破したのは、ナポレオン戦争を見た一九世紀ドイツの戦略家カール・フォン・クラウゼヴィッツであった。政治による戦争の規定性は、二〇世紀に戦争が繰り返されるなかで、相互規定性になった。「政治とは異なるかたちでの戦争の継続である」という循環が生まれた。ここに注目し、戦争と政治の様態を歴史的に結びつけたのが、イタリアの反ファシズム思想家アントニオ・グラムシの、ヘゲモニー論を基礎にした「機動戦から陣地戦へ」テーゼであった(3)。

グラムシの「機動戦」とは、軍事的には「戦争において敵軍要塞への突破口、すなわち自軍が奇襲して(戦略上)決定的な勝利もしくは少なくとも戦略方針において重要な成功を収めるのに十分な突破口を切り開く」ような、武装蜂起であり奇襲であった。そして、「政治において、機動戦が存続するのは、決定的でない陣地の獲得が重要であるあいだ、したがってヘゲモニーと国家の全資源が動員されないあいだである。だが、なんらかの理由でこれらの陣地がその価値を喪失して、決定的な陣地のみが重要性をもつようになると、抑えつけられた困難な包囲戦に移行し、そこでは忍耐と創意精神という希有の資質が求められる。政治においてこの包囲は、形勢がどうであれ、相互的であり、優勢な側が自分たちの全資源を誇示しなければならない」と、陣地戦・包囲戦への移行を説く。

そこで、第一次世界戦争を見たグラムシはいう。「産業的および文明にもっとも発達した諸国家間の戦争において、機動戦は戦略的機能よりも戦術的機能に格下げ」された。「同様の格下げは、少なくとも『市民社会』がきわめて複雑で(恐慌や不況など)直接の経済的要素の破局的な『急襲』に耐える構造となっているもっとも発達した諸国家に関して、政治術および政治学のなかで生じるにちがいない。市民社会の諸々の上部構造は、現代の戦争における塹壕体系のようなものである」。

つまり、機動戦から陣地戦の時代に移っても、機動戦・奇襲戦そのものはなくなるわけではなく、ただ「格下げ」になる。

そしてそれは、民主主義の発展と関わる。「『永続革命』の一八四八年定式は、政治学において、『市民的ヘゲモニー』の定式のなかで練り上げられ、乗り越えられた。軍事技術に生じたことが政治術において生じている。つまり、機動戦はますます陣地戦となり、国家は、平時において細心かつ技術的に陣地戦を準備するならば、戦争に勝利するといえる。現代民主主義の盤石な構造は、国家的諸組織としても、市民生活における諸組織の総体としても、政治術にとっては陣地戦における『塹壕』と前線での永久要塞のようになっている。すなわちそれは、かつて戦争の『すべて』であった運動の要素を、たんなる『部分的』なものにしている」。

ここでグラムシのいう「陣地戦」とは、軍事的には「陣地戦は実際、正真正銘の塹壕だけで構成されるのでなく、配備された軍隊の後背領域の組織機構および産業機構の全体によって構成されているのである。また陣地戦は、突破や退却後、消耗物資をすみやかに補填しうる豊富な補給量によるばかりでなく、とりわけ、大砲・機関銃・小銃の急射撃力や、特定地点への舞台の集中度に左右される。もう一つの要素は、軍の陣容に参加し、きわめて非同質的な価値をもつ巨大な人間大衆（マス）である」。これを政治的に読み替えると、「国家＝政治社会プラス市民社会、つまり強制の鎧をつけたヘゲモニー」という、かのグラムシ的国家概念にいたる。

グラムシの「機動戦から陣地戦へ」テーゼは、もともと、ロシア革命は成就したのにヨーロッパ諸国に広がる世界革命につながらなかったのはなぜかという問題設定から、初期コミンテルンの「統一戦線」戦術の延長上で、思考されたものであった。かの有名な、「東方では、国家がすべてであり、市民社会は原初的でゼラチン状であった。西方では、国家と市民社会とのあいだに適正な関係があり、国家が揺らぐとただちに市民社会の堅固な構造が姿を現した。国家は前方塹壕にすぎず、その背後には堅固に連なる要塞とトーチカがひかえていた。もちろん、国家によって多少の違いはあったが、これはまさしく国民性の綿密な調査を要求していたのである」という叙述は、資本主義・市民社会の発展度で機動戦と陣地戦の絡み合いは、歴史的経験によっても、地域によっても、異なることを示す。

このテーゼは、グラムシが「機動戦」の起点としたフランス革命の二〇〇周年にあたる一九八九年に東欧革命・冷戦集結があり、九一年ソ連崩壊の後には、現存社会主義の市民革命による瓦解＝「市民社会の復活」の文脈で、注目されるようになった。初期グラムシのロシア革命は「資本論に反する革命」だったというテーゼとともに、「市民社会」もデモクラシーも成熟しない「東方」の国においては「機動戦」的正面攻撃＝「奇襲」型権力奪取が存続し、民主主義の発達した「西方」では陣地戦・包囲戦・組織戦が中心になると解釈された。

そのさいグラムシが想定したのは、「国家＝強制の鎧をつけたヘゲモニー」の機能が、教会や学校や職能団体・メディア等を通じて制度化しているもとで、マキアヴェリ的意味での「現代の君主」と理念化された共産党が、「市民社会」の「堅固に連なる要塞とトーチカ」に組織的に入り込み、そこで知的道徳的ヘゲモニーを行使して国家機能を転換しうるような「大衆的前衛党」の構築であった。

しかし、二〇世紀の「西方」の歴史では、この役割は、グラムシの期待した第三インターナショナル＝コミンテルン系列の共産党によってではなく、レーニンからいったん「崩壊」を宣告された第二インターナショナル系列の社会民主主義によって担われることになった。労働者階級の自己組織＝労働組合を基盤として、「西方」の「国家と市民社会のあいだの適正な関係」のなかにトーチカを築いていったのは、資本主義的市場原理の枠内で、選挙と議会を通じての社会改良を制度化した社会民主主義の流れであった。その社会民主主義的「陣地戦」は、当初は第三インター系列と同じく生産手段の国有化・公有化をめざしたが、選挙による議会多数派から政権に到達し、労働者や社会的弱者のための社会政策・セーフティネットを資本主義市場の枠内にビルト・インして、第二次世界大戦後に福祉国家を定着させた。それは、現存社会主義・共産主義の崩壊を尻目に、陣地戦で橋頭堡を築き、ヨーロッパ社会主義、社会主義インターナショナルとして二一世紀に生き残った。

ここで注意すべきは、グラムシ政治論における「機動戦から陣地戦へ」は、「軍事技術の政治術への読みかえ」、すなわち戦争のあり方の変化に照応する政治舞台の変容として、抽出されたことである。それは、「異なる手段での政治の継続」に戦争を見たクラウゼヴィッツを逆転し、「戦争の継続としての政治」を説いたものであった。つまり戦争のあり方の変化から変革的政治のあり方を論じたグラムシに即していえば、彼の知りえた第一次世界大戦までの戦争のあり方が、第二次世界大戦、東西「冷戦」、朝鮮戦争、ベトナム戦争、湾岸戦争、そして二〇〇一年九・一一以降の「対テロ戦争」へと大きな変化があるならば、政治のあり方も、当然に読みかえられなければならない。

実際「陣地戦」的状況も、一九八〇年代には、新たな局面を迎えた。ヨーロッパの社会民主主義主導の福祉国家が多くの国々で経済危機、財政破綻を経験し、「イギリス病」や「スウェーデン病」の声高な批判のなかから新自由主義が勃興した。イギリスのサッチャーリズムがその先駆で典型であったが、アメリカのレーガノミクス、日本の中曽根内閣、西ドイツのコール首相も、同じ時期に同じ方向へと歩み始めた。同時にその合意調達、市場型正統性確保には、テレビを中心にしたメディア政治が、組織と利益集団を基盤とした政党政治と併行し、それを補完するかたちで現れた。

やがてグラムシに学んだスチュアート・ホールは、サッチャー首相登場を「権威主義的ポリュリズム」として注目し、カルチュラル・スタディーズの領域を切り開いていった。最大資本主義国アメリカ合衆国の大統領選挙キャンペーンは、政治信条・政策を訴える理念的政治から、イメージやシンボル操作で有権者を掌握する感覚的政治へと変貌した。一九二八年のラジオ選挙、一九六〇年ケネディ当選のテレビ選挙に続いて、二〇〇〇年大統領選挙は時代を画すインターネット選挙、eデモクラシーと言われた。政治のアリーナ、政治スタイルが大きく変化した。日本でも、小泉内閣時に「劇場政治」が語られた。

戦争のあり方も変わった。第二次世界大戦で航空機による都市絨毯爆撃やヒロシマ・ナガサキの原子爆弾を体験し、「冷戦」時代には核開発競争やベトナム戦争で武器と暴力をエスカレートしたが、湾岸戦争では電子情報機器を駆使したピンポイントの塹壕攻撃が現れ、犠牲者の圧倒的多数は文民になった。第二次世界大戦の経験から生まれた「平和に対する罪」「人道に対する罪」は国際法上の規範性を獲得し、機動戦・陣地戦自体が「情報戦」の様相を帯びるようになった。戦争当事国は、一人の兵士の戦闘死にも国民への説明責任を果たさなければならなくなった。無人偵察機や無人爆撃機が使われ、軍事施設でない病院や学校への「誤爆」は、国際世論から非難を浴びた。核兵器と軍事技術の電子制御が入り込むことにより、戦争は人類絶滅、政治の死滅に直結する水準に達し、国家間戦争への道徳的規制がある程度働くようになった。

この「情報戦」段階には、「平和の道徳的優越性」が、それ自体として政治と戦争の帰趨を決する。二〇〇一年九月一一日は、国家間戦争ではなく、アメリカ心臓部への同時多発テロ勃発で衝撃を与えた。筆者は、かつて丸山真男が述べた「戦争は一人、せいぜい少数の人間がボタン一つ押すことで一瞬にして起せる。平和は無数の人間の辛抱強い努力なしには建設できない。このことにこそ、平和の道徳的優越性がある」の警句をウェブ上で掲げ、ジョン・レノンの「イマジン」と「一〇〇人の地球村」を世界に発信して非戦平和の運動に関わった。情報戦は、「戦争の正統性」をめぐる民意の争奪戦として、機動戦・陣地戦終了後も、絶えず問い直される。九・一一以後の戦争は、「終わりなき戦争」となった。

こうしてグラムシのヘゲモニー論から見ると、二一世紀の政治の基本的性格は、一九世紀の機動戦・街頭戦、二〇世紀の陣地戦・組織戦の延長上で、情報戦・言説戦への流れととらえることができる。ただしグラムシが注意したように、情報戦の時代にも機動戦や陣地戦がなくなるわけではない。軍事力や経済力・組織力の意味と重要性が変化し、情報や言説によって媒介される度合いが高まって、時にはメディア政治や劇場政治が主役になるような政治のあり方である。そしてそれは、田中明彦のいうワード・ポリティクス（言力政治）[4]や、ジョセフ・ナイのいうソフト・パワー[5]とも重なり合う。

3　J・ナイのソフト・パワー、ハード・パワー、スマート・パワー

ハーバード大学行政大学院（ケネディ・スクール）の教授・学長を務め、クリントン政権下の米国安全保障政策の立案者（国家情報会議議長、国務次官補）でもあったジョセフ・ナイが「ソフト・パワー」を唱えたのには、理由がある。情報戦の見地からすれば、ソフト・パワー論そのものが、ひとつのソフト・パワーたらんとするものである。そしてまた、本書の各論文も、情報戦のなかでのソフト・パワーとなる可能性を秘めている。

米国民主党外交政策のブレーンであるナイは、二〇〇四年に原書の出た邦訳『ソフト・パワー』ではアントニオ・グラムシに言及していないが、もともとグラムシのヘゲモニー概念を国際政治に援用してきた同僚で共同研究者であったロバート・コヘイン教授とともに、国際政治学の影響力ある理論枠組を作ってきた。[6]『ソフト・パワー』の前に書かれた論文「なぜ軍事力ではもはや不十分か」[7]では、グラムシを直接に援用している。だから国際政治学の学問世界では、ロバート・コックスやスティー

ヴン・ジルとともに「ネオ・グラムシアン」に近いとされることさえあるが、無論、マルクス主義者ではない。リベラルな制度論の見地から、ソ連共産主義の崩壊をもソフト・パワーの衰退・欠如によって説明する、影響力ある国際政治学者である。

ナイが『ソフト・パワー』で論じるのは、アメリカの国家安全保障とヘゲモニーの関連である。ソ連の崩壊はハンガリー、チェコ介入以後のソフト・パワーの衰退によるとし、その同じ衰退を、九・一一以後、アフガニスタン、イラクでの戦争に突入したアメリカも経験しつつあると警告して、グローバル社会におけるアメリカのヘゲモニー（国際政治学ではしばしば「覇権」と訳される）再建をめざしたものである。

ナイの説くソフト・パワーの政治とは、軍事力・経済力などのハード・パワーに対し、外交・文化を優先し、言説やイメージの力で他国や自国民衆を説得し、納得させ、支持を調達することである。グラムシのヘゲモニー概念（知的道徳的指導）に通じる。

ナイによれば、ソフト・パワーとは、「強制や報酬ではなく、魅力によって望む結果を得る能力」である。ナイが「情報は力であり、情報技術の革命によって、歴史上にかつてなかったほど幅広く情報が伝えられるようになった」という時、その「力」の概念は、ロバート・ダールの「さもなければしないであろうことを、AがBにさせる力」という関係論的権力観、バカラック＝バラツの非決定・争点隠蔽・論題設定の二次元権力が前提とされている。

ただし、ミシェール・フーコー以降の第三次元権力、規律・訓練権力には及んでいない。にもかか

図１　力の形態

	ハード		ソフト	
行動の種類	支配力 ←―― 強制	誘導	課題設定	魅力 ――→ 吸引力
関連性の高い源泉	軍事力 制裁	報酬支払い 賄賂	制度	価値感 文化 政策

出典）ジョセフ・S・ナイ『ソフト・パワー』山岡洋一訳、日本経済新聞社、2004年、30頁。

図２　３種類の力

	行動	主要な手段	政府の政策
軍事力	強制 抑止 保護	威嚇 軍事力	威嚇外交 戦争 同盟
経済力	誘導 強制	報酬支払い 制裁	援助 賄賂 制裁
ソフト・パワー	魅力 課題設定	価値観 文化 政策 制度	広報外交 二国間・多国間の外交

出典）ジョセフ・S・ナイ『ソフト・パワー』山岡洋一訳、日本経済新聞社、2004年、62頁。

わらず、上に掲げたわかりやすい図からは、ナイが二〇世紀後半以降の権力概念の関係論的転回、軍事力・経済力から「価値観／文化／政策」へのヘゲモニーの源泉の変化を組み込んでいることがわかる。

　ごく単純化していえば、ナイの軍事力、経済力、ソフト・パワーのモデルは、グラムシの一九世紀機動戦、二〇世紀陣地戦モデルを横倒しにし、共時性のなかにおいたものであり、これらハード・

パワーの延長上でのソフト・パワーは、筆者の「陣地戦から情報戦へ」の主張と重なる。

ナイは、二〇世紀のアメリカが、軍事力・経済力ばかりでなく、科学技術・大学・留学など高級文化でも、映画・テレビ・スポーツなど大衆文化でも、「他人をひきつける魅力」で隔絶した力を持っていたことを前提する。ここでのソフト・パワーは、軍事力・警察力のような国家のみを行使主体としたものではないし、国家と民間企業による経済力とも異なる。国際組織や非政府組織、宗教団体（「法王はソフト・パワーを持っている」）、大学、俳優、歌手やスポーツ選手のような個人（マイケル・ジョーダン）、企業ブランド（コカコーラ、マイクロソフト）やファッション（ジーンズ）もソフト・パワーを持ち、「反米感情」のあり方に大きな影響を及ぼすという。

九・一一以後の共和党ブッシュ政権によるイラク戦争で「反米感情」が強まったとしても、アメリカのソフト・パワーの再構築・再活用をめざすべきというのが、ナイの主張である。

ただしナイは、旧ソ連の崩壊にアメリカ留学組が一役買ったり、チェコではジョン・レノンが「レーニンに勝つ」に至った例などはあげながら、イラク戦争時に「イマジン」が世界中で流れた意味や、国籍なしのオペレーション・システム、フリー・ソフトウェアであるリナックスには言及しない。ソフト・パワーは国家のみの行使するものではなく、「価値観」「文化」が重要な構成要素であることを認めながら、事実上あらゆるソフト・パワーに国籍を求める傾向があり、平和や正義といった普遍的価値を創出する、国籍を超えたグローバルなソフト・パワーへの言及は少ない。

そのためナイの具体的なソフト・パワー分析は、国家・地域単位で進められる。二〇〇四年段階では、アメリカとイラク戦争で不協和音を発したヨーロッパ諸国との関係修復にソフト・パワーを役立てようとする。ノルウェーの「和平」のメッセージやヨーロッパ多国間外交に、アメリカに対抗することもあれば、連携も可能になる力をみる。

アジアでは、日本のテレビ・ゲームやアニメ、大江健三郎や小澤征爾もソフト・パワーの源泉だとするが、重要な指摘もある。

「日本のソフト・パワーには限界もある。ドイツは過去の侵略政策を放棄し、EUの枠組みのなかで隣国と和解したが、日本は一九三〇年代に海外を侵略した歴史を清算しきれていない。中国、韓国などにはいまだに日本への疑念が残っており、日本のソフト・パワーを制約している」[8]。少子高齢化や日本語の普及の限界にも触れ、「日本文化はアメリカ文化以上に内向きであり、日本政府が一九三〇年代の歴史について率直な姿勢をとらないことから、こうした源泉を活かして、政策面で望む結果を得るという意味でのソフト・パワーを十分に獲得することができない」と診断する[9]。

そこから、アジアでは中国とインドの将来、「情報革命」のもとでの多国籍企業や非政府組織のパワーにも注目するのだが、ソフト・パワーをその生成した国家に振り分け、アメリカの広報外交と安全保障の観点から評価するナイの議論には、重要な欠落がある。

たとえば日本についていえば、「過去の克服」の問題を挙げたのはナイの卓見だが、それならば、ポケモンやコミック、ハイテク技術ばかりでなく、日本国憲法第九条・第二五条や「ヒロシマ・ナガサキ」も、ソフト・パワーたりうるはずである。

しかしナイは、軍事力や経済力というハード・パワーでのアメリカの強さを確信し、ソフト・パワーの再建で補強しようとしているので、米軍基地をおく日本の平和発信力には、ノルウェーの和平調停能力のような評価は与えない。

ソフト・パワーとハード・パワーの区別を徹底するならば、ナイの言及する南アフリカのアパルトヘイト撤廃と同じように、たとえばブータンのＧＮＰに代わるＧＮＨ（国民総幸福量）の提案、モンゴルの一国非核兵器地位宣言、オーストラリアやニュージーランドの多文化主義・先住民政策も評価されてしかるべきだが、「中東という難しい問題」を抱えるアメリカの視点からは、視野に入らない。

総じてナイのソフト・パワー論では、既存のハード・パワーを前提とし、それとソフト・パワーを組み合わせて、国際社会でのアメリカのヘゲモニーを再建する企図が見え隠れする。どちらかといえば、ソフト・パワーをハード・パワーを補完するものとして扱う。

「ハード・パワー、ソフト・パワーのどちらかだけを重視するのは賢明ではない。両者をともに重視するのがスマート・パワーである」[10]――ここに、グラムシのヘゲモニー論を参照しながら、それを国家間関係における国益と覇権に焦点化しがちな、ナイのソフト・パワー論の限界がある。

そして、その「スマート・パワー」論が、ブッシュ共和党政権に代わる、アメリカ初の黒人大統領オバマ民主党政権の公式の外交戦略となった。

4　グローバルなソフト・パワー・ネットワークの行方

ジョセフ・ナイのソフト・パワー論は、筆者がアントニオ・グラムシから示唆を受けた情報戦論にも多くの示唆を与え、二一世紀の政治のひとつの重要な次元を見通すものである。しかし、グラムシのヘゲモニー論を徹底し、二一世紀後半の政治をも見通すならば、さらにいっそう発展させなければならない。

その第一は、ソフト・パワーの概念を、ナショナルな国家の作用から解き放ち、グローバルにもローカルにも、非国家組織にも家族や市民にも、適用することである。たとえばジョン・レノンの「イマジン」は、九・一一以後のアメリカ・イラク戦争に反対する世界の平和運動のなかで、一九世紀の「ラ・マルセイエーズ」や二〇世紀の「インターナショナル」に代わる象徴的役割を果たした。それは、ジョン・レノンの生まれたイギリスや、その詩と曲を生んだアメリカの力に還元できるものではなく、「国境なんてない」世界をイマジンできる想像力の普遍性によるものである。そのような意味での新しい価値観・文化を刺激し、国籍や著作権からも脱するものこそ、ソフト・パワーの名にふさわしい。

グラムシが陣地戦の担い手を政党や社会運動のレベルで想定したように、情報戦時代のソフト・パワーは、第三次元の権力、微視的なコミュニケーションを含むネットワーク権力のレベルで分析され、構想されなければならない。日本から発信されるソフト・パワーでいえば、手塚治虫や宮崎駿や村上春樹を、日本人としてばかりでなく、地球人として、また友人・同郷人として共感し、受容し、行動に移す作用こそ重要なのである。

第二に、ハード・パワーと組み合わせてスマート・パワーとされるソフト・パワーは、歴史的見地から、通時的にも、位置づけなければならない。ナイは、インターネットや携帯電話を含む「情報革命」に注目し、情報・コミュニケーションの双方向性にも言及しているが、他方で、左翼やネオコンのいう「アメリカ帝国主義」「帝国」概念に疑問を呈し、「現在のアメリカは、力の源泉という点で、大英帝国の全盛期のイギリスよりも強力である。だが、イギリスが世界の四分の一を支配していたときと比較すると、他国内の動きを管理する力は弱い」という。

だがそれは、グラムシが戦争の歴史的様態の変化から、機動戦から陣地戦への転換を導いたように、二〇世紀の情報技術や民主主義の発展からも、政治舞台の歴史的変容からも、説明可能である。

イギリスが「帝国」を築いた植民地と機動戦の時代には、一握りのエリート男性政治家や職業外交官が、議会の演説や新聞・雑誌を通じてソフト・パワーを行使した。ヴァルター・ベンヤミンが「アウラの凋落」と「大衆の登場」を見出した「複製技術時代」の陣地戦を先導・組織したアメリカは、大量生産・大量消費のフォーディズムを基礎に、写真、映画、ラジオ、テレビ、電信電話、自動車、航空機といった情報交通手段を開拓し、男女平等普通選挙や植民地の独立を認めつつ「アメリカ文化」を広めることができた。

しかし、二一世紀の情報戦時代には、そのような国民国家単位の「ヘゲモニー（覇権）の循環」を論理的に想定する必要はない。いや、次の覇権国家が出現するかどうかも、グローバルなソフト・パワーの帰趨にかかっている。

第三に、筆者の情報戦の視角からすれば、ナイのいうハード・パワーの基底にも、ソフト・パワーがビルト・インされている。軍事力の背後の戦略・戦術、経済力を支える市場理論・資本主義分析・金融工学・経営技術の類である。ナイは、アメリカの大学への世界からの留学・学術交流や財団の文化援助、インターネット世界での英語流通力等をソフト・パワーとして挙げているが、それらはソフト・パワーのハード面であって、ソフト・パワーのソフトたるゆえんは、メディアよりメッセージ、パワーを受容する人々の感性や思考に及ぼす「魅力」「吸引力」である。

この観点からすれば、二〇世紀陣地戦の時代に、アメリカ合衆国がソ連型共産主義をも崩壊させて君臨したソフト・パワーとは、世界の人々が「アメリカ的生活様式」にあこがれ追随していった感性・認識枠組・思考様式にある。筆者はその一端を、ソ連型マルクス・レーニン主義の生産様式（土台・上部構造論）、再生産論、唯物史観に対抗した、アメリカの社会システム論（パーソンズ、シルズ）、産業連関・国民所得論（レオンチェフ、クズネッツ）、近代化論（ロストウら）の世界制覇に見る。人文・社会科学のアメリカ化である。より具体的には、国際統計や世界ランキング、社会指標や「国民性の綿密な調査」への採用と普及に見出し、その歴史的起源を第二次世界大戦時の米国科学技術の総動員体制（とくに戦略情報局ＯＳＳの調査分析部Ｒ＆Ａにおける全米二〇〇〇名以上の研究者動員と学際的地域研究・戦後世界戦略立案、自然科学の原爆開発「マンハッタン計画」の人文・社会科学版）と考えるが、この点は別稿で論じたので、ここでは指摘するに留める[11]。

要するに、大量生産・大量消費のフォーディズムを基礎に、GDP／GNP、市場占有率や売上高で世界を見渡し、消費生活やライフスタイルで「進歩」「発展」を測るパターンを暗黙に受け入れる感受性・認識枠組・思考様式を広め受け入れさせたことこそ、二〇世紀を「アメリカの世紀」にした深奥の力だった。ナイのソフト・パワー概念に依拠するならば、その「ソフト」の意味をいま一歩進めて、ソフト・パワーの底に流れる認識・受容パターンのレベルにこそ、二一世紀情報戦の新たな政治舞台がある。

この意味では、グラムシのヘゲモニー概念やナイのソフト・パワー概念の学問的検討自体が、情報戦の一部であり、私たちの「常識」を問い直す政治舞台となる。

本書の各論文がイシューごとに展開する論理と主張そのものが、少なくとも潜在的には、民衆的ソフト・パワーのグローバル・ネットワークの一環となりうるのである。

【注】

（1）本書と併行して編纂・公刊された、加藤哲郎他編『政治を問い直す　1　国民国家の境界』『政治を問い直す　2　差異のデモクラシー』日本経済評論社、二〇一〇年、および加藤哲郎「グローバル・デモクラシーの可能性――世界社会フォーラムと『差異の解放』『対等の連鎖』」加藤哲郎・国廣敏文編『グローバル化時代の政治学』法律文化社、二〇〇八年、参照。

（2）「第二次世界大戦等の犠牲者数」。http://www.max.hi-ho.ne.jp/nvcc/TR7.HTM

（3）以下は、加藤哲郎『二〇世紀を超えて』花伝社、二〇〇一年、同『情報戦の時代』花伝社、二〇〇七年、における情報戦論の要約である。詳しくはこれらを参照されたい。なお本稿の草稿は、東京グラムシ会二〇一〇年度年次総会の記念講演で用いられ、そのテープ起こし原稿は「アメリカニズムと情報戦」として『葦牙』誌第三六号（二〇一〇年七月）に掲載されている。本稿はそこでの日本のグラムシ研究者との質疑・討論を踏まえて加筆修正された決定版である。当日コメントいただいた丸山茂樹・伊藤晃氏ら東京グラムシ会の皆さん、及び書面でコメントいただいた松田博氏らに謝意を表する。本稿でのグラムシの訳文は、デイヴィド・フォーガチ編『グラムシ・リーダー』東京グラムシ研究会監訳、御茶の水書房、一九九五年、二七〇頁以下。

（4）田中明彦『ワード・ポリティクス』筑摩書房、二〇〇〇年。

（5）ジョセフ・S・ナイ『ソフト・パワー』山岡洋一訳、日本経済新聞社、二〇〇四年。

（6）Robert O. Keohane & Joseph S. Nye, *Power and Interdependence: World Politics in Transition* (Little, Brown, 1977). Robert O. Keohane, *After Hegemony: Cooperation and Discord in the World Political Economy* (Princeton University Press, 1984).

（7）Joseph Nye, Why military power is no longer enough, *The Guardian*, Sunday 31 March 2002. http://www.guardian.co.uk/world/2002/mar/31/1

（8）ナイ、前掲『ソフト・パワー』一四〇―一四一頁。

（9）同前、一四二頁。

（10）同前、一五頁。

（11）加藤哲郎『象徴天皇制の起源――アメリカの心理戦「日本計画」』平凡社新書、二〇〇五年、とくに第三章、加藤「日本近代化過程におけるマルクス主義と社会主義運動の遺産」『FORUM OPINION』第七号、二〇〇九年一二月、参照。

第1章　二一世紀の福祉政治
——三つの争点と型の転換

宮本　太郎

はじめに

福祉政治すなわち雇用と社会保障をめぐる政治の領域において、長い間、新自由主義的な言説が力をもってきた。新自由主義的な言説は、二〇世紀型の福祉国家がさまざまな非効率と不公正をつくりだしてきたと批判し、所得再分配のあり方を抜本的に見直し、市場に対する規制を大幅に緩和することを求めてきた。こうした言説を背景にして、二〇世紀型福祉国家の解体がすすんだ。

人々はグローバルな市場経済がもたらすリスクに、いわば裸で晒されることになった。とくに二〇〇八年秋のリーマンショックは、欧米でも日本でも程度の差はあれ進行していた新自由主義的改革が、いかに人々の経済リスクへの耐性を弱めていたかを如実に示した。住まいや仕事を失った人々が街に溢れ出る光景は、貧困や格差という問題を改めて可視化した。

日米で連続して起きた政権交代をとおして、人々がこれまでの政治の流れを転換させることを望んでいることが示された。かつてのように破壊型のイデオロギーとしての新自由主義が、代替するセーフティネットの構想を呈示することなく、福祉制度の解体を叫び続けることは困難になっている。その一方で、市場原理を改革の基軸に据えようとする発想は依然として根強いし、日本であれアメリカであれ、現在の政権の失速によって振り子がまた逆に振れることは十分にありうる。

こうした時代にあって、社会保障や雇用の政策や制度の形成にかかわる政治、すなわち福祉政治はいかなる争点で、あるいはどのようなかたちですすめられることになるのであろうか。本章は、ポスト新自由主義ともいうべき局面にある二一世紀の福祉政治について、その争点とスタイルを検討するものである。まず、二〇世紀型福祉国家の解体過程を振り返った後（第1節）、二一世紀の福祉政治の三つの争点、すなわち雇用と社会保障の連携、ライフ・ポリティクス、官民関係についてそのポイントを述べる（第2節、第3節、第4節）、そして二一世紀の福祉政治の新しいかたちについて、こうした争点との連関をふまえて展望する（第5節）。

1　二〇世紀型福祉国家の政治とその解体

(1)　二〇世紀型福祉国家

二〇世紀型の福祉国家においては、社会保障と雇用を独自のかたちで連携させる仕組みであった。

そこではまず、製造業の男性労働者のライフサイクルが主に想定され、そこに予想される主なリスクが抽出された。たとえば、労災、疾病、失業、退職などである。一連のリスクは社会保険制度をとおして、そこに加入する人々によってシェアされた。なんらかの事情で社会保険に加入できない人々に対しては、公的扶助制度が準備された。

リスクのシェアが、いかなる範囲でどのように行われるかについては、いくつかのパターンが分かれた。アングロサクソン諸国では、公的な社会保険によるリスクシェアの範囲は限定され、たとえばイギリスの年金制度では、所得比例部分は民間の年金保険に委ねられることが多かった。給付も最低保障の水準にとどめ置かれる傾向があった。大陸ヨーロッパでは、リスクをシェアする人々が職域ごとに分かれるかたちが多かった。これに対して、北欧諸国では、基本的にはすべての国民が一元化された社会保険に加わり、所得比例部分も含めた現行所得の水準が保障された。こうした相違はあったものの、二〇世紀型の福祉国家は、その所得保障の基本構造においては共通点があったのである[1]。

他方で大多数の人々が社会保険に加入して保険料の負担ができることが、この仕組みが機能する条件となる。公的扶助が膨らみすぎるならば、福祉国家は持続しない。したがって、雇用政策がここで重要な役割を果たすことになる。その雇用政策のあり方についてもパターンが分かれた。アングロサクソン諸国および大陸ヨーロッパ諸国では、景気動向に受動的に対応する需要喚起型の公共投資や財政出動が中心となった。これに対して、北欧諸国では公的職業訓練や職業案内など、労働力の供給に力点を置く積極的労働市場政策が主に採用された。しかしながらいずれのケースでも、重化学工業部門の成長を支え、その景気循環に対応し、あるいはそこに労働力を移動させながら雇用を維持、拡大しようとする発想において共通していた。

以上のように、社会保障と雇用保障の組み合わせ方にバリエーションはあったものの、二〇世紀型の福祉国家は、広い意味でのベヴァリッジ型の社会保障制度と、これも広い意味でのケインズ主義的な雇用保障を組み合わせるという点で、共通の構造をもっていた。二〇世紀型福祉国家が、ケインズ・ベヴァリッジ型の福祉国家と称される理由もここにある。

二〇世紀型福祉国家を広く定義するかぎり、日本もまたその基本的要件を備えていた、ということができる。ただしそこにはもちろん固有の特徴があった。東アジアの後発資本主義として、日本の社会保障、福祉支出は制約されていた。その分、経済成長の果実を雇用の安定に振り向けることに力が注がれた。男性稼ぎ手のライフサイクルに現れるリスクは、長期的雇用慣行を前提とした企業内福利厚生など、企業の内部での解決が目指されたのである。日本の福祉国家は、男性稼ぎ主の雇用への依存度がとくに強いことが特質であった(2)。

(2) 福祉国家と福祉政治の変容

ところが、一九七〇年代の半ばごろから、二〇世紀型福祉国家を支えてきた基本条件が次々に解体をしていく。

第一に、二〇世紀型福祉国家は、資源大量消費型の重化学工業の成長に依存をしていた。その成長の果実は、男性労働者の賃金をとおしてその扶養する家族に分配された。資源大量消費型の重化学工業を支えたのは、先進工業国と資源国の非対称的関係をとおして調達される廉価な途上国の一次産品やセブンメジャーズが支配する原油であった。自由貿易の名のもとにこの関係を制度化したのがGATTであった。GATTをめぐる交渉過程において、ケインズらイギリス国務省グループの案には途上国一次産品の価格保障制度の構想なども見られたが、結局それは受け容れられなかった[3]。

しかし、一九七三年に勃発した第四次中東戦争を契機に原油価格が四倍化するなど、資源ナショナリズムに火が付き、先進工業国と資源国の力関係が変わり始める。資源国の多くは新興市場諸国として台頭し、ここから始まったプロセスは、今日に至るも先進工業国の製造業を制約している。日本の製造業は、新興市場諸国の新しい市場で売り上げを伸ばしているが、それを上回る中間投入物コスト（原油や資源コスト）を必要として、収益を減らしている。そのために、固定経費としての労働コストを削減せざるをえなくなっている[4]。

第二に、二〇世紀型福祉国家は、ブレトン・ウッズ体制という、資本移動に対する統制を可能とする国際的な制度枠組みに支えられていた。IMF協定は、ドルを基軸通貨とする固定相場制の仕組みを確立し各国に為替管理の撤廃を義務づける一方で、資本取引については原則規制として経済政策についての自律性を与えた。また、加盟国が通貨不安に陥ることなく完全雇用政策を追求するために、通貨切り下げを可能にし、IMFによる資金の短期融資制度を整備した。こうした制度枠組みのもとでこそ、男性稼ぎ主の雇用保障をすすめ、社会保険を成立させることが可能であった。あるいは、キャピタルフライトを引き起こすことなく、累進的所得税を課すことも可能であった(5)。

ところがオイルマネーの形成を契機とした国際的な過剰資本の形成、ベトナム戦争によるドル垂れ流しなどが重なり、ドルの信認低下を招き、固定相場制は解体し変動相場制へ移行する。国際的な資本移動の増大により、資本統制の制度はいっそう空洞化し、ケインズ主義的な雇用政策の機能不全を引き起こす。

第三に、二〇世紀型福祉国家は、制度的には個人間の契約関係や権利関係に支えられた近代のシステムでありつつも、その実、共同体的な関係に支えられていた。重化学工業を支えた大企業が、家族主義的な紐帯を強調する労務管理を行ったのは日本に限ったことではなかった。そこに地歩を占めつつ、福祉国家の諸施策を要求した労働組合も、しばしば男性組合員のコミュニティという性格を有していた。

だがなんと言っても重要であったのは、家族という紐帯である。二〇世紀型福祉国家は、程度の差はあれ、男性稼ぎ主が家族を扶養する家族主義を制度に組み込んでいた。かつて日本の厚生省は、家族福祉を日本の福祉の「含み資産」と表現したが、程度の差はあれ、同じことは各国で見られたのである。この傾向は大陸ヨーロッパや日本の福祉国家でとくに顕著で、北欧ではしだいに女性の就労を支援する制度が整っていった。にもかかわらず、北欧においてさえ、育児休暇の取得率や男女の職域分離などからうかがえるように、家族主義が制度に浸透していた。ところが、大陸ヨーロッパや日本を含めて、こうした共同体的なむすびつきはしだいに弱まる。とくに女性の就労が拡大して、いずれの国でも家族を「含み資産」として頼ることは困難になっていく。

第四に、以上のような制度的条件の上に、二〇世紀型福祉国家を支えたネオ・コーポラティズムの政治が成り立っていた。その主なアクターは、重化学工業の相対的に同質的な組織された労働運動と、国内の労使関係の安定や内需の拡大にまだ利益を見出していた経営者団体、さらにケインズ・ベヴァリッジ型福祉国家を担い、資本統制や財政政策において一定の自律性を確保していた政府であった。そして、この三者は、インフレ回避のための賃金抑制の見返りとして社会保障支出の増額を行うなど、「政治的交換」と呼ばれた関係をすすめたのである。[6] 社会保障支出が抑制され、「政治的交換」の制度条件が弱かったアメリカや日本では、ネオ・コーポラティズムは弱かったが、それでも労使を中心とした利益集団が相互に利益調整をする場が数多く設えられていた。

ところが、これまで辿ってきたような一連の変化は、こうしたネオ・コーポラティズム的な福祉政治の条件を根本から覆した。まず重化学工業が相対的に比重を下げ、これに代わって情報通信産業や、女性の就労率の上昇をも背景としたサービス業の比重が高まると、組織された労働運動は、しだいにその基盤を失い、労働組合の組織率は下がり続ける。国際的資本移動の拡大のなかで経営者団体は、労使の歴史的妥協を続けることに関心を失っていった。さらに政府は、これまでのように財政出動で雇用を維持しながら、社会保障制度を維持する力をしだいに失っていった。

以上のような四つの次元での変化が集積した結果、二〇世紀型福祉国家を与件とした福祉政治の解体が始まる。二一世紀型の福祉政治はいかなるかたちをとるのであろうか。ここでは二一世紀の福祉政治について、三つの争点とその政治スタイルという点からその特徴を考えたい。

2 雇用と社会保障

二〇世紀型福祉国家を支えていたのは、男性稼ぎ主を接合点とした雇用と社会保障の連携であった。しかしながら、この連携は根本から崩れつつある。ここで二つの問題が生じる。まず、雇用と社会保障の関係をいかに再設計するか、ということである。そして、雇用そのものの質と量をいかに確保するか、ということである。

(1) 三つの再編戦略

従来の雇用と社会保障、とくに所得保障との関係については、すでに七〇年代の終わりから揺らぎが始まり、男性稼ぎ主の長期に渡る安定した雇用に依拠した制度設計の限界が明らかになってきた。これに対しては様々な処方箋が現れてきた。大きな流れは、図1のように整理することができよう。この図の横軸は雇用と社会保障を切り離してしまうか、これまで以上に強く連携させるかを示す。縦軸は、大きな政府支出を予定するかそれを切り詰める方向で考えるかを表す(7)。

第四象限にあたる部分に位置するのがワークフェアの考え方である。それは、雇用と社会保障を、政府支出を削減する方向で連携させる考え方である。具体的には、社会保障の給付条件として、一定

図1　社会保障と雇用の新しい関係

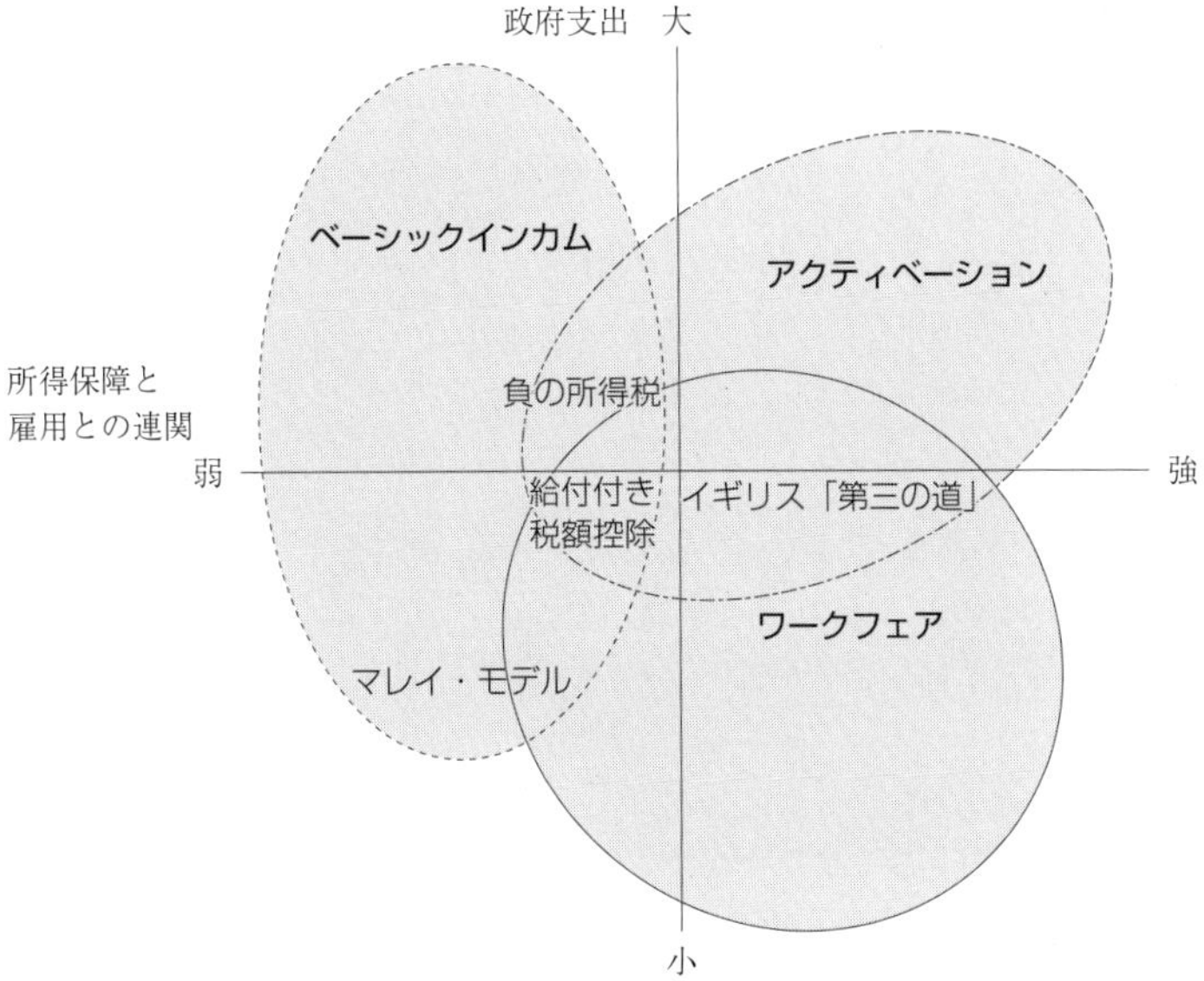

時間の就労や職業訓練への参加を求める。

ワークフェアの系譜は、レーガンによるAFDC（母子世帯に対する生活保護制度）改革や、サッチャーによる求職者保険改革など、アングロサクソン諸国の福祉改革において浮上し、その後各国の福祉改革に影響を拡げた。その限りでは新自由主義との親近性が強いが、新自由主義的な言説が勢いを失った後でも、これまでの社会保障の受給者を雇用に向かわせる手法として、ワークフェアの影響力は持続している。

これに対して、同じように雇用と社会保障をこれまで以上に強く連携させることを志向しつつも、そのために政府支出を活用していこうとするのがアクティベーションの考え方である。つまり、雇用によって社会保障を置き換えてしまうのではなく、社会保障を就労を拡大し維持する支えとして再編し、場合によっては強化していこうとするアプローチである。北欧ですすめられている社会保障改革には、アクティベーションの発想に基づくものが多い。現金給付よりも、公的職業訓練や保育サービス、あるいは生涯教育など、支援型の公共サービスを強化して就労を支援することが重視される。現金給付も、最低保障よりも勤労所得に比例させるかたちをとって、就労インセンティブを強めることが追求される。

そして、社会保障を雇用と制度的に切り離すために、第二象限から第三象限にあたる部分に位置づけられるのがベーシックインカムである。ベーシックインカムは、これまでの社会保障制度とは異なり、失業、労災などのリスクが現実化することを条件とすることなく、すべての市民に定期的に行われる均一給付を指す。ヨーロッパでは、経済成長に依存せずに生活を成り立たせることを求める環境政党のスローガンになることが多いが、その原理が経済効率と相容れないというわけではない。所得制限をつけない給付は、社会保障につきまといがちなスティグマを取り去ると同時に、勤労所得の上昇によって失われない給付でもある。したがって、ベーシックインカムの導入が、人々を就労から遠ざけるのではなく、逆に雇用を拡大すると主張する議論もある(8)。

こうした三つのアプローチは、必ずしも相互に背反するものではなく、図にも表現されているように、重なり合う部分がある。たとえばイギリス労働党がかつて掲げた「第三の道」は、アメリカで追求されたワークフェアと、スウェーデンのアクティベーション型の積極的労働市場政策を結びつけようとしたものである。また、アメリカでジェームス・トービンらが提唱した負の所得税は、所得のない者に一定額の給付を行い、勤労所得が上昇するに従ってそこから減額しつつ手取り収入の総額は増大するようなかたちをとるもので、ベーシックインカムの要素とアクティベーションの要素を結びつけようとしたものと言える。(9)

さらにベーシックインカムが、ワークフェア的な効果を狙って構想されることもある。アメリカの保守系知識人のチャールズ・マレイは、現役世代に対する社会保障の全廃を唱えていたが、新たにワークフェア的な含意のあるベーシックインカムを提唱している。それは、既存の社会保障制度を全廃する代わりに二一歳以上のすべてのアメリカ人に年間一万ドルを給付する、というものである。勤労所得が一定額を超えたところで、このベーシックインカムには課税される。その結果、社会保障支出は全体として抑制されることになる。そして一万ドルという給付水準は、就労しなければ生活を維持できなくなる水準なのである。(10)

三つのアプローチがすべて重なるところには、給付付き税額控除が位置づけられよう。これは負の所得税について、勤労所得ゼロの水準でのベーシックインカム的給付を取りやめ、所得が上昇して一定水準に達するまで、補完的な給付を行うものである。その限りでは、負の所得税についてワークフェア的な性格を強めたものと言うことができよう。

先進工業国の所得保障政策は、こうした構図のなかで、全体としてはアクティベーションよりの政策をとるか、ワークフェア的な政策を優先するか、という対立構図になりつつある。イギリスでは、サッチャー主義に基づくワークフェア的な福祉政策を、トニー・ブレアが率いる労働党がいくぶんアクティベーションの方向に近づけた。他方で、アクティベーションの路線を先行的に実施していたスウェーデンでは、フレデリク・ラインフェルトの保守党がワークフェアの方向に接近させようとしている。ただ、いずれの国においても、左派や環境党によって政府支出の大きなタイプのベーシックインカムが、より抜本的な改革プランとして提唱され続けている。

(2) 雇用機会の質と規模

二一世紀型の福祉政治は、雇用と社会保障の連携をめぐって展開される一方で、雇用機会そのものの創出をめぐっても新たな争点を生み出しつつある。

二〇世紀型の福祉国家では、重化学工業が牽引する経済成長を与件とした、ケインズ主義的な雇用政策が展開されてきた。こうした仕組みを成立させた背景には、一次産品価格をめぐる先進工業国の覇権や、資本の国際移動の規制を可能にするブレトン・ウッズ体制があったことは前節でも述べたとおりである。ところが、七〇年代の前半ごろからこうした国際的な制度環境が揺らぎ、その結果、八〇年代の初めには、サッチャーやレーガンの名を冠した経済政策を掲げる新自由主義的な福祉政治の台頭がすすむ。

ここでは、労働力の需要サイドで雇用をコントロールしようとしたケインズ主義的な雇用政策は有効性を失ったと断ぜられた。当初サッチャー政権は、雇用にかんしては景気循環に委ねていたが、しかし失業率が増大してかえって失業手当のコストが増すと、八〇年代の半ばにはそれに代わって、労働力の供給サイドに力点を置いて、失業者を就労に向かわせるワークフェア政策を採り始めた。これに先だってレーガン政権もまた、各州においてワークフェア的な政策を奨励した。

雇用政策について、これを労働力の供給サイドに限定して考えるアプローチは、新自由主義的な政策のオルタナティブとして期待されたスウェーデンモデルやイギリス労働党の「第三の道」路線にも共通するものであった。

スウェーデンモデルの基軸となった経済政策のビジョンは、レーン・メイドナーモデルとして知られるが、そこでは財政出動による雇用創出は経済が競争力を維持していくうえで適切でないと判断され、同一労働同一賃金の賃金政策で生産性の低い中小企業にはむしろ厳しい環境を創り出し、そこで職を失った労働力を公的職業訓練で生産性の高い先端部門に移していく政策が追求された(11)。イギリス労働党の「第三の道」でも、失業者に対する就労カウンセリングや職業訓練サービスの強化によって、就労支援の度合いを高めようとした。しかし、スウェーデンモデルにせよ「第三の道」にせよ、ケインズ・ベヴァリッジ型の福祉国家を採らなかった点では一致していた。この点においては、こうしたモデルが対抗することを期待された、新自由主義的な経済政策ともまた共通していたのである。

つまり、二〇世紀の後半においては、市場経済がグローバルな展開を遂げるなかで、雇用創出へのイニシアティブを競争力の足を引っ張るものとして否定する思考が支配的になっていったのである。情報通信産業など、グローバル化のなかで競争力を持ちうる産業は限定され、したがって政策課題は、労働力の供給サイドにおいていかに労働市場の需給ギャップを埋めるか、という点に絞られた。新自由主義はこの課題に対して、市場原理を前面に出しより強制的な方法で、スウェーデンモデルはより懇切な方法で、そして「第三の道」はこの二つの間を行くかたちで対応しようとしたのである。

ところが労働力の供給サイドに限定した雇用政策は、各国で大きな壁に直面することになる。グローバル化のなかで伸張する先端部門は、かつての重化学工業に比べると労働力をあまり吸収できず、さらにそのなかでも安定した職種は限定されている。スウェーデンでは、すでに八〇年代の半ばから、先端部門に労働力を移動させる政策がうまく機能しなくなり、代わって自治体の福祉現業部門が雇用を吸収した。やがて、地方を中心に就業率が低下し、現役世代の二割が労働市場の外部にあるという状況が生まれた[12]。

アメリカでも、一九八八年から九六年の間に、全産業での雇用の伸びは一三・七%であるのに、アメリカ労働統計局が定義するハイテク産業の伸びは五%に留まり、とくにこの部門での安定的職種の伸びには制約があることが指摘されている[13]。個人消費の伸びに支えられて建設業や製造業などでの雇用拡大はすすんだが、この部分は周知のようにリーマンショックの打撃を直接に受けて失業が急増、アメリカの失業率は二〇〇九年の秋には一〇%を超えるに至った。

こうして、一方では新自由主義の総本山と目されたアメリカにおいて、他方ではそれに対する対抗軸の象徴と期待されてきたスウェーデンにおいて、ともに労働力の供給サイドだけではなく需要サイドで、積極的に雇用機会を創出していくことの意義が唱えられるようになった。

アメリカではオバマ政権によって、一〇年間に一五〇〇億ドルを投資して五〇〇万人の雇用を創出するというグリーン・ニューディールが提唱された。それはアメリカを席捲していた新自由主義的な経済政策からの明確な転換であった。スウェーデンでも公的職業訓練による労働力移動によって完全雇用を維持しようとすることの限界が指摘されるようになってきた。スウェーデン内部でのこの論争については、別のところでも紹介しているのでここでは立ち入らないが、積極的労働市場政策と併せて、地域の実情に沿った産業政策を展開して、雇用を創出していくことの必要性が語られるようになったのである(14)。

これはかつてのケインズ主義への回帰なのであろうか。必ずしもそうではない。かつてのケインズ主義においては、重厚長大型の産業構造を与件として成長産業は確定していた。それゆえに、雇用政策の主要な構成要素は、景気変動に受動的に対応した財政政策や金融政策、あるいは成長産業に労働力を送り込む積極的労働市場政策であった。これに対して、今日の雇用創出において「成長分野」は自明ではない。上述の環境分野に加えて、福祉、医療、介護分野や農業分野など、新しい雇用分野は生産性が必ずしも高くなく、資本移動が自動的にすすむ条件はない。福祉、医療、農業、公共事業など、公的な資金が支える準市場である場合も多い。

新しい雇用創出は、二〇世紀のケインズ主義的雇用政策に比べて、規制の緩和と強化、公的職業訓練、雇用を担う新しい法人格の制定など、より複雑な政策群の組み合わせによる舵取りを求めるものとなろう。低成長分野の雇用を、どこまでコストをかけて支えるか。労働コストを抑えて雇用創出を図るか（ロー・ロード・アプローチ）、最低賃金などを高めて質の高い雇用を収益性に結びつけるか（ハイロード・アプローチ）が新たに争点化する。

3　ライフ・ポリティクス

アクティベーションやワークフェアの政治は、男性稼ぎ主を中心とした家族のかたちを変え、性的役割分業はしだいに変化を遂げていく。伝統的な共同体の解体や性的マイノリティの権利の承認もすすむ。近代という仕組みは、自立した個人を構成主体としているように見えて、実のところ、伝統社会から継承した様々なコミュニティを組み込むことでさまざまな紛争を回避し、制度を安定させてきた。ところが、このようなコミュニティに依拠し続けることが難しくなるなかで、近代は改めて個人によって構成される社会、という従来のタテマエを現実の出発点とせざるをえなくなる。

個人の自律性に焦点をあてた制度形成に向かうのであれ、あるいは伝統的な家族のかたちを強引に守るのであれ、さらには個人が新しい集合体の形成に向かう支援をするのであれ、社会は近代という原理を自覚的に再構築するという課題に直面する。今日の社会がしばしば「再帰的近代」と呼ばれる所以でもある。(15)

改めて争点となるのは、家族のあり方や男性と女性の社会的役割の再定義、生活と両立しうる新しい働き方の提唱、文化、宗教、人種、性的志向性などともかかわる多様なライフスタイルの相互承認、堕胎や新しい生殖技術にともなう代理母、人工授精などをめぐる法的問題群などである。

その多くは、これまで個人的な事柄とされてきたことであるが、問題の拡がりが閾値《いきち》を超え、気がつくとこうした問題群が常に政治的アジェンダの一角を形成するようになっている。このような社会文化的な政治の対立軸は複雑であるが、あえて大きく括れば、伝統（と解釈されるもの）を基礎にした家族やコミュニティの役割を打ち出す側と、個人の自律性を重視する脱伝統主義の側との対抗関係ということになろう。

こうした政治をアンソニー・ギデンズは「ライフ・ポリティクス」と呼んでいる。ギデンズによれば、ライフ・ポリティクスとはこれまでの伝統や慣習が拘束力を失うなかで、再分配よりもライフスタイルの再構築に重点が移った政治である。そして、ライフ・ポリティクスは、権力や資源の再分配をめぐる「解放のポリティクス」と対照される[16]。

だが、このギデンズの二分法はいささか形式的にすぎる。こうした社会文化をめぐる政治は、アクティベーションかワークフェアかといった社会経済をめぐる再分配の政治と簡単には切り離すことができないし、また再分配の政治に取って代わったというわけでもない。むしろ、両者は一体不可分に展開されていると言える。アクティベーションが家族変容を迫るからこそ、新しい家族のかたちをどう再構築するかが問われる。ワークフェアが伝統的な家族主義を一体のものとしてすすめられる、ということもしばしばである。逆に言えば、家族や親密圏についてどのようなかたちが打ち出されるかが、アクティベーションのあり方やベーシックインカムの給付対象などを方向づけていく。

ライフ・ポリティクスがその比重を増すことで、福祉政治において情緒的なモメントが増大していくことは確かである。資源の再分配だけにかかわる政治は、相互の妥協が容易な政治であった。これに対して、ライフ・ポリティクスは、家族や生殖、人種的文化など、人々が情緒的直感で判断することの多い、妥協がより困難な問題にかかわる政治である。

この事実は、後に述べるように、福祉政治のスタイルとしてメディアをとおしての言説の政治が台頭することと相まって、二一世紀の福祉政治が一触即発の感情の政治という性格を強める契機ともなる。

4　官民関係

さて、二一世紀の福祉政治は、二〇世紀型の福祉国家を支えてきた諸条件が揺らぎ、財政的危機が深刻化するなかで展開される。あわせて、見てきたように二一世紀の福祉政治では、人々の就労と社会参加がアジェンダとなり、これまで私的な領域とされがちであった個別のライフスタイルまでが争点となる。財政危機と社会経済的、社会文化的争点のあり方は、社会行政のあり方をめぐっても新しい争点を生み出す[17]。

まず、二〇世紀型福祉国家をめぐる財政基盤の逼迫のなかで、新自由主義勢力が小さな政府を追求した。ここで、これまで政府が担ってきた公共サービスの民営化の動きが強まっていく。市場の論理からする経済効率性を重視するならば、民営化の主要な担い手は民間企業ということになる。

だが、公共サービスの民営化を促したのは小さな政府志向のみではない。福祉政策の焦点が資源の再分配そのものから人々の社会参加の促進に移った、という事情が大きく作用した。もはや福祉政策の課題は、現金給付のみでは果たすことができない。公共サービスとくに対人社会サービスの役割が大きくなるが、人々の社会参加を困難にしている事柄は実に多様で複合している。たとえばある若者は長期にわたって失業することで、職業技能を陳腐化させてしまったのみならず、社会にただちに適応していくことを妨げる精神的な疾患を抱えてしまったかもしれない。

こうした個別的で複合的なニーズに対処していくうえで、所管が細かく分かれてしかも画一性の高い行政サービスには限界がある。そこで、支援型の公共サービスの担い手として、民間団体の役割が期待されるという流れもまた現れた。ただし、支援型の公共サービスの受給にあたって、高い自己負担が求められるならば、多くの人々が支援を受けることができなくなってしまう。また。人々の社会参加を実現する支援は、市場の論理に沿った効率性より、参加困難を抱える人々に個別に向き合う柔軟性が必要である。したがってこの場合、民営化の担い手として期待されるのは、ＮＰＯや協働組合などということになる。

つまり、二〇世紀型福祉国家の後に、公共サービスの民営化が進行する背景には、財政基盤圧縮を求める力と、より効果的な支援サービスの必要という二つの要求が作用していることになる。このいずれの要求が前面に出るかによって、官民関係の転換のその内容が異なってくる。ここに二一世紀の福祉政治の、第三の争点がある。

官民関係の具体的な内容についてまず問われるのは、民間に委ねるべきサービスの範囲をどのように確定し、その供給をどこまで公的な財源で賄うか、という点である。次に問題となるのは、供給主体を民間企業を中心に考えるか、あるいはＮＰＯや協働組合を軸にしていくか、ということである。そして最後に、民間委託の手続きとその統制の仕組みをどのように設計していくか、という問題である[18]。

財政基盤を圧縮し小さな政府を求める圧力が前面に出れば、公的な財源を圧縮し、料金収入に依りながら、民間企業による民営化をすすめることになる。その場合、民間委託の手続きは、たとえば競争強制入札でコストパフォーマンスの良し悪しを基準に決定され、サービス供給の統制も経済効率の視点が優先されることになる。他方で、支援型サービスとしての効果が重視されるならば、公的な財源で利用者の負担を抑え、ＮＰＯや協働組合などの民間非営利組織を活用した民営化がすすむ。そして、民間委託の決定やサービス供給の統制にかんしては、サービスの質を総合的に評価する仕組みがとられることになる。

もっとも、現実にはこうした二つの流れはさほど明確に分岐するわけではない。なにより、今日にあって民間の企業と非営利組織の境界線は必ずしも明確ではない。公益や共益を志向してきたＮＰＯや協働組合も、共に事業性を高める必要に迫られている。他方で、民間企業にも社会的ミッションを掲げ公益を志向する組織が増大している。それゆえに、こうした民間団体を大きく「社会的企業」という言葉で括るようになっている[19]。

つまり社会的企業は、事業性と支援型サービスとしての質の両極で揺れ動く存在とも言える。社会的企業のいずれの側面が引き出されるかということ自体が、公的財政の大きさや委託手続きのあり方など、マクロな制度設計によって決まっていくのである。

5　福祉政治の新しい型

さて、ようやく二一世紀の福祉政治の新しい型について論じるところに到達した。二〇世紀型福祉国家すなわちケインズ・ベヴァリッジ型福祉国家とそれを支えた国際的レジームが解体したあと、新自由主義の時代を経て、今日の福祉政治は大きく三つの争点をめぐって展開されつつある。すなわち雇用のあり方と社会保障との連携、家族とライフスタイルのかたち、そして行政と民間団体の関係をめぐって、である。この三つの争点が浮上する経緯は相互に密接に関連している。老若男女の雇用参加が期待される時代にあって、家族と生活のかたちはどう再設計されるか、人々の参加そのものを支援するという課題に行政と民間団体はどうかかわるのか、という連関である。

(1)　三つの争点の重なり合い

三つの争点をめぐって、もはや二つの陣営がきれいに分かれる、ということはない。これまで見てきた争点をさらに単純化して、社会経済をめぐるアクティベーション、ワークフェア、ベーシックインカムの三つの流れ、社会文化をめぐる脱伝統主義と伝統主義、さらには社会行政をめぐる政府行政志向と民間団体志向という諸対抗を想定しよう。欧米での政治的配置を見る限りは、それぞれが複雑な組み合わせをとりながら、多様な潮流を構成しつつある。またその組み合わせのあり方によって、脱伝統主義あるいは民間団体志向ということの具体的内容も変わっていくであろう。

たとえば、アクティベーションの立場は、北欧では政府行政志向と結びついてきたが、これからはより柔軟な公共サービスのために民間団体志向と連結しうる。しかしその場合、小さな政府を志向するワークフェアが市場主義的な視点から民間企業への委託を志向するのとは異なり、NPOや社会的企業を公的財源で支えるかたちが重視されることになろう。またベーシックインカムは、ラディカルな社会変革につながる場合もあろうが、他方で、伝統主義や市場主義的な民営化路線と連結することもありうる。

多様な組み合わせが考えられる一方で、有力な結びつきのパターンも現れつつある。ベーシックインカムは、単独で広範な政治的支持を集めていくことは困難であろうから、アクティベーションあるいはワークフェアの対抗が基軸となり、それぞれがベーシックインカム的な補完型保障の制度を取り込んでいくことになろう。アクティベーションは女性の就労支援をすすめ、穏健な脱伝統志向の流れを形成しよう。これに対して、ワークフェアは、小泉政権のように脱伝統志向の色彩を強めることもあるし、安倍政権のように伝統志向に転じることもある。アクティベーションもワークフェアも民間団体志向をとるが、先述のように、小さな政府を志向するワークフェアは民間企業によるサービス供給に傾くのに対して、アクティベーションはより広範な就労支援のために、公的財源を重視してNPOや社会的企業を活用することになろう。

(2) 組織の政治から言説の政治へ

二〇世紀型福祉国家の時代、福祉政治は組織された労働運動、経営者団体、政府の三者関係が大きな役割を担っていた。これがもっとも強く表れたのが、三者間の「政治的交換」が制度化されたヨーロッパのネオ・コーポラティズムの政治であった。だが労使や業界の組織の役割が大きかったのは、アメリカのようなロビイング政治であれ、日本のような省庁によって仕切られた利益政治であれ、変わりはなかった。二〇世紀型福祉国家の時代にあっては、人々は、雇用や社会保障に関する自らの利益について、労働組合や業界団体、あるいは地域のコミュニティなど大きな組織への帰属を前提に、その組織が表明する利益と一体化して考えてきた。

ところが、二一世紀の福祉政治において、こうした大きな組織の存立を支えてきた条件が崩れていく。労組の組織率は低下し、業界団体もまた、政府の産業政策が衰退し構成団体の利益が分岐していくなかで凝集力を失う。人々は、組織から離れるか、あるいは帰属を弱め、自らの利益について、こうした組織の方針から切り離して判断するようになる。その際に、しだいに影響力を強めていくのが、メディアをとおして流布される様々な言説である[20]。

もちろん、ネオ・コーポラティズム（あるいはロビイング、日本型利益誘導）の政治においても言説は大きな役割を果たした。しかしそれは、ヴィヴィアン・シュミットの言葉を借りれば、大きな組織が相互の利益を調整していくための「調整的言説」であった。これに代わって、新たに影響力を増すのは、メディアを通して直接に個人に呼びかけられる「コミュニケーション的言説」である[21]。

生活保障をめぐる政策展開は、組織間の力関係よりも、こうした言説の影響力に方向づけられることになる。ワークフェアかアクティベーションかベーシックインカムか、選択的夫婦別姓は日本の伝統を解体するのか、「新しい公共」とは何かといった言説が、しばしばはるかに情緒的で直接的、かつ単純化されたレトリックや表現をとりながら、人々の感情に直接に揺さぶりをかける。組織の政治は資源分配をめぐって各アクターが交渉のなかで「落としどころ」を見出す妥協の政治であった。ところが、言説の政治は、生活保護によりかかるフリーライダー、日本の家族を破壊するフェミニスト、官に巣くう公務員の特権といったように、想像上のターゲットをめぐって時に堰き止めがたい感情の暴発が起き、インターネットサイトの「炎上」から地滑り的勝者を生む選挙に至るまで、極端な帰結をともなう。ここでは反省の契機を欠く私的情緒が直接に政治的空間につながっている。

他方で言説の政治は、組織の判断に一体化されがちであった人々の自己利益についての判断を、より能動的な熟議のなかに取り戻していく可能性も提供する。その結果、長期的な視点に立って人々が共通して直面しているリスクの構造を見通し、政策的な選択肢をめぐって合理的な判断を行っていくためのコミュニケーションが深まるかもしれない。

言説の政治が煽りと感情暴発の政治になるか、熟議の政治になるかの分岐点は、自らの利益について反省的討議を行う空間が確保できるかによって決まっていこう。それは、シグムント・バウマンの言葉を借りれば、政治的空間と私的空間の中間に位置する広場（アゴラ）ということになる[22]。

広場の空間は具体的にはどこに形成されうるのか。二〇世紀型のネオ・コーポラティズム、ロビイング政治、日本型利益政治において動員されてきた利益集団が、その内部において広場の機能を高めていく、という方向が考えられる。正規労働者のサロンという面もあった労働組合が非正規労働者との連帯にふみだす、あるいは排他的な同業者団体と見なされがちであった医師会が地域医療を支える議論に加わっていく、という流れである。利益集団がアソシエーションの性格を強めていく流れと言ってもよい。

他方において、二〇世紀型の組織の政治で排除されてきた様々な利益が、アソシエーションの形成に向かう、という流れも強まる。女性、人種的マイノリティ、障害者などのアソシエーション形成がこれにあたる。二〇世紀の終盤に、すでにこうした流れは現れていて、「新しい社会運動」という表現もとられた。だが、「旧い社会運動」すなわち既得権集団そのものが解体傾向を辿るなか、両者の対抗それ自体には大きな意味がなくなっている。同時に、こうした新しいアソシエーションもまた、制度形成に積極的に関わる必要が生じている。

(3) 資源分配の政治から承認の政治へ

二一世紀の福祉政治の争点として、アクティベーションかワークフェアかベーシックインカムか、といった社会経済的争点、結婚や家族、コミュニティをめぐる社会文化的争点、ＮＰＯや協働組合をめぐる社会行政的争点を挙げた。これらに、共通するのは、働くことであれ、生活することであれ、あるいは統治にかかわってであれ、何らかの「生きる場」の確保をめぐる争点が浮上していることである。組織の政治から言説の政治への移行は、人々が個人として組織から離脱し始めたことを契機としていた。組織の外に出た個人は、改めて自らの「生きる場」を模索せざるをえない[23]。

二〇世紀の福祉政治は、人々の社会的帰属が相対的に自明であったことを前提に、家族、社会集団、地域間での資源の分配をめぐって争われてきた。二一世紀の福祉政治においても、資源の分配が重要であることに変わりはない。だがそこで問題となる資源の再分配とは、人々の社会的帰属あるいは「生きる場」の保障に随伴して派生するもの、という性格を強める。所得保障それ自体よりも、就労を中心とした参加の保障が焦点となる。そして人々の生活を支える資源は、そこでの勤労所得、社会保険、社会的手当、給付付き税額控除など、その「生きる場」ともども提供されるのである。つまり、「生きる場」の再分配、そしてそのことを通しての「承認の再分配」が問われているのである。

それでは、承認の再分配とは具体的にはどのようなことを意味するのであろうか。一般に承認の政治という場合、ナンシー・フレーザーの議論に見られるように、女性や人種団体などのマイノリティ集団が社会全体のなかで相応の地位を確保していく、という意味で使われることもある[24]。しかし、「無縁社会」化がすすむ二一世紀の福祉政治において、承認の再分配は、マイノリティ集団のみならずすべての人々に関わる課題となりつつある。

しかしながら、「生きる場」あるいは承認を再分配するということの具体的な中身は、けっして特殊な制度を意味しない。アクティベーションなどの政策展開が、すべての人々に見返りがあるディーセントな雇用の場を提供すること、ライフ・ポリティクスが人々の親密圏を支えること、あるいは社会的企業がステークホルダーたちのアソシエーションという性格を強めること、さらには一連のアソシエーションが、人々の間の熟議が展開されるアゴラとして機能すること、こうした事々が人々に「生きる場」を提供し、承認の再分配を実現することになる。[25]

6　結　語

二一世紀の福祉政治の型についての議論は、やや抽象度が高く、具体的なイメージを描きにくいところがあるかもしれない。二一世紀型の福祉政治は、確定的なかたちではまだ立ち現れてはいない。だが、これまでの議論をまとめてなるべく総合的な像を描こうとするなら、次のようには言えよう。

まず舞台は地域であろう。なぜなら、アクティベーションであれ、ワークフェアであれ、人々の社会参加を奨励するサービスは、なるべく人々の身近なところで設計され、実行される必要があるからである。こうしたサービス供給は、どこまで公的な財源が支えるかは別にして、また営利企業と非営利組織の割合がどのようになるかはさておき、かなりの程度、民間団体によって担われることになろう。また、サービス供給の側だけではなく、サービスを受給する側も、当事者団体、家族団体、あるいはサービスを評価する団体など多様な団体が形成されていく。地域の労組や医師会など、既存の団体もまた、こうした新しい団体と様々な関係をとりむすびながら、自らの役割を再定義していくことになるであろう。

地域に生きる人々は定型化されたメディアの言説にさらされている。だが他方で、人々は、ほとんど誰もが自らの問題として、あるいは家族や友人の問題として、生き難さの問題を抱え、就労支援を必要としている。あるいは子どもや老親の保育、介護のサービスを求めている。支援型のサービスが効果をあげるためには、当事者、家族、サービス提供者、行政があるべきサービスのかたちについて熟議をくぐらなければならない。サービスのあり方をめぐる熟議は、地域の人々にとって相互に真剣に向かい合う、大きな転換点となろう。こうした熟議は、メディアからの定型的な言説を客観的に評価する視点を提供することになる。また、様々な団体のなかで生き難さを軽減するための熟議が始まり、団体が活性化されていくならば、団体はアソシエーションという性格を強める。言説の政治は熟議の政治に接近する。

こうした熟議が拡がり、アソシエーションの連携が強まるならば、そこからは様々な政策提起が生まれ、それはマクロな制度形成につながる可能性がある。その結果、就労支援のあり方、家族やコミュニティのかたち、新しい官民関係についても、何らかの方向性が見えていくことであろう。ここで問題なのは、地域からの政策提起をマクロな制度形成につなげる政治の担い手である。

二〇世紀の福祉政治を担った政党対立は、二一世紀の福祉政治の三つの争点に沿って再編過程にある。こうした政党勢力が、地域における熟議やアソシエーションの動向にどのように対応できるかがまず問われる。そのうえで、三つの争点をどのように政治的対立軸に高めることができるかが注目される。政党の再編過程にあって、支援型の公共サービスやそれを支える官民関係など、社会経済的争点や社会行政的争点をめぐっては政党間での一定の収斂傾向が現れつつある。しかし、家族やナショナリズムのあり方など、社会文化的争点ではむしろ緊張関係が高まるかもしれない。そのように緊張関係が高まったとき、問題は再び地域における人々の熟議に投げ返されることになろう。

【注】

（1）Gøsta Esping-Andersen, *The Three Worlds of Welfare Capitalism*, Polity Press, 1990.（『福祉資本主義の３つの世界――比較福祉国家の理論と動態』岡沢憲芙・宮本太郎監訳、ミネルヴァ書房、二〇〇一年）。

（2）宮本太郎『生活保障――排除しない社会へ』岩波新書、二〇〇九年。

（3）奥和義「国際貿易システムの課題」岩本武和・奥和義・小倉明浩・金早雪・星野郁『グローバル・エコノミー』有斐閣、二〇〇一年。

（4）水野和夫「デフレ化の成長戦略とは何か」『現代の理論』第二二号、二〇一〇年。

（5）神野直彦『「分かち合い」の経済学』岩波新書、二〇一〇年。

（6）Colin Crouch, "Generalized political exchange in industrial relations in Europe during the twentieth century," Bernd Marin (ed.), *Governance and Generalized Exchange*, Westview Press Inc. 1990.

（7）宮本太郎「ワークフェア改革とその対案　新しい連携へ？」『海外社会保障研究』第一四七号、二〇〇四年、宮本太郎「福祉国家再編の規範的対立軸――ワークフェアとベーシックインカム」『季刊社会保障研究』第三八巻第二号、二〇〇二年。

（8） Tony Fitzpatrick, *Freedom and Security: An Introduction to the Basic Income Debate*, Macmillan Press, 1999.（『自由と保障　ベーシックインカム論争』武川正吾・菊地英明訳、勁草書房、二〇〇五年）。

（9） James Tobin, "The Case for Income Guarantee," *The Public Interest*, Vol. 4, 1966.

（10） Charles Murray, *In Our Hands: A Plan to Replace the Welfare State*, The AEI Press, 2006.

（11） LO（Landsorganisationen i Sverige）, *Fackföreningrörelsen och den fulla sysselsättningen : Betänkande och förslag från Landsorganisationens organisationskommitté*, 1951.

（12） 宮本、前掲『生活保障』。

（13） 石井久子「九〇年代におけるアメリカの雇用拡大と失業率の低下」『高崎経済大学論集』第四三巻第四号、二〇〇一年。

（14） Jan Edling, *Agenda för Sverige*, Flexicurity, 2005.

（15） Anthony Giddens, Ulrich Beck and Scott Lash, *Reflexive Modernization: Politics, Tradition and Aesthetics in the Modern Social Order*, Polity Press, 1994.（『再帰的近代化　近現代における政治、伝統、美的原理』松尾精文・小幡正敏・叶堂隆三訳、而立書房、一九九七年）。

（16） Anthony Giddens, *Beyond Left and Right: The Future of Radical Politics*, Polity Press, 1994.（『第三の道とその批判』今枝法之・干川剛史訳、晃洋書房、二〇〇三年）。Anthony Giddens, *Modernity and Self-Identity in the Late Modern Age*, Polity Press, 1991.（『モダニティと自己アイデンティティ　後期近代における自己と社会』秋吉美都・安藤太郎・筒井淳也訳、ハーベスト社、二〇〇五年）。

（17） 宮本太郎「福祉国家改革と社会サービスの供給体制――ニーズ表出型への収斂と分岐」『年報行政研究44　変貌する行政　公共サービス・公務員・行政文書』ぎょうせい、二〇〇九年。

（18） Marylin Taylor, "The Changing Role of the Nonprofit Sector in Britain: Moving toward the Market", Benjamin Gidron, et al.（eds.）, *Government and The Third Sector: Emerging Relationships in Welfare States*, Jossey-Bass, 1992.

(19) Jacques Defourny, "Introduction: From Third Sector to Social Enterprise," Carlo Borzaga and Jacque Defourny (eds.), *The Emergence of Social Enterprise*, Routledge, 2001.(『社会的企業――雇用・福祉のEUサードセクター』内山哲朗・石塚秀雄・柳沢敏勝訳、日本経済評論社、二〇〇四年)。

(20) 宮本太郎『福祉政治――日本の生活保障とデモクラシー』有斐閣、二〇〇八年。

(21) V. A. Schmidt, "Values and Discourse in the Politics of Adjustment," F. W. Scharpf and V. A. Schmidt (eds.), *Welfare and Work in the Open Economy, Vol. 1, From Vulnerability to Competitiveness*, Oxford University Press, 2000.

(22) Zygmunt Bauman, *In Search of Politics*, Polity Press, 1999.(『政治の発見』中道寿一訳、日本経済評論社、二〇〇二年)。

(23) 宮本、前掲『生活保障』。

(24) Nancy Fraser and Axel Honneth, *Redistribution or Recognition?: A Political-Philosophical Exchange*, Verso, 2003.

(25) 宇野重規『〈私〉時代のデモクラシー』岩波新書、二〇一〇年。

第2章　政治的エコロジーの可能性
──「エコロジー的近代化」を超えて

畑山　敏夫

はじめに

二〇〇九年には、日本でも本格的な政権交代が起こり、民主党を中心とした新政権が成立した。鳩山首相（当時）は、国際公約として、二〇二〇年までに温室効果ガスを一九九〇年比で二五％削減する方針を打ち出した。そのような目標を、国内排出量取引制度や再生可能エネルギーの固定取引制度、地球温暖化対策税といった政策を総動員することで達成を目指している。

だが、野党・自民党から成長戦略が欠如しているという批判を受けて、民主党は大急ぎで成長戦略を作成している。経済成長の果実を公共事業を中心に地方へと再配分するか、それとも、子ども手当や高校授業料の無料化のように直接に個人へと再配分するのかといった違いはあるが、両党とも景気回復を訴え、経済成長を自明視している点では共通している。また、アメリカやヨーロッパの先進国では「グリーン・ニューディール」が標榜されて環境と経済成長の両立が目指され、中国やインド、ブラジルといった新興国の経済成長が世界経済の牽引役となることが期待されている。地球環境や資源の問題に世論の関心が集まる一方で、依然として世界は経済成長の夢を見ているように思われる。だが、現在のような過剰な生産と消費を前提にして、果たして環境と資源の限界は克服可能なのだろうか。

そのような問いは、環境と政治を考えるうえで重要な意味を持っている。というのは、それは経済成長を前提に築かれてきた近代社会を問い直すことを意味するからである。環境・資源問題が深刻化し、物質的な豊かさが人間の幸福に直結することへの疑念が深まっている現在、環境問題に対する新しい視点を持つ思想や運動（「新しい政治＝ニュー・ポリティクス」）が登場している。「新しい」という形容詞は、これまで多くの思想や運動に自称・他称で使われてきた。ここでは、「新しい政治」という言葉を、近代の経済社会が多くの面で行き詰まりを見せている時代に、それを新しい経済社会モデルへと転換することを指向する価値観や理論、それに立脚した運動や政党を指すものとして使っている。

これまでに出版された「環境政治」をテーマとする多くの著作では、世界的・地域的な環境問題とそれに対する国際的な取り組みやガバナンス、各国・各地域での環境保護運動とその歴史、行政を中心とした環境問題への対応と政策の変化などを主要な内容としている。そのような著作を概観したとき、それらに欠落している重要な領域があることに気づく。それは、政策決定の場である議会や政党システムの領域である。環境問題を政治の場で争点化し、個人レベルで環境意識の変容を促すと同時に、科学技術の環境・資源効率を改善する方向での活用、環境親和的な産業政策や制度改革など、エコロジー社会を展望した経済社会の理念と総合的な政策構想を提示する政党の役割は重要である。そのような役割を果たす政治主体が不在のまま環境問題が根本的に改善されることはないだろうし、現に多くの先進社会ではエコロジー政党が国政議会に進出することで大きな影響力を行使している。

本章では、近代を超える思想としての「エコロジズム（écolosisme）」とその現実政治での担い手であるエコロジー政党（＝政治的エコロジー）に焦点を当てることで、二一世紀の環境と政治について考えてみたい。

1　近代社会の行き詰まりと環境問題——近代のいくつもの乗り越え方

地球温暖化に象徴される現代の環境問題が重要であるのは、それが単なる「環境の問題」を超えて大量生産―大量消費という近代の経済社会モデルの行き詰まりを表現しているからである。一九七〇年代に、国民国家と資本主義経済を主要な要素とする近代社会がその成功とともに多くの弊害を露呈したとき、近代の価値や制度を批判的に超える「非近代のプロジェクト」としてエコロジズム思想が登場し、それを政治の場で体現する政治主体がエコロジー政党としてヨーロッパを主要な舞台として出現する。本章のテーマであるエコロジズム思想とその現実政治における担い手である政治的エコロジーは、「蓄積された脱産業的危機の申し子」として出現するのであった[1]。

戦後のヨーロッパ政治は高度経済成長を背景に安定した時期を経験してきた。いわゆる「黄金の三〇年」においては、左右両翼に属する既成政党の対立を軸として安定的に政治が運営され、経済成長によって豊かな社会が築かれていった。そのような時代は一九七三年の石油危機によってピリオドが打たれるが、それまでの「古い政治」は「福祉国家」の実現を通じた大衆統合を実現し、国家を媒介とした経済的再配分によって国民の支持を調達する安定したメカニズムを築いてきた。ケインズ主義的な経済・財政政策による経済成長が可能とした完全雇用と社会福祉を通じた再配分政策によって国民統合が可能であったという点では、戦後ヨーロッパで築かれた豊かな社会は右肩上がりの安定した経済成長の産物であった。

しかし、石油危機によって引き起こされる「七三年の転機」によって「黄金の三〇年」は終わりを迎え、「近代」という時代の到達点である安定と成長の「二〇世紀システム」は大きく変容していく。高原基彰によれば[2]、「二〇世紀システム」は、地球全体を覆う主権国家と主権平等の原則にもとづく「国際社会」、大量生産・大量消費による労働者の管理と健康維持、福利厚生の実現を通じて労働力と市場を同時に形成し経済発展を行う「フォーディズム」を特徴としていた。そのシステムの形成と同時に、組織が諸個人を囲い込み、企業や国家の両面で強力な「官僚制」的組織を構築することが最重要課題として追求された。だが、経済成長の終焉とともに、そのような「官僚制」と「二〇世紀システム」からなる「近代」は終焉に向かう。それに対して登場するオルタナティブは、「先端科学」「生産性」「創造性」といった評価軸に従うことを促し、先進国も途上国も、その構成員である諸個人に自助努力を怠らないことを求め、そして脱落すれば敗者に転落すると訴えるイデオロギーと運動であった。それは近代の価値や生活を守るために前方へと飛躍する解決法であり、世界を市場経済で覆い尽くし、競争と効率の原理を隅々まで貫徹させ、社会的格差や貧困という副作用がともなっても物質的豊かさを追い求めるという処方箋である。つまり、加速をつけてより高度な近代社会に向かって疾走する後期近代のプロジェクトともいえる。

そのような新たな政治的プロジェクトが登場するのは、イギリス政治の場であった。そのプロジェクトの担い手であった保守主義勢力は、新自由主義を掲げて経済社会の危機を突破しようとした。だが、サッチャーに代表される新自由主義の政治は、経済的なパフォーマンスは改善したが社会的格差や失業、貧困、犯罪などの問題を悪化させ、環境や資源の問題にも的確に対応できなかった。そこから、一九九〇年代後半には保守政権から社会民主主義への政権交代が各国で起きている。

イギリスのブレア政権に代表される新しい社会民主主義は、社会的公正や雇用などの問題に配慮しつつ、国家機能の縮小・効率化や市場原理の尊重といった新自由主義の考えを基本的に踏襲している。結果として、左翼─保守の間で政権交代を繰り返しながらも、新自由主義以外の選択肢はないかのような「単一思考（pensee unique）」が支配することになった。二〇〇八年秋のリーマン・ショックをきっかけとした世界同時株安・不況の後は、新自由主義に対する評価は大きく変化しているが、近代の行き詰まりを突破するプロジェクトとして依然として大きな影響力を保っている。

今日では環境と政治の関係については、大きく分けて二つの考え方が対立している。一つは、「人間中心主義─技術中心主義」であり、もう一つは、「生態系中心主義」である。前者は経済成長と生態系の持続が両立するという前提から出発する考え方であり、新自由主義（そして新しい社会民主主義）の立場である。近代産業社会の弊害を認めながらも、それを改善することで乗り切ろうとしている。後者は生態系の持続可能性を基盤とするエコロジー思想であり、経済優先の「近代社会を超克する」ことにその本質がある。[3] それは、持続可能でない近代社会を乗り越える「非近代のプロジェクト」であり、「ディープ・エコロジー」「エコロジズム」「エコ・フェミニズム」といった異なったアプローチを含んでいる。[4]

近代化を否定するオルタナティブという意味で「非近代のプロジェクト」と呼ぶとすれば、ディープ・エコロジーは、「啓蒙主義」の人間中心主義的な自然認識に抗して反近代化を求め、近代の歪められた自我原理を捨てて本来のエコロジー的自我を回復するといった精神的・宗教的形而上学への「パラダイム・シフト」を説いている。他方、「エコ・フェミニズム」は、近代化が欠落させてきたフェミニズムの視点を加えることで近代化のベクトルを転換させることに主張の眼目があり、環境破壊と女性の抑圧を同根の現象として捉えて女性解放と自然との共生を同時に実現することを指向している。「ディープ・エコロジー」も「エコ・フェミニズム」も近代社会批判として説得力をもっていること、個人の思想や価値観、生き方に倫理的・道徳的な影響力を与えていることは否定できない。だが、それらは近代を超える社会経済モデルを提示することも、具体的な変革運動の思想的支えになることもできない。その点で、もう一つの「非近代のプロジェクト」である「エコロジズム」の近代の超え方は、先の二つと大きく異なっている。それが思想や倫理的態度にとどまらず、政治的・経済的・文化的制度の構築による「エコロジー的に持続可能な社会＝緑の社会」を実現することを指向しているからである。(5)

「エコロジズム」は、現在の経済社会秩序に対して持続可能な社会＝緑の社会を対置するが、その本質的特徴は現実政治の場を通じてエコロジカルな社会の実現を指向する点にある。それは決して思想や言説レベルでの影響力行使に限定されるものではないし、私生活での環境への配慮や「できる範囲での行い」に満足するものでもない。また、現実政治に対する単なる異議申し立てに満足するものでもない。その独自性は、豊かな社会のなかで出現してくる新しい社会運動を基盤に、エコロジー政党を結成して政党システムに参入し、議会政治を通じた制度的改革によって持続可能な社会へと漸進的に接近していく発想にある。

さて、いくつかの国では、エコロジー政党の現実政治への介入は時代の追い風を受けて着実な成果をあげている。一九七〇年代以降の環境問題の深刻化と世論における関心の高まりが何よりもエコロジー政党にとって有利であったが、それに加えて、新自由主義の影響力が高まるなかで既成左翼が新自由主義に接近して政治的オルタナティブとしての魅力を失っていったことも、エコロジー政党の支持を高める要因となっている。左翼支持者の間で出口のない閉塞感や無力感が広がり、そのような状況のなかで新しい選択肢として政治的エコロジーの影響力が拡大している。だが同時に、「環境の時代」のなかで環境の争点は体制側に回収されて、資本主義のグリーン化に利用されるという事態も生じている。

2　近代社会の行き詰まりをどう超えるか？――「エコロジー的近代化」という超え方

フランス緑の党が出版した『希望を再建する』(6) は、「多くの人々は、科学がいつか未解決の問題を解くことができると考えてきた」という文章で始められている。そのような発想は、今日でも支配的である。近代社会のなかで肥大化した個人の欲望を抑制し、「便利で安楽な」近代のライフスタイルを変えるという命題を掲げる政治的エコロジーにとって、資本主義経済のもとで多数派形成することは極めて困難なことである。それに対して、政府、企業、個人のレベルで広汎に受容されている近代の行き詰まりへの処方箋は「エコロジー的近代化」である。それは科学技術と制度的対処による解決法であり、個人の物欲を抑制することなく現行のライフスタイルや資本主義経済を維持することを前提にしている。ただし、エコロジー的近代化は近代社会の救済のためにフルに活用されているが、政治的エコロジーも緑の社会に転換する手段としてはその有効性を認めており、グリーン・ニューディールや環境税などの形で変革のツールとして活用されている。つまり、エコロジー的近代化は、政治的エコロジーによって近代を超える手段としても利用できる処方箋である。現に、ドイツでもフランスでも、既成左翼政党との赤緑連立政権によって脱原発やエネルギー消費を抑制するツールとして技術的・制度的手段が活用されている。

ただ、多くの場合、それは既存の経済社会モデルを延命させる手段として活用されており、国民の多数派のコンセンサスを獲得している。エコロジー的近代化は、政府や産業界、国民の多数派にとって近代の行き詰まりを超える万能薬となっている観がある。というのは、エコロジー的近代化は人間中心主義・技術主義的な環境思想であり、環境問題と経済成長は両立するという立場から出発するからである。

たとえば、経済学者の佐和隆光の次のような発言に「エコロジー的近代化」の発想が鮮明に表れている。「環境制約を打ち破ることが技術革新（イノベーション）の標的となり、そうした技術革新が経済成長を牽引する」という彼の主張は、技術革新と経済成長を結びつける典型的なエコロジー的近代化の表現である。佐和は、地球環境問題を重視しながらも経済成長が必要であると説き、個人消費支出、民間企業設備投資、公共投資などの内需を喚起することや正規雇用を創出することを求め、新しい産業革命としての「グリーン・ニューディール」を切り札として提唱している[7]。

佐和の推奨するグリーン・ニューディールは、オバマ政権によって現実化されつつある。それは、新しい技術の開発や新しい制度の導入による環境産業の育成を軸とする経済発展を構想したものである。オバマ大統領は優先課題である経済再建の中核に「グリーン・エコノミー」を位置づけて、ソーラーパネルや風力タービン、省エネの自動車や建築物、「スマート・グリッド（賢い送電線網）」のような新しいエネルギー技術をつくりだすことで新たな経済成長と雇用創出を実現し、それと同時に地球環境を守ることを提唱している。

それは一定の成果をあげつつある。たとえば、鉄鋼と石炭でかつて繁栄したペンシルベニア州では自然エネルギーを政策的に推進しているが、スペインのガザメ社が風車製造工場を建設して新たに一〇〇〇人の雇用が生まれている。また、オレゴン州でもドイツのソーラーパネル製造会社であるソーラーワールド社が工場を建設して一〇〇〇人の雇用が予定されている(8)。

グリーンな技術開発の象徴的な例としてはスマート・グリッドが注目されている。それは、送電網にITを組み込むことで電気と情報を双方向に流すという技術である。電力の消費者は各家電の消費電力を知ることで電力消費を節約できるし、再生可能エネルギーの消費を選択できる。また、電力消費が逼迫したときに家庭の家電製品や電気自動車から電力を逆流させるなど、供給が不安定な自然エネルギーの弱点を補いながら、電力消費自体も節約する画期的な技術である。スマート・グリッドとその関連の投資にはエクセル・エナジー社やゼネラル・エレクトリックなどが乗り出し、オバマ政権もその整備に一一〇億ドル（約一兆一〇〇〇億円）の予算をつけている(9)。

以上のように、エコロジー的近代化は環境と資源の制約を技術的に克服することを最大の特徴としている。「技術主義（テクノロジズム）」こそが近代に特有の発想であり、物事を技術的・合理的に処理できるという考え方である点で(10)、エコロジー的近代化は近代社会のなかから内部変革を進める立場といえよう(11)。

人間社会が地球温暖化や世界の食料問題、エネルギーの枯渇といった問題に直面していることは確かだが、人間の英知によるリスク管理能力、技術的対応能力を信頼することがその考え方の前提である。その点が、多数派に共有されている科学技術信仰にフィットするし、何よりも、人間の欲望やライフタイルを大幅に変えることなく、これまでの安楽で快適な生活や経済活動を続けることができることは魅力的である。エコロジー的近代化の考えは、現在の経済的豊かさを享受しながら環境問題も解決できるという心地よいメッセージを発している。

既述のように、「非近代のプロジェクト」に属する「エコロジズム」は制度を通じた改良主義の立場を取っているが、エコロジー的近代化を手段として利用している。たとえば、ドイツでは一九九八年の連邦議会選挙で社会民主党と九〇年同盟・緑の党との連立による「赤と緑」の連立政権が成立したが、エコロジー的近代化は、赤緑連立政権の中心的な政策となっている。[12]

同政権の成立に当たって締結された連立協定「出発と刷新――二一世紀へのドイツの道」のなかで、エコロジー的近代化が政治の目標に据えられ、それが環境政策にとって「先駆者」の役割を果たすことが目指されていた。ドイツは当時、失業問題の克服と経済の活性化という課題に直面していたが、第四章「エコロジー的近代化」において、「エコロジー的近代化は、自然的生活の基礎を保護し、多くの雇用を創出するためのチャンスである」と述べられている。[13]

だが、冷静に考えてみると、それは果たして現代の産業社会が抱える苦境を打開する有効な処方箋なのだろうか。たとえば、原子力発電が化石燃料の枯渇という危機に対処する得策として喧伝されているが、本当にそうなのだろうか。原子力発電の燃料であるウラン自体が可採年数七二年と言われており、原子力は再生可能なエネルギーではない。また、プルトニウムを原料として使用して、使った以上にプルトニウムを生み出す高速増殖炉という「夢の原子炉」開発も、技術的困難性や経済性を理由に撤退する国が相次いでいる。事故の可能性や莫大な廃棄費用（耐用年数がきた原子炉や放射性廃棄物）も考慮に入れれば、原子力発電という技術がエネルギー枯渇への有効な対策であるとはいえない。その他にも、核分裂ではなく核融合によるエネルギーの産出、回収した二酸化炭素の地中・海中への封じ込め、衛星による宇宙での太陽光発電などのアイデアも出されているが、その費用対効果や実現可能性を考えたとき、技術的ブレークスルーがいかに難しいかが分かる(14)。

エネルギー資源の制約を、原発以外にもオイルサンドの開発やバイオエタノールの活用で切り抜けようとしているが、環境や食糧の面で新たな弊害を引き起こしている。また、資源制約を克服するためにリサイクル産業が盛んになり、それが資源の節約をもたらし新しい雇用を創出するとしても、他方では、リサイクル産業の発展は現在の消費スタイルを継続させて過剰消費を促進する効果をもたらす可能性もある。

エコロジー的近代化は、地球を害することなく経済を発展させ、もっと多くの人々を貧困から救い出すという言説にもかかわらず、クリーンパワー・テクノロジーを創造して普及させることができる国やコミュニティ、企業が将来において主要な経済的地位を占めるという「勝つための戦略」「ビジネスチャンス」として理解されており(15)、先進国とその企業にとっての生き残り戦略を意味している。

エコロジー的近代化は、既存の社会システムの枠組みのもとで、政治経済システム、ならびに技術システムを環境配慮型のシステムに転換させることを主眼とする改良主義的環境戦略である[16]。その戦略を利用するにしても、現在の経済社会のあり方を前提にするという安易な発想を問い直す必要がある。新しい技術と制度の開発という手法は、新しい経済社会モデルに舵を切る際にも有効な役割を果たすことは否定しないが、それでは近代社会の行き詰まりを根本的に超えることはできない。持続可能な社会経済モデルへ転換するという展望のなかでしか、エコロジー的近代化というツールを有効に活用することはできない。

そして、そのような展望を紡ぎだすのは政治の役割であり、エコロジー政党はそのことを自覚している。フランス緑の党の全国書記であるC・デュフロは、政治的エコロジーは目標においてはユートピア的、解決方法においては革新的、実現方法においてはプラグマティックであると述べているが[17]、エコロジー的近代化を手段として活用しながら政治の場から近代社会とは異なった経済社会モデルを提示する政治的エコロジーが政治の場に登場している。

3　新しい経済社会を求めて――「エコロジズム」という近代の超え方

「環境思想」をテーマとした著書のなかで、松野弘は、日本では環境思想に関する視点や考え方は哲学・倫理学的カテゴリーから脱却しておらず、環境意識の変革という内面的変革にとどまったままであると指摘している。つまり、環境哲学・環境倫理学という内面的な変革を指向する思想から、環境政治思想、環境経済思想、環境法思想などの現実的（政策的）、かつ、外面的な変革志向の思想へと環境思想を転換させていくことに関して、欧米と比較して日本ではいまだに未成熟なままである[18]。

環境思想において政策思考的で実践的な傾向が希薄である理由として、個人の意識や行動のレベルを重視する発想の強さが考えられる。それは個人の意識や心がけ（「自然や環境にやさしい」）に環境問題を還元する発想の強さとして表れている。個人的行動を奨励することで、あたかも環境問題が大きく改善されるかのように喧伝され、「クールビズ」や「打ち水」が推奨されている。そのような発想からは、個人の善意を超えて政治による制度的変革を通じて環境親和的な社会を築いていくという意識は極めて弱い。

近代的な社会経済モデルが立脚する産業主義と技術主義という思想とそれを支えてきた社会制度を批判的に検討して変革しない限り、今日の環境問題をはじめとした社会経済的課題を解決することはできない[19]。個人のレベルで環境意識やライフスタイルの変化をもたらすこと、社会運動のレベルで特定の課題に取り組むことは現状を変えていくことに少なからず貢献するだろう。しかし、現在の個人的なライフスタイルから経済社会制度までトータルに問い直すことなしに、環境と共生する経済と社会は実現できるのだろうか。そのような問いかけが社会のなかで本格的に生起するのは一九七〇年代に入ってからであった。

一九七二年には、地球資源の有限性について警告したローマクラブの報告書『成長の限界』が発表されるが、そのような警告によって無限の経済成長思想に対する疑問が生まれてくる。物質主義的価値観に基づく生活のあり方への捉え直しや地球環境問題が『宇宙船地球号』に居住するすべての生命体に重大な脅威であるとの認識が広がっていく。そのような意識の変化を背景に環境や開発の問題などに取り組む新しい社会運動が先進社会を中心に登場し、草の根型の大衆的な環境運動が一九八〇年代のヨーロッパで発展し、環境政策の進展に大きく寄与することになる。[20]

そのような大衆的環境運動を基盤にエコロジズムを体現する政治勢力が現実政治の場に登場することになる。ここで、「エコロジズム」について確認しておけば、その最大の特徴は以下の四点に集約することができる。[21] 第一に、現行の発展モードを否定することにある。つまり、現在の発展モードが環境と資源の限界に直面している現在、それが維持できるとは考えられない。それに代わって、より多く消費することやショッピングセンターに行くことに価値を見出すことのない発展モードに転換することが求められている。

第二には、それが包括的ビジョン（folisme）であることである。エコロジズムは、環境問題だけに限定することなく社会全体の改革を展望している。その意味で、エコロジズムは「環境思想」ではなく、社会のトータルな改革を指向する思想である。

第三に、エコロジズムは、生産優先の支配的なイデオロギーに抗して、経済活動が現実の社会的ニーズに適応し、自然資源を保全するような質的な発展を重視することを求めている。つまり、エコロジズムの登場は、脱物質主義や新しい諸価値、すなわち、一九七〇年代中葉にR・イングルハートが明らかにしたが、豊かな社会のなかで新しい階層がもつ美的で知的な、そして、アイデンティティに関わるような新しい社会的ニーズと対応したものである。

第四に、前述したように、エコロジズムは、電気の節約や自動車に乗らないといった日常生活での「よき態度」に限定されない政治的領域での行動を優先する、社会の転換に向けた包括的なプロジェクトである。念のために言っておくが、日常生活で環境にやさしいことをコツコツやることは決して間違ったことではない。より少なく働き、より少なく消費し、よりよく生きるという個人レベルでの意識やライフスタイルの変化は緑の社会の土台である。消費に明け暮れる生活から脱却し、「喜ばしい自己制約」に基づいたスローライフは環境親和的である。問題は、それを政治の領域に延長して思考・行動し、環境親和的な新しい社会経済的モデルを構想することであり、何よりも、政治の場でその実現を追求することである。

ゆえに、エコロジズムは政治的であり、政治の場を通じての改革を重視する思想なのである。現行の経済社会が持続的でないのは、個人や集団、地域の間の不平等や更新不可能な資源の浪費、少数者の利益ために自然遺産の破壊を招いているからであり、生活様式の画一化や標準化された大量生産の製品による文化的特性の破壊をもたらしているからである。[22] エコロジズムを政治の領域で体現する政治的エコロジーは、そのような現状に対して政治を通じて社会の編成と発展のモードを持続可能なものに変えることを目指している。

そのためには、環境と人間の暮らしや文化を同時に配慮することが必要である。というのは、環境に優しい社会に向かうとしても、それが必ずしも人間に優しい社会になるとは限らないからである。

つまり、環境は改善されるとしても、社会的な格差や貧困、労働における搾取や疎外が放置される可能性はあるからである。環境問題と同時に社会的な問題の解決も重視する政治的エコロジーにとって、環境的使命をともなった社会的経済、すなわち、エコロジストにとって民主主義的参加や人間的連帯、社会的公正、文化的多様性に根ざした経済社会モデルに転換することは自明のことである[23]。そのようなモデルに転換するためには、資源の枯渇と人間の搾取は同じ源泉から来ているので、短期的な収益を優先する現行の経済のあり方は根本的に改められる必要がある[24]。

さて、エコロジズムについて概観したが、その本質は政治の場で新しい経済社会モデルを追求する「非近代的プロジェクト」である。一九世紀から近代社会とその価値に立脚した自由主義やマルクス主義の思想が登場するが、エコロジズムは近代の社会の成熟と行き詰まりを経験した二〇世紀に必然的に生成した思想であり、その世紀に登場した唯一の新しい思想であると言えよう[25]。

4　緑の党と新しい政治――現実政治のなかの政治的エコロジー

エコロジズムは現実政治の場では政治的エコロジーである緑の党によって担われている。フランスでは、政治への参加を重視するエコロジストたちは一九七〇年代から地方議会に進出し、一九八四年には緑の党を結成する。一般に「環境政党」「運動政党」「反政党的政党」という呼称をもつエコロジー政党は、争点、理念、政策、組織構造、政治スタイルにおいて既成政党と異なるユニークな存在である[26]。

そして、とりわけ既成政党と異なっているのは近代を超える社会経済モデルへの強い指向性である。

たとえば、フランス緑の党は、社会が抱える個々の問題を超えて、産業社会の生産力至上主義的でテクノクラート的な側面や高度消費社会の現実を批判し、消費の欲望を過剰に刺激して自然資源を大量に浪費している経済社会モデルの転換を求めている。つまり、環境的価値を軸とする経済社会、社会的公正を軸とした連帯社会、反権威主義的で自己決定と自治、分権を基盤にした社会からなるオルタナティブな社会を政治を通じて実現しようとしているのである。(27)

エコロジー政党が政党システムに参入することによって、初めて近代社会を超えることを訴える政党が政党システムに参入することになった。これまで歴史的に政党システムの内部では左翼と右翼に別れて対立してきたが、左から右まで既成政党は経済成長や科学技術主義といった近代のパラダイムを共有している。三車線の高速道路で、走行する車線は左、中央、右と違っても自動車が同じ方向に走っているようなものである。結果として、近代的価値や発想を共有する既成政党は、左右の政治的立場の違いを超えてエコロジストには無理解であり敵対的であった。エコロジストが体現する脱物質主義的価値観は生産力主義に立脚する既成政党とは異質なものであり、エコロジー政党は彼らにとっては理解不可能な存在であった。彼らに政治的エコロジーを理解する知的装置が欠けていたからである。

たとえば、フランス共産党元党首のR・ユー（Robert Hue）は、原子力発電に反対するエコロジストを「石油ランプへの回帰」と揶揄している。また、保守系のジャーナリストA・デュアメル（Alain

Duhamel）は「成長することのない永遠の青年」というレッテルをエコロジストに貼っている[28]。その点は社会民主主義政党も同様であり、彼らも再配分のアジェンダと産業主義的パラダイムに明確にコミットメントしており、無限の経済成長という物質主義的前提を受容していた。結局、左翼、ドゴール主義、自由主義の既成政治勢力は、ともに生産力の増大を社会の幸福追求の手段とする幻想を共有していた[29]。それは、日本でも同様である。経済成長を優先する発想は自民党から共産党まで共通しており、それは現在の民主党まで一貫して共有されている。「経済成長戦略」が必要であるという点では、政党からメディアまで強力なコンセンサスが支配している。

そのような強固なコンセンサスに挑戦する政治勢力は、一九七〇年代に登場する。近代産業社会の行き詰まりは新しい政治的争点を生起させ、それと取り組む新しい社会運動を出現させた。運動圏で始まった新しい政治の追求はやがて制度圏へと越境していった。政党システムに新しいタイプの政党が参入し、そのような現象は先進社会全体に拡大していった。

フランスでも、新しい社会運動の活発化、地方政治への参入、全国的組織化の模索と進んでいき、一九八四年には緑の党が結成されている。緑の党は、比例代表制を基本に実施される欧州議会や地域圏（州）議会、市町村議会の選挙を通じて議会に進出していった。一九九七年の国民議会選挙で初めて国政議会に進出し、同時に、ジョスパン政権に入閣して国土開発・環境大臣のポストを獲得している[30]。

ドイツでも同じようなプロセスが見られた[31]。ドイツ緑の党も、環境保護運動だけでなく多彩なテーマを掲げた新しい社会運動をルーツとしていた。一九六〇年代の学生運動にまで遡ることができる住居共同体運動や性的マイノリティ、第三世界、女性解放・フェミニズムなどの新しい争点に取り組む運動を基盤にして結成された。緑の党は、若くて、教育水準が高く、脱物質主義的価値観を持つ都市在住の支持層に依拠し、底辺民主主義や集団指導体制、議員職のローテーション制度、党の役職と議員の兼職禁止、会議の公開などのユニークな党運営や政治スタイルを採用していた。経済成長や身体的安全を重視する物質主義と生活の質や倫理的・道徳的自己実現を優先する脱物質主義の新しい対立軸が浮上するなかで、後者に立脚する新しい政党が先進社会で次々と誕生していった。

エコロジー政党が現実政治に影響を与えることができるかどうかは多様な条件に規定されている。とくに、選挙制度の違いがエコロジー政党の成功を左右している。比例代表制を基本に選挙が実施されている国では、エコロジー政党が国政議会に進出して政権参加も果たしている場合も多い。

国政への参加を通してエコロジー政党は、かつてその思想に強いアレルギーをもっていた社会の諸領域にまで彼らの考えを浸透させることに成功している。一九九二年のリオデジャネイロでの環境サミットや一九九七年の地球温暖化に関する京都会議のように、エコロジー政党は環境政策決定の部外者ではなく、制度的決定の場に参画することで問題解決に貢献している。初期のように異議申し立て政党として思想的純粋性にこだわる姿勢から転じて「制度への長征」を選択することで、彼らは漸進的にではあるが制度的変化の起動力となる可能性を手に入れている。(32)

そして実際に地方国政で政権参加を果たしたとき、彼らが求めてきた政策が一部であるが実現を見ている。たとえば、フランスでは、一九九七年に発足した社会党中心のジョスパン政権に参加することで、緑の党が掲げてきた多くの政策が実現をみている。高速増殖炉スーパーフェニックスの開発中止、ライン・ローヌ運河計画の中止は最も顕著な成果であるが、その他にも、カルネ原発計画や各地の高速道路計画、ロワール県でのダム計画といった開発政策が見直され、核廃棄物長期管理基本計画、低公害車優遇策、自動車交通抑制対策、廃棄物処理施設のダイオキシン排出量削減、公共交通予算の大幅増額、持続可能な国土開発基本法の制定、「地球温暖化と闘う全国プログラム」の作成といったような環境政策面での前進の他にも、求職者への公共料金無料化、労働時間短縮（週三五時間）、選挙での男女候補同数化原則の法制化（「パリテ法」）、同居するカップルへの法定婚カップルと同等の権利を付与する法律（「パックス法＝民事連帯契約法」）の制定、大統領任期の短縮（七年から五年へ）、移民の滞在合法化措置、国会議員の兼職制限、反排除基本法の制定、ＡＭＩ（多国間投資協定）交渉からのフランスの離脱といった社会的課題でも多くの成果がもたらされている[33]。もちろん、比例代表制の導入や原発からの全面的な撤退など、政権内部の力関係から緑の党の主張が通らない課題も少なくはなかったが、緑の党の政権参加が現実政治を変える可能性は証明されている。

地方レベルでも、緑の党は着々と改革の成果をあげている。たとえば、二〇〇一年の市町村議会選挙で、緑の党はパリでは一一・〇八％を得票して執行部に参画することになった。社会党のドラノエ市長のもとで、緑の党は与党として積極的に改革に取り組み多くの成果をあげている。路面電車の建設促進、バス専用レーンの設置、コンピュータ制御のレンタサイクルの導入、水道の水質改善、ゴミ分別の開始、騒音対策、ホームレスの住居対策と多様な領域で改革が実現している。公共交通政策の成果としては自転車交通の量が四七％増加し、逆に自動車交通のほうは一五％減少している[34]。

ただ、政治的エコロジーの政界への参入と定着はスムーズに進行したわけではなく、現実政治と多くの摩擦を経験してきた。産業主義的で経済主義的な価値を否定する言説を駆使する政治的エコロジーは、「危険な存在」として既成政党の側からの激しい嫌悪と反発を引き起こした。時には共産主義者より過激な勢力として忌み嫌われることもあった。だが、有権者の環境意識が高まりエコロジストの議論に耳を傾け始めると、エコロジストの「ユートピア性」を告発していた既成政党や行政は、次第に自らの言説を「エコロジー化」する方向に転じた。エコロジストによる独占を打破するためにエコロジーの擁護者として自己を提示し、エコロジーという言葉の意味を転換して再定義するなど、「エコロジーの脱エコロジスト化」が図られている[35]。

そのような既成政党側からの抵抗と回収の試みを超えて、政治的エコロジーが現実政治への影響力を強化するには多くの課題が存在している。

第一には、政治的な信頼性を強化することである。「環境政党」と呼ばれるように環境問題に対しては造詣が深く、問題解決能力もあると認められているが、他の政策領域、とりわけ、経済・産業政策と安全保障政策の領域で有権者の信頼が低いことは確かである。経済・産業領域に関しては、エコロジストは「環境的使命をもった社会的経済」といった方向でオルタナティブな経済社会モデルを構想している。彼らは新自由主義の「小さな政府」路線を批判するだけではなく、エネルギーや交通、廃棄物、都市整備、林業、農業といった経済社会生活の諸分野において持続可能なプロジェクトを掲げ、環境や資源の保護だけではなく雇用創出にも関心を向けていることをアピールしている。[36]「グリーン・ニューディール」というエコロジー的近代化の手法を通じて有権者の信頼が築かれつつあるとはいえ、物質主義的価値観の支配するなかで経済成長を前提としない社会を具体的に構想することは容易なことではない。

第二に、政治的エコロジーが恒常的に内部対立を抱えて、それが有権者の支持を失う要因になっていることである。政治的エコロジーが理念重視型の運動だけに、路線や理念めぐる内部対立が恒常的に運動を苦しめてきた。

環境や資源の問題、社会的排除と格差、貧困の問題への意識が高まり、既成政党、とくに、既成左翼が問題解決能力を発揮できないなかで政治的エコロジーへの期待は高まっている。だが、エコロジー政党のアイデンティティや戦略をめぐって組織のなかに対立と抗争が起こり、その結果として離党による貴重な人材の喪失だけではなく、有権者のエコロジー政党に対するイメージの悪化をもたらしてきた。

そこにエコロジー政党の最大のジレンマがあり、党のアイデンティティと戦略をめぐって対立と分裂をくり返してきた。環境や経済社会的な危機を克服するためにラディカルな変革を追求する政党としてのオリジナリティとアイデンティティを維持しながら、既成政党が支配する政党システムのなかで政治的ゲームを展開しなければならないというジレンマに悩まされてきた。運動の成果よりも純粋性を保つことを優先する「原理主義派」と政治的妥協も辞さないで現実政治への影響行使を重視する「現実主義派」の対立がくり返されてきた。

フランスでもエコロジストは対立と分裂の歴史を経験して、一九九〇年代には「現実主義派」が勝利して政権参加も果たした。だが、その後も「環境政党」への純化か社会問題の重視か、他の政党への「開放路線」か「自立路線」かといった論点をめぐって党内対立が執拗につづき、時には分裂にまで至っている。(37) 二〇〇九年の欧州議会選挙をめぐっても開放戦略が提起されるが、その時も緑の党内部で多くの抵抗が生じている。最終的には開放戦略が勝利し、緑の党を超えたエコロジストの大同団結の組織である「ヨーロッパ・エコロジー（Europe Écologie）」が結成され、二〇〇九年の欧州議会選挙ではフランス社会党と肩をならべる一六・二八％（一四議席）を得票している。(38)

おわりに

二〇〇八年九月のリーマン・ブラザースの破綻によって起こった金融市場のパニックは、世界に同時不況の波を広げた。そのような現象は、人間の欲望や自由の無限の拡張運動であり、理性や技術のもつ力への限りない信頼に基づいて合理性と効率性を果てしなく追求するという意味での「近代主義」の破綻と解釈することが可能である。(39) そのことは、これまで当然と考えられてきた「無限の消費欲求」に立脚したパラダイムを疑ってみることを促している。

確かに、「欲望の総量を抑えるべきであるという考え方は、とても政策とはいえない[40]」のかもしれないが、といっても無限の欲望という前提は不変ではない。消費への欲望は人間の本能的なものではなく社会的・歴史的に形成されたものである。資本主義経済システムが確立される以前の歴史において、人間は自然から資源を無限に収奪して無限に消費していたわけではない。また、人間の欲望が必ずしも物質的手段によって満足されるものばかりでもない。考えてみれば、経済成長が必要であるという強迫観念も、「より多く働き、より多く消費し、よりよく生きる」という近代的価値観の所産にすぎない。

現代社会は欲望と消費をめぐって大きく変化しつつある。一九七〇年代にはR・イングルハートが青年層のなかに強く見られる脱物質主義的価値観の存在を指摘しているが[41]、製造業における過剰生産のなかで消費の飽和現象が指摘され、モノ離れの傾向が語られている。二〇〇〇年代に入った日本でも、二〇代の青年たちに広がる消費に重きを置かない「嫌消費」の傾向が指摘されている[42]。

そのような物質的消費からの離脱傾向を超えて、スローな生き方や社会を嗜好する指向も見られる。先進国で広がる「スロー」を冠した文化や運動がその例である（「スローフード」「スローライフ」など）。そのような現象の背後には、現在のファストな大量消費社会に対する根本的懐疑や「時間（ないしプロセス）の消費」から「時間の享受（コストとしての時間から享受の対象としての時間）」への移行といった根本的な価値転換が看取できる。そして、新しい価値観やライフスタイルに立脚する「喜ばしい」行為としての自己制約を通じてスローな社会が実現されていくことが語られている[43]。

物質的豊かさを追い求めた末に資源・環境問題が深刻さを増し、孤独と不安、ストレスが人間をさいなんでいる現在、新しい価値観やライフスタイルの普及、それに依拠する新しい社会運動の広がり、エコロジズムという改革の処方せんが登場している。そして、政治の領域でそのような変化を表現するエコロジー政党の登場と伸長と、近代社会の行き詰まりを克服する動きが表面化している。そのような時代に私たちは生きている。

だが、先進国をはじめとして世界は、いまだにGDPに象徴される経済成長主義が強固に支配している。日本でも雑誌や新聞などのメディアでは、景気回復と経済成長を求める声があふれている。経済成長が本当に人間社会と自然にとって有益なことなのか、実は、もう十分に経済成長は達成されているし、逆に、経済成長による過剰生産や労働生産性の上昇が不況と失業をもたらしているといった議論は経済成長を求める声にかき消されている。そして、人間の無限の欲望が経済の無限の拡大という安易な結論の前提とされている。

そのような前提で思考することの限界が多くの有権者に認識され、新しい経済社会モデルの必要性が自覚されたからこそ、最初は「ユートピア」と揶揄されていたエコロジズムが政治の場に呼びこまれたのではないだろうか。フランス緑の党は、経済発展は自然資源の限界に直面している現在では回答にはならない、地球を救い、みんながより良く生きるためには、現行の発展モデルの基本原理を変え、新しい社会契約が必要と主張している。それは、資本主義へのロマンチックな批判や単なる「失われた自然へのノスタルジア」からではなく、標準化された製品の大量生産が民主主義の発展や個人の自己実現につながることはなく、個人の幸福が商品性能の向上やショッピングセンターに行くことによっては測れないという認識から発している[44]。

緑の党は、社会運動に立脚しつつ議会を通じて改革を積み重ね、自然と人間社会を破壊しつつある現在の発展モデルを転換しようとしている。そのような試みを支持した有権者によってヨーロッパのエコロジー政党はヨーロッパ・レベルで勢力を拡大しつつある。そして、その先頭にはかつて一九六八年五月運動の闘士であったダニエル・コーン・バンディットに率いられたフランスの「ヨーロッパ・エコロジー」が奮闘している。

私たちの国でも、戦後に営々と築いてきた日本的システムは行き詰まりを見せ、これまでの発展モデルは転換を迫られている。それに代わる有効な選択肢がどこからも提示されないことが、何よりも日本政治の貧しさを表現している。エコロジー的近代化の限界を超えるエコロジズムを体現するジャパン・エコロジーの挑戦が始まり、それが有権者によって受容されることは、日本政治が古い政治を脱して未来に向かって動き始めたことの指標となるだろう。

【注】

（1）M. O'Neill, *Green Parties and Political Change in Contemporary Europe. New politics, Old predicament*, Ashgate, 1997, p. 3.

（2）高原基彰『現代日本の転機』日本放送出版協会、二〇〇九年、七七頁。

（3） D. Bour, "Crise de l'idéologie et dépassement de la modérnité," dans J. -P. Bozonnet, et J. Jakubec（sous la direction de）, *L'écologisme à l'aube du XXIé siècle. De la rupture à la banalisation*, 2000, Georg Éditieur, 2000, p. 225.

（4） 丸山正次「ニューポリティクス理論から環境政治理論へ」丸山仁・賀来健輔編『政治変容のパースペクティブ』ミネルヴァ書房、二〇〇五年、五三―五六頁。

（5） 松野弘『環境思想とは何か――環境主義からエコロジズムへ』ちくま新書、二〇〇九年、三一頁。

（6） Les Verts, *Reconstruire l'espoire! En vert et à gauche. L'écologie, l'égalité la citoenneté*, Éditions de l'aube, 2002.（『緑の政策宣言』若森章孝・若森文子訳、緑風出版、二〇〇四年）。

（7） 佐和隆光『グリーン資本主義――グローバル「危機」克服の条件』岩波新書、二〇〇九年、六、一一六―一一七頁。

（8） 寺島実郎・飯田哲也・ＮＨＫ取材班『グリーン・ニューディール――環境投資は世界経済を救えるか』日本放送出版協会、二〇〇九年、一六―四九頁。

（9） 同前、五〇―六一頁。

（10） 佐伯啓思『大転換』ＮＴＴ出版、二〇〇九年、四八頁。

（11） 丸山、前掲「ニューポリティクス理論から環境政治理論へ」五六頁。

（12） 星野智「ドイツにおける環境政策の新展開――『ＳＰＤと九〇年連合／緑の党』の連立政権の環境政策を中心に」『法学新報』第一一一巻第九・一〇号、二〇〇五年、七一―七三頁。

（13） 坪郷實『環境政策の政治学』早稲田大学出版部、二〇〇九年、一一、七三―七七頁。

（14） 倉阪英史『環境を守るほど経済は発展する』朝日新聞社、二〇〇二年、九九―一一五頁。

（15） トーマス・フリードマン『グリーン革命（上）』日本経済新聞出版社、二〇〇九年、二五五―二五九頁。

（16） 丸山、前掲「ニューポリティクス理論から環境政治理論へ」二三〇頁。

（17） C. Duflot, *Apartés*, Les petits matins, 2010, p. 144.

（18） 松野、前掲『環境思想とは何か』八―一九頁。

(19)　同前、二三八頁。
(20)　同前、九八—一〇二頁。
(21)　J. -P. Bozonnet, "Les Convictions écologists en Europe: les acteurs et leur vision du monde," dans J. -P. Bozonnet, et J. Jakubec, *op. cit.*, pp. 12-13, 197, M. Hastings, "Partis politiques et transgressions écologists," dans Bozonnet et Jakubec, *ibid.*, p. 74.
(22)　Les Verts, *op. cit.*, p. 6.（前掲『緑の政策宣言』一一頁）。
(23)　J. -G. Vaillancourt, "Les verts du Québec: un mouvement qui se diffuse dans les divers secteurs institutionnels de la société," dans Bozonnet et Jakubec, *op. cit.*, p. 109.
(24)　Les Verts, *op. cit.*, p. 2.（前掲『緑の政策宣言』四頁）。
(25)　Y. Frémion, *Histoire de la révolution écologiste*, Hoebeke, 2007, p. 15.
(26)　丸山仁「社会運動から政党へ——ドイツ緑の党の成果とジレンマ」大畑裕嗣・成元哲・道場親信・樋口直人『社会運動の社会学』有斐閣、二〇〇四年、畑山敏夫「フランス緑の党とニュー・ポリティクス⑴⑵⑶」『佐賀大学経済論集』第三六巻一・二・三号、二〇〇三年、参照。
(27)　B. Prendiville, "France: Les Verts," dans Müller-Rommel (ed.), *New Politics in Western Europe. The Rise and Success of Green Parties and Alternative List*, Westview Press, 1989, pp. 92-93, G. Sainteny, *Les Verts*, Presses Universitaires de France, 1991, pp. 53-58, J. Vilatte, *Les partis verts en Europe occidentale*, Économica, 1996, p. 193.
(28)　Hastings, *op. cit.*, pp. 94-96.
(29)　O'Neill, *op. cit.*, p. 4, Hastings, *op. cit.*, p. 94.
(30)　畑山、前掲「フランス緑の党とニュー・ポリティクス⑴⑵⑶」、同「政権に参加したフランス緑の党」『政策科学』第一一巻第三号、二〇〇四年、参照。
(31)　小野一『ドイツにおける「赤と緑」の実験』御茶の水書房、二〇〇九年、八—一一頁。
(32)　Vaillancourt, op. cit., p. 114.

（33）畑山、前掲「政権に参加したフランス緑の党」一〇二頁。
（34）B. Villalba, et S. Vieillard, "The Greens: from idealism to pragmatism（1984-2002)," in J. A. Evans（ed.), *The French party system*, Manchester University, 2003, p. 68.
（35）Fremion, *op. cit.*, pp. 275, 348, 354.
（36）Hastings, *op. cit.*, pp. 91-97.
（37）畑山、前掲「フランス緑の党とニュー・ポリティクス(3)」参照。
（38）cf. R. Lenglet, et J. -L. Touly, *Europe Écologie. Miracle ou mirage?*, First Société, 2010.
（39）佐伯、前掲『大転換』三〇―三一頁。
（40）倉坂、前掲『環境を守るほど経済は発展する』二〇四頁。
（41）日野愛郎「ニュー・ポリティクス理論の展開と現代的意義」丸山仁・賀来健輔編著『現代政治のパースペクティブ』法律文化社、二〇〇四年、二六―二七頁。
（42）松田久一『「嫌消費」世代の研究』東洋経済新報社、二〇〇九年、参照。
（43）丸山仁「環境政治の新世紀へ」丸山・賀来、前掲『政治変容のパースペクティブ』一九九―二〇七頁。
（44）Les Verts, *op. cit.*, pp. 24-25.（前掲『緑の政策宣言』四〇―四一頁）。

第3章

グローバリゼーションと国籍のゆらぎ
――「国家を背負う移民」と「国家を背負わぬ移民」

丹野　清人

はじめに

一九八〇年代以降グローバリゼーションが喧《かまびす》しく叫ばれ、とりわけ一九九〇年代は日本でも外国人労働者問題が顕在化し、グローバリゼーションが身近な問題として捉えられるようになった。グローバリゼーションのもとでの外国人労働者はニューカマーと呼ばれ、それ以前からいた在日の人びと（在日の韓国・朝鮮・台湾・中国の人びと、以下「オールドカマー」という）とは異なった対象として研究が進められてきた。しかしながら、ニューカマーとしての外国人労働者問題を突き詰めていくと、オールドカマーの問題とつながってくる。ニューカマーの問題はオールドカマーの問題解決の先例に準じて対処されているからである。しかし、ニューカマーとオールドカマーはまったく違ったコンテキストから日本に存在している。前者は、一九八〇年代以降の日本経済が労働力不足に喘いでいた時代に労働者として渡ってきた人びとであり、後者は戦前の植民地との関連で存在している。にもかかわらず、両者の「外国人（外国籍者）」という共通項が、社会的な対処に大きく作用しているのである。

では、外国人・外国籍者とはどのように定義できるのか。国民である日本人（日本国籍者）以外の者である。日本人であること・日本国籍者であることは、自己の権利を主張するうえで重要なメルクマールとなるものである。グローバリゼーションが進み、日本企業の国際化にともない、海外に居住せざるをえない日本人が増える。そうした人びとが権利を主張するうえで、国籍は重要な意味をもつ。他方で、グリーバリゼーションは日本国内に住む外国人をも増やしていく。では外国人に対しては、どのように権利を認めていくのか。

現代日本が直面しているのは、日本国籍をもたない人の権利を狭く制限したことで、社会問題を解決困難にしているということである。この章では、オールドカマーを「国家を背負う移民」、ニューカマーを「国家を背負わぬ移民」と特徴づけながら、グローバリゼーションのなかの国籍のゆらぎを論じつつ、国籍から人権へと視点を変化させる必要が生じていることを論じる。

1　領土拡張と海外移民の一〇〇年

「川崎市ふれあい館」（以下、「ふれあい館」という）は、在日の住民が多い川崎市川崎区桜本町に川崎市が開設した地域支援の施設で保育園を併設している。当初は、在日の人びとの多い地域でもあり、保育園に通う子供たちはそのほとんどが在日の子供たちであったが、近年ニューカマーの子供たちが増えている。入園や保育の相談は韓国語、スペイン語、英語、北京語、タガログ語、ポルトガル語でも行っている。このことが、この地域におけるニューカマーの増加を物語っている。オールドカマーが集住してきた地域に、ニューカマーも住むようになったのである。

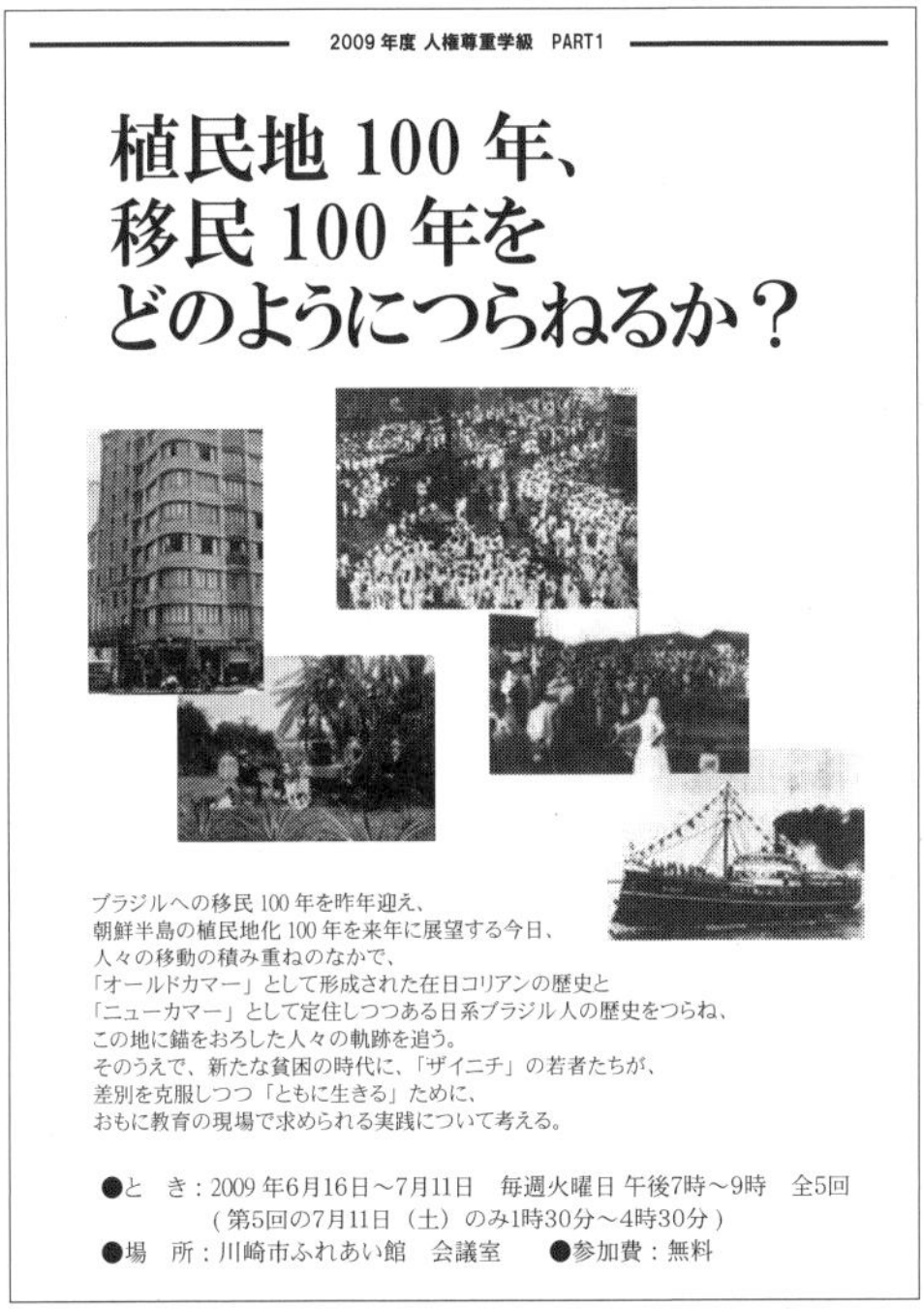
2009 年度 人権尊重学級　PART1

植民地 100 年、
移民 100 年を
どのようにつらねるか？

ブラジルへの移民 100 年を昨年迎え、
朝鮮半島の植民地化 100 年を来年に展望する今日、
人々の移動の積み重ねのなかで、
「オールドカマー」として形成された在日コリアンの歴史と
「ニューカマー」として定住しつつある日系ブラジル人の歴史をつらね、
この地に錨をおろした人々の軌跡を追う。
そのうえで、新たな貧困の時代に、「ザイニチ」の若者たちが、
差別を克服しつつ「ともに生きる」ために、
おもに教育の現場で求められる実践について考える。

●と　き：2009 年6月16日～7月11日　毎週火曜日 午後7時～9時　全5回
（第5回の7月11日（土）のみ1時30分～4時30分）
●場　所：川崎市ふれあい館　会議室　　●参加費：無料

川崎市ふれあい館で開催された人権尊重学級のパンフレット

このふれあい館で、二〇〇九年六月から七月にかけて、「植民地の一〇〇年と海外移民の一〇〇年を重ねて考える」というテーマの人権尊重学級が夜間大学として開催された[1]。日韓併合から一〇〇年にあたる二〇一〇年を、海外移民の一〇〇余年と重ねて、なぜ両者がこの地域に住んでいるのか、なぜ肩を並べて住んでいるにもかかわらず、互いを理解していないのかを考えようという企画である。国際理解というと、ホスト社会である日本人住民と外国人住民が互いを理解するのを国際理解と捉えるのが一般的だが、この企画では外国人同士が互いを理解し、日本の領土拡張に基づく一〇〇年と海外移民の一〇〇年という、二つの一〇〇年を地域にいる人びとが考えよう、という意欲的な試みであった。

このなかで極めて印象的であったのは、裵重度《ぺちゅんど》ふれあい館館長が最後に述べた「国家を背負う移民」と「国家を背負わない移民」という表現であった。裵重度館長は、「在日とニューカマーの人びとに多くの共通点があることを発見できたのが良かった。同時に、同じ移民としてこの社会に存在しながら、国家を背負ってきた者、いや国家を背負わざるをえなかった者と、国家とは関係なしに個人として生きることのできる国家を背負わない者との違いもまた明らかになった。在日は民族団体である総連や民団に属している者はもちろん、総連や民団に背を向けた者も朝鮮半島の国家とその分断を背負わないわけにはいかなかった」と述べたのであった。国家を離れて生きているはずの移民に出身地の国家が大きな影響を与えるという視点は、ニューカマーの研究ではほとんど気づくことのないものでもあり、目の覚める思いがした(2)。

同時に、ふれあい館の試みである二つの一〇〇年を重ねるという企画には、現代日本の外国人問題を考えるうえで極めて面白い視点が隠されていると感じた。それは二つの一〇〇年を生きてきた当事者がどちらも元日本国籍者であったということである。サンフランシスコ講和条約以前、在日の人びとは法に基づいて日本人とされていたし、海外移住した日本人子弟も父が日本国籍者であれば日本国籍を継承していた(3)。かつては同じ日本国籍者で今は外国籍者である点で同じであるにもかかわらず、現代の日本での両者の滞在の仕方にはなぜ大きな違いが生まれているのだろうか。国籍をめぐる歴史背景のなかからこの問題を考えていこう。

2　領土の変更と国籍

オールドカマーである在日の人びとが日本国籍を失い外国籍となったのは、第二次世界大戦終了後のことである。だが、それは日本の敗戦と同時ではない。日本は敗戦とともに植民地を失ったが、それとともに植民地の人びとが日本国籍を離れたのではなかった。敗戦からサンフランシスコ講和条約が結ばれる一九五二年まで、生活の拠点が日本国内にあった植民地出身の人びとは、外国人登録令（一九四七年施行、現在は外国人登録法、ただし、外国人登録法は平成二一年七月一五日法律第七九号により三年以内の廃止が決まっている）上は外国人と置かれつつ、国籍法上は日本国籍者とされていた。そうしたなかで、日本への帰化を求める人びともいた。だが、一八九九年に施行された明治の国籍法のもとでは、植民地出身者も日本国籍者とされていたため、日本国籍への帰化は認められなかった。日本への帰化とは、外国籍者が意思に基づいて日本国籍を志望し、国から許可を得て日本国籍を取得することである。この制度を利用できるのはあくまで外国人であって、外国人登録令上外国人であっても、日本国籍が認められている者は対象とならなかったからである。

一九五〇年に戦後の国籍法（以下、「新国籍法」と表記する）が制定され、日本国籍とは内地戸籍をもつ人びとのみの国籍であるとされた。朝鮮戸籍や台湾戸籍等の外地戸籍（地域籍）に基づいて、日本国籍をもっていた人びとは、新国籍法ではまったく位置づけられることがなかった。

新国籍法は、敗戦にともなう植民地の喪失と、一九四七年発布の日本国憲法との整合性をとるものであった。大日本帝国憲法が家制度に基づく国籍取得を認めていたのに対して、日本国憲法は「個人の尊厳」を憲法的価値とした。そのため新国籍法では、日本人男性との結婚による外国人女性の日本国籍取得や日本人女性が外国人男性と結婚した際の、日本国籍からの離脱、日本人の家に養子入りすることによる日本国籍の取得など身分関係の移動にともなう国籍の変更が削除された。新国籍法は、占領期の極めてセンシティブな時期に策定されたため、また講和条約締結を目前にしていたため[4]、法文に領土変更にともなう国籍変更はまったく盛り込まれなかった。

こうした混乱期の在日の人びとに対し、裁判所は帰化を認めなかった。最高裁は、領土変更にともなう国籍の移動を、①新国籍法には領土変更にともなう国籍変更の規定がないが、②領土の変更にともなう国籍の変更は生じる。③なぜならば、領土変更にともなう国籍変更は条約によって明示的または黙示的に定められるからである。④よって、憲法は領土変更にともなう国籍変更は条約で定める趣旨と解すべきであると判示し、領土変更と国籍移動の考え方を示したのであった[5]。

その結果、旧植民地であっても、日本国籍離脱の時期が異なることになった。朝鮮半島出身の人びとはサンフランシスコ講和条約の発効とともに国籍離脱が行われたとされ（一九五二年四月二八日）、台湾出身の人びとは中華民国との平和条約発効の日に国籍離脱が行われたとされた（一九五二年八月五日）[6]。だが、たとえば台湾人の国籍離脱が日華平和条約に根拠づけられるならば、萩野芳夫が論じるように、「韓国人の日本国籍喪失は日韓基本条約発行日（一九六五〈昭和四〇〉年一二月一八日）ということになろうし、国交未回復とされる朝鮮民主主義人民共和国を祖国と考えている人びとは、日本国籍をまだ有しているということになる」ため、中国や朝鮮が当事者とならずに締結された条約を根拠とすることに疑義が生じることとなる[7]。それにもかかわらず、領土変更にともなう国籍変更の考え方は、現在にいたるまで在日の人びとの存在を拘束し続けている。そこに、在日をめぐる多くの矛盾が残されている。

3　国籍の境界とゆらぎ

在日の問題に示されるように、国籍には国家主権が大きく関連しており、国家の領域が拡大・縮小するときに、その境界のなかに落ち込み、影響を受けざるをえない人びとが絶えず生じてくる。では、国籍とは何なのか改めて考えてみることにしよう。

日本国憲法第一〇条は「日本国民たる要件は、法律でこれを定める」とし、国籍を国籍法によって規定している。国籍を、国籍法で定めるというのは比較的新しい方法で、一九世紀後半のプロイセンで始まったとされる[8]。だが、このような国籍の決め方は、決して一般的なものではない。もともと、国籍は市民としての権利や国民としての権利と密接に関連しており、近代的な国籍概念を最初に規定したと言われるナポレオン法典では、憲法と民法のなかにそれぞれ国籍に関する規定が盛り込まれていた。日本では国籍について、プロイセン型の考え方を採用した。だが、制定されたが施行にはいたらなかったフランス民法典を範とした旧民法では、国籍規定は民法のなかで規定されるものであった[9]。

この違いは非常に大きい。日本が国籍に係る規定を憲法や民法の中に設けるのではなく、国籍法という特別法で規定したのは、国籍に関する様々な事柄を権利として扱うことを不可能にさせる、あるいは権利として主張させなくさせるためだと考えられるからである。憲法や民法といった一般法の規定であれば、普遍的な権利として国籍を主張することが可能となるかもしれない。だが、特別法で規定されていれば、特別法独自の体系をとることが可能となる。国籍の継承を権利として認めず、個別に審査し、国の恩恵によって国籍を付与する「恩恵による統治のメカニズム」を根本原理としうるのである[10]。

こうした恩恵による統治メカニズムに制限を加える出来事があった。二〇〇八年六月四日の最高裁による国籍法違憲判決とこれを受けた二〇〇九年の国籍法改正である（正確には二〇〇八年一二月一二日に改正され、改正された国籍法が二〇〇九年一月一日より施行されている）。これにより、国籍付与に新しい枠が課されるようになった[11]。これまで父が日本人、母が外国人の間に生まれた非嫡出子が日本国籍を取得するには、①子の出生前に日本人の父から認知されているか[12]、②子の出生後に認知をしたうえで父母が婚姻することが必要とされていた。これが法改正後の二〇〇九年四月から、父からの出生後認知のみで日本国籍を取得することが可能になった。

父からの認知のみで日本国籍を取得することに対し、ネガティブな反応が様々なところで見受けられた。新聞や週刊誌ではとくにセンセーショナルに報道がなされた。なかには、「パパの認知で『日本人』一〇万人増える!? フィリピンパブも大歓迎！ 最高裁が戸籍法《ママ》に『ノー』」といったものまで見受けられた（『週刊朝日』二〇〇八年六月二〇日号）。

しかし、同じような日本国籍の取得はこれまでにもあった。書類上の婚姻届が出されておらず、さらに日本国内では認知とは認められないような場合での国籍取得である。たとえば、日本人父と中華民国人母の間に生まれた子で日本国籍が争われたケースがそうだ（東京高裁昭和六三年九月二九日判決）。この事件では婚姻の届出が出されていなくても、中華民国の慣習に基づいて婚姻が行われ、[13]父が子を自己の子として養育している事実（撫育）[14]があれば、その子に婚姻に基づいた嫡出子としての日本国籍が認められている。この事件は少し複雑で、日本人男性が中華民国で中華民国人女性と現地の慣習に従って婚姻し子をもうけた。その後、婚姻関係を解消しないまま日本に帰国し、日本人女性と結婚した。日本人女性の婚姻は婚姻届が出されていたため、裁判では中華民国での婚姻が法律婚にあたるかどうかが争われた。裁判所は、日本人男性の中華民国での婚姻は、たとえ届出を欠いていたとしても、現地の慣習に従って挙行されたものであれば法律婚として考えられるとし、その子の日本国籍が存在することが認められた。[15]婚姻届とそれに基づく戸籍上の記載が婚姻形態の絶対的なメルクマールではないし、認知のような届出行為が父子関係の絶対的な根拠ではないのである。

上述の例が示すように、国籍法の改正は確かに大きな出来事ではあったが、これによってそれまで見ることができなかった事態が生まれたということではなかった。どこからが婚姻状態であるか、父子関係がいつから発生したかは、たとえ日本が日本の国家主権に基づいて任意に定義できるとしても、渉外婚姻の場合、まして婚姻の挙行地が日本以外の国であった場合には、日本の定義のみを一方的に課すことはできないのである。渉外婚姻では、元来、国籍の境界は曖昧なのであって、日本人と婚姻する配偶者の国がどの国になるのかにより、その子供の国籍付与の仕方は様々な形態が出てこざるをえないからである。

ここに奇妙な矛盾が生じている。国は、国籍は国家が自由に定めることができると主張する。これは国際慣習であるという。だからこそ、渉外婚姻の場合は主権の衝突が生じて、ある場合には二重国籍（国籍の積極的抵触）が発生したり、またある場合には無国籍（国籍の消極的抵触）が発生したりする。国籍の決定方法には大まかに言って、①国民の子を国民とする血統主義と②自国で生まれれば自国民とする生地主義の二つの異なった考え方がある。すべての国がどちらか一方の方式で国籍を決めるのであれば、主権の衝突による国籍の抵触は大幅に減ると思われる。だが、たとえすべての国が同一の国籍認定方法を採ったとしても、国籍の抵触を完全になくすことはできない。なぜなら、婚姻や認知の定義などは国ごとに違うのだから、たとえ日本が固有に婚姻や認知についての定義や要件を定めたとしても、これに固執することができない場合も生じる。中華民国で挙行された婚姻に基づく日本人父－中華民国人母の間に生まれた子供をめぐる国籍確認請求事件の判例が示すように、渉外婚姻をめぐって国籍の境界（国民の境界）は常に「ゆらぎ」を持ったものにならざるをえないのである。

4　社会保障制度と国籍

日本社会に住む限りにおいて、国籍は社会保障を含め、生存権といった人権をいかにして確保できるかという点で決定的に重要である。一般的に、社会福祉は国家給付が原則である。国家から認められた成員が、国家から給付される福祉を権利として受け取る。

先に述べた国籍法違憲判決が下された事件の当事者の場合、兄はフィリピン国籍の外国人、弟は日本国籍の日本国民であった。もし違憲判決が下されなければ、同じ父母から生まれた兄弟にもかかわらず、国籍が異なるという事態が生じていた。その場合、弟は義務教育を受けなくてはならない存在であるが、兄は本人の意思に基づき、自治体が受け入れる限りで義務教育の対象となる。万が一、極端な貧困に喘ぐような状態になっても、日本国民である弟は生活保護を受けることができ、児童扶養手当の対象になる。貧困を原因として学校に通えなくなることはない。しかし、外国人である兄の場合、在留資格の種類によっては、部分的にしか生活保護が認められないし[16]、児童扶養手当を受け取ることができない場合もある[17]。極端な場合、兄だけに退去強制令書が発布され、家族が引き裂かれることもありうる。日本人であるのか、外国人であるのかの違いは、家族の将来にとって大きな問題なのだ。

人間は、本来、働いて給料を得る労働者であり、労働から解放されて家族や地域社会の一員として生きる社会的存在であり、選挙で投票したり公務に就くといった政治的な行動を行う存在である。日本国民は、こうした多様な側面で設定されている権利を、ある部分は生まれながらにして持ち、ある部分は一定の年齢に達したのちに持っている。そして、それらが一人の人間に統合されているのである。

だが、外国人の場合は、必ずしもこれらの権利が一人の人間に統合されてはいない。日本では、外国人という存在は権利のうえで引き裂かれた人間になっているのだ[18]。もちろん、合法的な在留資格さえあれば、生活保護はもちろん国民健康保険にも国民年金にも入れる[19]。でもそこには、権利が恩恵的に与えられるという国籍法の考え方が、外国人を考える際の基層になっている[20]。

外国人に認められてきた社会保障や労働者としての権利[21]は、個別具体的な権利の闘争の積み重ねによって勝ち取ってきたものであるし、生活保護や国民健康保険、教育を受ける権利等は子供の権利条約や難民条約、国際人権規約といった国際条約との関係から認められるようになったものである。だが、これらは、外国人の「権利」として十全に機能するまでには至っていない。先に見たように、外国人子弟に対する教育は、これを求めてきた人を断らないという前提で成り立っており、自治体は拒否することも可能なのだ。それゆえ、義務教育も恩恵の範囲内とみることができるのである。このように外国人の権利とは、統治者からの恩恵にすぎないという状況のなかで、外国人はかろうじて人として生きる権利を確保している。

5　管理は権利になるのか

外国人の権利は、憲法を中心とした一国内の法秩序によって担保されているのではない。日韓基本条約の締結、子供の権利条約・難民条約・国際人権規約への批准と、それにともなう国内法の整備が大きな影響を与えているように、国際的な法秩序を抜きに考えられない。こうした状況に対し、国は在留の一元管理化を押し進める目的で、二〇〇九年に入管法や外国人登録法等を改正した。法改正により、不法残留者が徐々に日本国内から消滅すること、適正な在留資格を持った人のみが日本に滞在し、外国人の社会保障の権利、労働者としての権利、教育を受ける権利等が十分に守られることが期待されている。

しかしながら、ここでは在留資格上、適正な人びとが日本に滞在する状態をつくりだすことで、違法な状態をなくすことに主眼がおかれている。国内法のなかでの整合性を求めただけのものだ。国が保障しようとしているのは外国人の社会保障の権利、労働者としての権利、教育を受ける権利等ではなく、外国人の社会保障の管理、労働者としての管理、教育を受ける権利等の管理にすぎないのではないだろうか。これまでの外国人の権利は、必ずしも体系性・整合性をとる形で発展してきたのではない。だからこそ、ある部分は在留資格に関係なく認められ、ある部分は在留資格によって通達や通知で制限されてきた。権利の状態にはでこぼこがあるが、外国人の生きるために必要な権利が認められてきたのである。ここに国内法の整合性をはかろうとすると、在留資格で制限されていなかった権利が縮小することはないだろうか。はたして、外国人を一元管理しようとする在留の一元管理化は、事態を望ましい状況に導くのだろうか。

これまでの日本における外国人の権利は、西欧社会と同様に、管理からではなく、在日の人びとを中心とした権利の闘争の歴史や、国際条約との関連から生まれてきた。一九八〇年代の西欧社会では、移民問題は外国人労働者・移民労働者問題として議論されてきた。それが一九九〇年代になると、急速に国際人権レジーム論へと展開するようになった。西欧諸国でも、国民と外国人の間には明確な権利／義務の関係で違いがおかれている。そのため、既存の一国内の法秩序では外国人労働者問題／移民労働者問題に対処することができなかった。だが、滞在が長期化し、外国人が移民化すれば、こうした人びとをも社会の一員として何らかの形で認めていかざるをえない。だからこそ、国内法の秩序で対処できない問題に、もう一段上のレベルで権利保障する道を選びとったのだ。このように西欧諸国は国内法の枠を超えて、移民問題と向かい合ったのである。

もともと憲法を中心とした一国内法秩序のなかで、外国人が人としての権利を欠くことは必然とも言える。外国人の権利保障は一国内の法秩序のなかで合理的・作為的に達成されるものではない。これまでそうであったように、地域や自治体のレベル、国のレベル、そして国際条約のレベルと様々に異なる水準で認められてきた権利の上に、新たな権利を積み足していくことが求められるのである。行政統治上の整合性を求めて適正な在留資格を持った人のみに縮小均衡するような、管理一辺倒の名ばかり権利では外国人の権利は守れない。

6　グローバル化と国籍のゆらぎ

グローバル化の進展にともない、国境を越えた婚姻の形態もますます多様な形態をとるようになってきた。かつては、日本人と外国人の渉外婚姻を考えればすんでいた。しかし、外国人人口が増え、日本国内で異なる外国籍者同士の婚姻も数多く生じている。では、このような渉外婚姻から生じた子供が日本で生きていくうえで必要な権利をどのように考えるべきか。

日本の国籍は、女性差別撤廃条約への批准とこれに国内法を合わせていく過程で、父系制血統主義から父母両系制の血統主義に変わった[22]。このことは、ともすると渉外婚姻で生まれた子が父母両方の国籍を持てるようになった、と短絡的に考えられることが多い。このような渉外婚姻について、日本は国際私法上の準拠法を「法例」（現在は「法の適用に関する通則法」）によって定めている（本章での法例とは明治三一年六月二一日法律第十号として発布された国際私法上の日本の準拠法を指し示した法を指す。法例一三条から二三条が婚姻や親子関係といった私人の身分関係に関する渉外関係を定めている）。法例は子の国籍決定に関して長く父の国の法を適応するとしてきた。法例で、日本で行われる外国人同士の渉外婚姻の際に、当事者両方の国の法律的要件が求められるようになった（法例上の父母両系制）のは、一九八九年に法例が改正され、一九九〇年に施行されてからなのである。外国人とはいえこの国で生まれた子供に対処しなくてはならないのは当然だ。[23] 国際化する日本社会に求められているのは、「日本国籍」という境界に戸惑うのではなく、どのような属性をもつにせよ、日本に住む限りにおいて、社会的な生存が確保される状況を生み出すことが求められている。

歴史の皮肉だが、グローバル化する現代の問題を考えるヒントを、過去に見いだすことができる。大日本帝国憲法下の日本には、権利のうえでグラデーションのある複数の「日本人」がいた。第一に、内地戸籍をもち、日本の国籍法のもとにおかれる日本人である。第二に、外地戸籍ではあるが、勅令によって日本法が施行されて日本の国籍法のもとにおかれた台湾の日本人である。[24] そして最後に、朝鮮戸籍（初期は民籍）のもとにおかれ、日本の国籍法は適応されない朝鮮半島の日本人である。[25] 戸籍制度を利用し、そこに民族間の差別が巧みに盛り込まれたこの制度を正当化することはできないが、海外植民地をもち、異なる戸籍制度の日本人を抱えていた戦前のシステムは、国籍概念に幅をもたせていた。現代的に言えば、ナショナリティ（国籍）とシティズンシップに意図的にズレをもたせて、国際化していた帝国主義時代の日本をコントロールしていたのである。[26] 戦後の日本は、ナショナリティとシティズンシップを完全に重ね合わせようと試みてきた。それがグローバル化のなかでほころびを生じさせ、対応できない社会問題を生み出しているのだ。

おわりに

このように、グローバル化は日本国籍にゆらぎをもたらしてきた。このゆらぎはますます広がると考えられる。日本国内には、ますます「国家を背負わない移民」が増えるだろう。そうしたなかで、これまでとは違った統治の手法も必要になっていくだろう。

これまでに、様々な外国人の権利を勝ち取ってきた「国家を背負った移民」は、朝鮮半島の国家を動員したり、民族としてのアイデンティティ等を動員したりして、集団として組織化をはかってきた。だからこそ、権利の獲得につながる声を出すことができたのだ。しかし、今後増えていくのは、むしろ「国家を背負わない移民」である。

国家を背負わない移民は、困難を抱えると瞬間的に集団が形成されるが、困難が解消されると集団もまた自然消滅するという特徴を見せてきた。たとえば、二〇〇八年のリーマンショック後の「ハケン切り」で日系人の失業が問題になった頃は、労働運動が各地で組織化されたが、二〇〇九年の六月頃から自動車産業などで残業が再開され仕事が増えはじめると労働運動もパタッと消えた。個人化された外国人は、世界同時不況のように問題が共有された一瞬だけ集団として顕在化するが、景気が持ち直したとたん集団は霧消してしまった。これには、二〇〇九年三月末に発表され四月より実施された、厚生労働省による「日系人離職者に対する帰国支援事業」の影響もあるかもしれない(27)。離職したままの日系人労働者を帰国させてしまったからである。いずれにせよ、国家を背負わないニューカマー外国人の社会問題で常に問題になるのは、国や自治体が、彼・彼女たちの問題を検討しようとしても、代表性ある交渉相手を探し出せないことである。ニューカマーの外国人の権利を守るためには、民族集団を媒介にした間接統治は期待できないのである。

二〇世紀前半の国家を背負った移民とは異なって、今後ますます増えていくだろう国家を背負わない移民に、国家を背負うことを期待することはできない。国家を背負わない移民を国内に保持しつつも、その者たちをも含めて統治していくには、当事者とダイレクトに対峙しないわけにはいかない。それには、個々の外国人に権利を与え、不正または権利の侵害があった場合には、当事者が自己の権利侵害に対して声を上げることが認められなくてはならない。外国人の声に耳を傾けることで社会正義が貫かれる仕組みをつくることが必要になっているのだ。こうした仕組みが求められているのは外国人ばかりではない。公益通報者保護法として始まった日本での内部告発制度は、不正や権利の侵害があった場合に行われる内部告発を公益として認めている。だからこそ、内部告発者は守られなければならないのだ。外国人の権利に同じアナロジーを認めても何ら不都合はないだろう。

二一世紀の日本は、外国人の権利を「恩恵」ではなく「義務をともなった権利」に変えていくことが必要だ。それと同時に、権利の容器である国籍も幅をもったものと認めていく必要がある。近代国家は、国籍が人権の保護に必須のものであると相互認識してきた。父母両系制の国籍法に変わる一九八四年の改正に至る「女性差別撤廃条約」の批准までに、国籍法に影響を与えた条約が六つある。一九三〇年四月一二日に署名した「国籍法の抵触についてのある種の問題に関する条約」（ただし、日本は署名はしたが批准はしなかった）、「二重国籍のある場合における軍事的義務に関する議定書」、「無国籍のある場合に関する議定書」、「無国籍に関する特別議定書」（日本は署名したが未発効）、一九五七年一月二九日国連総会採択「妻の国籍に関する条約」、そして一九六一年八月三〇日国連総会採択「無国籍の減少に関する条約」である。六つのうちの三つが無国籍に関する条約なのだ。可能な限り無国籍者を出さないという、国際的な取り組みのなかから発展してきた国籍法の歴史を鑑みれば、国籍が人権保障の道具として国際社会のなかで育ってきたことは一目瞭然なのだ。国籍は人権保障のための道具なのであって、その逆ではない。グローバル化する二一世紀に守らなくてはならないのは、国籍ではなく人権のはずなのだ。

【注】

（1）筆者は、川崎市ふれあい館の職員である原千代子、金迅野、仲松リカルドに誘われてこのコースに関わることになった。講師には筆者のほか、梁澄子《やんちんじゃ》、裵重度《ぺちゅんど》ふれあい館館長、裵安《ぺあん》神奈川住まいサポートセンター会長、伊藤静江トルシーダ会長がたった。地元の在日の人びとや日系人の人びと、そして日本人として地元で暮らす人びとのほかに、川崎市や横浜市などで外国人住民の支援活動に関わっている人びとが参加した。ふれあい館については http://www.seikyu-sha.com/fureai/ を参照のこと。

（2）もちろん、ニューカマーの日系人がまったく国家を背負っていない、ということを意味するのではない。外務省主催のあるシンポジウムで、日系ブラジル人が住むことによって社会問題が起きているという報告に対して、日系コミュニティのリーダーがフロアから「日本がブラジル人を呼んだんじゃないか」と厳しく反論している姿を目の当たりにしたことがある。梶田孝道・丹野清人・樋口直人『顔の見えない定住化』名古屋大学出版会、二〇〇五年、第九章。しかし、日本のなかにおけるさまざまな外国人に関する社会問題において、ニューカマーの外国人が自ら組織した民族団体の持続的活動はほとんど見ることができず、この限りで今生きている日本という社会に対する政治的社会的運動において、国家を背負っているかどうかは決定的な分水嶺になっていると言える。

(3) 海外移住と国籍の関係を示す好例が、ペルーのフジモリ元大統領だ。彼は、大統領在任中に亡命のような形で日本に逃れてきたが、政治亡命をこれまで認めてこなかった日本政府が彼を受け入れたのは、彼が旧国籍法に基づいて日本国籍者であったからである。彼は、熊本県から渡った日本人の農業移民者の外国で生まれた子供として、日本国籍を保持していると認められたのだった。しかし、ペルーの大統領という一国の国家元首にまでのぼりつめた政治家が日本国籍を保持したままであるという解釈には相当無理がある。どの国も外国人が国家の意思決定にかかわる公職に就くことを制限しているのであり、国家の最高権力者が外国人ということはあるはずがない。ペルー法も旧宗主国スペイン以外の二重国籍者の大統領就任を禁じているのであるから、大統領になった時点でたとえ二重国籍者であったとしても日本国籍を離れたと解すべきである。一般的に言っても、もしその者が二重国籍者であったとしても、重要な公職に就いた時点で国籍選択を行ったと解するのが普通であろう。もし日本がこのように解釈をしないのであれば、反対に、日本が外国人の公務就任権を否定していることと矛盾が生じてくる。フジモリ元大統領は、日本に亡命中に国民新党から国会議員選挙に立候補したが、もし彼が当選した場合に、日本で他国の最高権力者となった人間が日本の国会議員となるのであり、その場合こそ最も重要な情報が国会議員の国政調査権を活用して外国政府に渡る可能性すら生じる。もしこうした可能性を一切問題にする必要がないのであるならば、外国人の公務就任権をかたくなに否定する理由がどこにあるのか筆者には想像もつかない。

(4) 平賀健太『国籍法　上』帝国判例法規出版社、一九五〇年、一四〇頁。「昭和二二年の初めに第九二帝国議会に法案を提出すべく国籍法の一部改正の計画がなされ、さらに同年暮れ当時の司法省においても民法及び戸籍法の改正案とともに国籍法の改正案が一応準備されたのであった。しかしながら当時における講和条約の成立の時期に関する見通しとも関連して、講和条約の成立によって従来の国籍関係に変動を生じその結果更に国籍法の規定を再検討する必要も生じてくるので、国籍法の改正は講和条約成立後に行うのが適当ではないかという考慮と、国籍法の改正はこれを急速に行わなくてもさしあたり実務の上ではとくにいちじるしい不都合も生じないという事情とが相まって国籍法の改正は一時見合わせられることになった」と、新国籍法の起草者である平賀健太は国籍法の改正が一九五〇年まで延びてしまった事情を述べている。世界史的状況と、国際化が進んでいなかった当時の状況が相まって、当面は改正しないでもしのいでいけるという判断が行われていたことをうかがい知ることができる。また、須之部量三・大沼保昭・金敬得「座談会　在日韓国・朝鮮人の法的地位――『協定三世』問題と開かれた日本社会への展望」『法律時報』第六二巻第七号、六―一九頁、では、別の角度からこの経緯が論じられている。

(5)　最高裁判所昭和三六年四月五日大法廷判決、昭和三七年一二月五日最高裁大法廷判決。前者の最高裁昭和三六年判決で朝鮮半島出身者の領土変更にともなう国籍の移動が（『最高裁判所民事判例集』第一五巻第四号、六五七―六九四頁）、後者の最高裁昭和三七年判決で台湾戸籍搭載者の領土変更にともなう国籍の移動が（『最高裁判所刑事判例集』第一六巻第一二号、一六六一―一六六七頁）いつからなのかが説明されている。後者の事件は単に台湾戸籍搭載者一般の領土変更にともなう国籍の移動日を示したほかに、事件の当事者が昭和二二年に台湾人男性と結婚した日本人女性であり、戦後に台湾戸籍に移動していた。婚姻した時点で生きていた旧国籍法上は婚姻にともない日本国籍を喪失したと考えられるが、女性は日本国籍を喪失しないと戦後の法体系で考えられることを示している。

(6)　現実には、旧植民地の人びとの国籍離脱に対する行政実務はサンフランシスコ講和条約の発効の前に、講和条約を見越して一九五二年四月一九日に出された法務省民事局長通達で朝鮮と台湾については本籍によって日本の国籍を喪失するとされた。

(7)　萩野芳夫『判例研究　外国人の人権――国籍・出入国・在留・戦後補償』明石書店、一九九六年、二三三―二三四頁。

(8)　平賀健太『国籍法　上』帝国判例法規出版社、一九五〇年、および平賀健太『国籍法　下』帝国判例法規出版社、一九五一年、木棚照一『逐条注解　国籍法』日本加除出版、二〇〇三年。

(9) 平賀、前掲『国籍法　上』、および黒木忠正・細川清『現代行政法学全集17　外事法・国籍法』ぎょうせい、一九八八年、等がこの点について詳しく論じてある。

(10) 具体的な国籍確認請求事件は、すべからく例外的な案件となるものであって、その意味ですべての案件に対して行政庁は権力を振るうことが可能となっている。国籍法は入管法と合わせて外事法と呼ばれるが、外事法の分野ではしばしば行政庁の権力の発動の恣意性が問題とされてきた。在留特別許可の発布のガイドライン化がようやく近年進められるようになったが、これも入管法五〇条に基づく在留特別許可の発布条件が分かりにくい、という声に押されてのことである。同様に、帰化についてもガイドライン化が進められるようになってきた。

(11) 法務省ホームページ http://www.moj.go.jp/MINJI/minji163.html を見て、法改正の内容およびそれにともなう新しい手続きを確認してほしい。

(12) ただし、出生前認知については、子が生まれていない前の段階であるので、母の国の法が適応される。そのため母の国が出生前認知を認めていない国の場合は、これを行うことができない。

(13) 結婚式が、本人、親族、そして友人や職場の同僚などの前で行われ、二人の婚姻する意思の表示とそれを周囲の者が確認すれば成立するとされている。

(14) 中華民国民法一〇六五条は「非婚生子女経生父認領者、視為婚生子女。其経生父撫育者、視為認領。非婚生子女與其生母之関係、視為婚生子女、無須認領。」となっている。翻訳すると、「非嫡出子は、生父が認知すれば嫡出子とみなす。非嫡出子のうち生父の撫育を受けている者は、認知された者とみなす。非嫡出子とその生母との関係については、認知を経ずして実子とみなす」となっている。撫育とは、父が子を自己の子として育てている事実であるが、上述のように中華民国民法では、これは単なる事実行為ではなく日本民法における認知と同じ法律行為となっている。

(15) この事件では、日本人男性が中華民国の地で行った婚姻とそして日本に帰国してからの婚姻のいずれもが法律婚であったと判断され、この日本人男性が重婚状態にあったと判示している。そして、重婚状態にあったとしても中華民国の地で行った婚姻は法律婚と認められるし、そのもとで生まれた子供には日本国籍が認められる、ということを示した。『行政事件裁判例集』第三九巻第九号、九七〇―九八三頁。「撫育」をめぐって国籍法上に問題が生じることについて当局は早くから認識していた。新国籍法の原案を作成した平賀健太と同じ、法務省民事局第5課長、民事局第2課長を務めた田代有嗣は、自らが記した『国籍法逐条解説』でこの問題について十分な頁数を割いて論じている（田代有嗣『国籍法逐条解説』日本加除出版、一九七四年、一二一―一三二頁）。しかし、田代はこの撫育をめぐる問題に気づいていたが、彼が検討したのは父が中国人で母が日本人の場合における子供の国籍の付与についてであった。父と母の国籍が入れ替わり、婚姻挙行地が母の国であった場合に、日本人が父であったとしてもまったく同じ問題が生じることについては十分な検討がなされていない。しかしながら、国籍法や戸籍法の行政上の担当者たちは、極めて早い段階から撫育のような問題が加わると国籍付与における日本の決定方法が原則通りに進められないと考えており、にも拘らず国籍法全体の体系を崩すことのない論理を持っていた。「それでは婚姻の場合、それが渉外的婚姻であるときは、婚姻の届出は果たして婚姻の要件とされるであろうか、それとも方式の問題とされるのであろうか。この場合、明らかに婚姻の届出は婚姻の要件ではなくして方式とされるのである。したがって、日本人が婚姻届を要しない外国において婚姻の届出をしないで婚姻することは、いわゆる現地婚として日本法もこれを認めるのである。すなわち、この場合には、届出がないのに婚姻関係の成立を認め、かつ、その間の子は嫡出子として父子関係を認めるのである。そうだとするならば、認知の場合、それが渉外的認知であるときは、認知届を方式の問題とし、準拠法たる外国法が届出と異なる方式をとる場合に、これを容認することは何らさしつかえないものというべきである」（傍点は引用者）という解釈がこれである（田代、前掲『国籍法逐条解説』一一六―一一七頁）。

(16)　生活保護法は生活・教育・住宅・医療・介護・出産・生業・葬祭の八つの扶助が具体的に定められている。今でもこの法律には国籍条項が存在しているが、外国人にも準用している。外国人に準用する場合は、外国人には保護請求権を認めないこととして行っている。生活保護における医療扶助では、定住・永住資格以外の外国人は排除されている。

(17)　児童扶養手当法は、在留資格が定住または永住に限り適用され、それ以外の在留資格は排除している。一九八二年の難民条約批准以前は、児童扶養手当は日本国民に限っていたが、その後、定住・永住資格以外の外国人への児童扶養手当の排除は通知によって行われるようになった。

(18) この点に関する筆者の理論的な認識については丹野清人「外国人労働者問題の根源はどこにあるのか」『日本労働研究雑誌』第五八七号、二七—三五頁、および TANNO Kiyoto, "Economic Crisis and Foreign Workers in Japan: Why does Japan Treat Migrant Workers as a Second Class Citizens?" *Japan Labor Review* Vol. 8, No. 3. pp. 109-126. を参照のこと。

(19) 一九八二年の難民条約に批准する前は、国民健康保険法でも国民年金法でも外国人は排除されていた。ただし、国民健康保険では、一九八二年以前から外国籍で入っていた例が多数あることが知られている。これは在日の永住者の救済のために、自治体が独自に判断して認めていたためである。現在は、国民健康保険法・国民年金法のいずれにも国籍条項は存在しないが、外国籍者には通達による制限がある。

(20) 長期に日本に滞在することが予定されている永住・定住カテゴリーで滞在する外国人には、憲法で国民と書かれている一部分についても国民と同様の権利が認められている。子供の教育を受ける権利は、先にも述べたとおり自治体は義務教育課程を受けたいと希望してきた者を受け入れてもかまわないとなっているだけであるが、在留資格に関係なく受け入れられている。これには子供の権利条約が関係している。子供の権利条約では締約国はすべての子供に教育を受ける機会を与えなければならないとなっているからである。そのため、教育を受けることを希望してきた者に限るという非常に消極的な態度ではあるが、自治体がこれを断らないという前提のもとで、教育を受ける「権利」が事後的に確保されている。

(21) 労働者として就労すれば、たとえ資格外労働者であっても労働基準法は適用され、労働者としての権利侵害があれば訴えることは認められている。ところが、合法的に在留資格内で滞在していると、労働基準法は在留資格の範囲内で適用されることになる。

(22) この点は丹野清人「動揺する国民国家を受け止める」加藤哲郎他編『政治を問い直す　1　国民国家の境界』日本経済評論社、二〇一〇年、を見てほしい。本来、この章はこれと一対をなすものである。

(23) こうした論点は、翻って、海外に住む日本人の問題を考えることでもある。国内経済が縮小するなかで、企業はビジネスチャンスを求めて海外に進出していく。グローバル化はますます海外に出て行く日本人を増加させる。

海外での日本人の渉外婚姻も増加し、そこで生まれる「日本人」も増えることだろう。国籍の境界はますますあいまいに、そしてゆらぎの幅はより大きなものになっていかざるをえない。こうした日本人を考えることと同じことなのだ。

(24) 一八九五年の下関条約による領土の割譲により、日本に割譲された地域の住民に対する国籍問題が発生した。

(25) 日韓併合条約（一九一〇年）によって韓国が対人主権を含めて日本に統治権を譲与したとの解釈がなされた。朝鮮半島在住であろうと、日本在住であろうと問わず、このカテゴリーにおかれた。

(26) 江川英文・山田鐐一・早田芳郎『法律学全集59-Ⅱ　国籍法［第三版］』有斐閣、一九九七年、二〇一頁。「朝鮮人は広い意味で日本人であり、日本の国籍をもつ者ではあるが、種族的ないし民族的には固有の意味の日本人とは明らかに区別され、特別な地位に置かれていた。これは朝鮮に居住する朝鮮人だけでなく、内地に居住する朝鮮人についても同じであった」（傍点は引用者）と評され、統治システムのなかに差別が持ち込まれていたことが理解できる。

(27) 「日系人離職者に対する帰国支援事業」とは、帰国する意志のある日系人離職者に対して、本人に三〇万円、扶養家族には一人につき二〇万円を支給して帰国させるものであった。外国人労働者の国費による帰国事業である。この事業については、http://www.mhlw.go.jp/houdou/2009/03/h0331-10.html を見て欲しい。

第4章

グローバル化・帝国・戦争

――「帝国の衰退」とアフガン／イラク後の戦争

木下　ちがや

はじめに――帝国の終わり

その生涯において、「ただひとつ」を除く数多くの帝国の崩壊を経験してきた歴史家エリック・ホブズボウムは、二〇〇八年の論攷「帝国の終わりについて」のなかで、グローバル化のもとでの帝国の衰退の必然性とそれによる世界的秩序の不安定化を描いている[1]。

ソビエト連邦の崩壊を受け、現在われわれは比較的安定した秩序と未来の予測可能性が欠如していることに戸惑っている（以下傍点はすべて筆者）。帝国の時代は終焉したが、それに置き換わるものは何も存在していない。冷戦の崩壊後、われわれは武力紛争を統制するのが困難な時代に生きている。支配とは地域の利益集団との結びつきと有力な権力の正統性にもとづくのであって、いまのイラクがそうであるように、ペンタゴンの「ショックと衝撃」戦略は束の間の支配しかもたらすことはない。

冷戦の遺産のおかげで、帝国に与しない国家は強国を釘付けにする兵器を手に入れることができるし、スリランカ、カシミール、コロンビア、ガザをみればわかるように、もはや完全武装した政府が自国の領土を常時平定することは困難である。そして国家権力と国家の正統性の危機は、スペインやイギリスのような長く安定的な欧州の自国領内にも存在している。したがって、「こうした状況を鑑みれば、過去の帝国主義世界に回帰する見込みはない。そしてアメリカのような、歴史上類例をみない単一国家によるグローバルな覇権が、軍事力が突出しているとはいえ今後も続いていく見込みはいうまでもなく、ないのである。帝国の時代は終わった（dead）。われわれは二一世紀のグローバルな世界を構成する別の方途を見いださなければならない」。

帝国の時代の終焉によるカオスの到来というこの未来像には、かつては新たな秩序形成主体として期待されていた社会主義が挫折したことへのホブズボウムの無念が投影しているともとれる。そしてまた、帝国の秩序形成機能に一定の評価を与えたともとれるこの世界認識は、残されたゆいいつの帝国の力に陰りが生じたもとでは、帝国のイデオローグたちの世界認識と響きあうのである。

第一期ブッシュJr政権下、パウエル国務長官のもとで政策企画局長を務め、その後外交問題評議会議長を務めているリチャード・ハースは、まだ大統領選挙の帰趨が定かではなかった二〇〇八年初夏の論攷「無極化の時代」のなかで、二一世紀の国際関係の趨勢は「無極化」にあると論じている(2)。

現在世界では、中国、EU、インド、日本、ロシア、そしてアメリカといったように、列強間の多極化がすすんでいるように見える。しかしながらそれは、これまであったような「多極化」とは根本から異なっている。国民国家による権力の独占は失われ、国際機関、準軍事組織、ＮＧＯ、企業といったリージョナル、グローバルな組織が台頭し、権力は遍在化している。こうした世界のなかでアメリカは、今後ももっとも強大な権力の集合体として残ってはいくであろうが、パワーの相対的衰退、影響力と自律性の絶対的衰退という現実から目をそらしてはならない。確かに、貿易、生産におけるシェアが後退していくなかでも、軍事力と外交力は抜きんでてはいる。しかし九・一一のテロでは少額の「投資」によって大国に大規模なダメージが与えられることが証明され、核問題については中国こそが北朝鮮の核プログラムにもっとも影響を与えられることが証明された。そして「イラク戦争は、世界のなかでのアメリカの地位を希薄化させてしまった。イラク戦争は、軍事、経済、外交、そして人的にも、あまりにも高い代償をともなう選択」だった。かつて「帝国の手の広げすぎ」（Imperial overstretch）という理論を立てた歴史家ポール・ケネディは、他の強国がそうであったように、アメリカは最終的に手の広げすぎによって衰退するだろうと推測した。そして現在の無極化は、アメリカ以外の国家や組織が台頭したから生じたわけではないし、アメリカの政策が間違いだったから生じたわけではない。「それはグローバル化の避けられない帰結」である。

総力戦の時代、冷戦の時代、そして冷戦後のアメリカ一極支配と、二〇世紀以降の戦争のあり方は各々の時代の帝国の秩序のあり方に全体として規定されてきた。「帝国の衰退」という議論そのものは必ずしも新しいものではない。しかしそれがいま帝国みずからにはっきりと自覚化されつつあること、その自覚が、アフガン／イラク戦争による帝国の正当性の失墜という文脈からあらわれてきたこと、このことは、これからの帝国の軍事展開が変わりゆくことを兆している。そしてこの兆しから、「戦争のこれから」を読み解いていくことが、本章の課題である。

とはいえ、戦争の「新しさ」は実際に体験されてからしか把握しえないのであって、おそらくは過渡期にある現時点において、アフガン／イラク戦争後の帝国の軍事介入がどのような動機にもとづいていくのか、そこでどのような正当化が図られていくのかをはっきり特定することなど、どだい無理である。さしあたり可能なのは、これからも帝国による軍事介入の性格を規定していくであろう、過去に形成された規範を特定することである。この規範には大きくいって二つあり、異なる時代に異なる主体によって形成された。そのひとつは、冷戦期に形成された、帝国の「国益」に対応する、軍事介入における目的と手段の「限定」という規範である。もうひとつは冷戦後に形成された、グローバル化に対応する、帝国の軍事介入の「必要性」という規範である。

1　新しい帝国主義論と介入の限定

先に述べたように、歴史的な帝国の興亡については、冷戦末期に出版されたポール・ケネディの有力な著書 *The Rise and Fall of the Great Powers*（1987）を嚆矢に、これまでも論じられてきた。すでにホブズボウムは、*Age of Extremes*（1994）のなかで二〇世紀の国民国家システムの正当性の衰退に焦点をあてていたし、ジョバンニ・アリギの *The Long Twentieth Century*（1994）は、金融権力としての帝国の歴史的なパワーシフトを論じていた。帝国としてのソビエトの崩壊とグローバル化の拡大／深化への強い関心に導かれたこれら九〇年代初頭の帝国論には、力点は違えども、ただひとつの帝国であるアメリカの衰退という問題意識がすでに込められていた[3]。

ところが九〇年代半ばを過ぎると、アメリカの金融主導の持続的経済成長と、二〇〇一年の同時多発テロ以後の、ブッシュJr政権の単独行動主義とアフガン／イラクへの武力介入が、アメリカの軍事、金融における支配の「強さ」を際立たせ、それが、アメリカをグローバル化を推進する新しい「帝国」、あるいは「帝国主義」としてとらえ直す議論を活性化させた。

この「新しい帝国・帝国主義」論には、グローバリズムと新自由主義という国際的、国内的秩序の変化との連関に帝国主義の新しい性格を見いだすマルクス主義の立場のものから、ブッシュJr政権の単独行動主義に焦点をあてそれを帝国ととらえるリベラル派の議論まで幅がある[4]。ただ、全体としてこれらの議論では、ブッシュ政権の武力介入の強行さと、軍事力の突出に焦点をあてるあまり、帝国それ自体が衰退局面にあるという問題意識は後景に退けられていったと思われる。

この「新しい帝国・帝国主義」論に参与したマルクス主義歴史家エレン・メイクシンズ・ウッドは、アフガン／イラク戦争という「新しい戦争」の特徴をこう論じている。アメリカの軍事費は世界全体の軍事費の四割以上を占めており、新しい帝国主義は、「領土を征服することも、敵国に勝利を収めることも目的としない……領土の拡張を求めず、交易路を物理的に支配することも求めない」。明確で確定的な目的がないからこそ、これほど巨大な軍事力が必要なのであり、グローバルな経済と、世界経済を支える複数の国民国家をどこまでも支配し尽くすためには、その目的にも時間にも、「終わり」はないのである。ブッシュJr政権では、明確で実現可能な目標なしでは、軍事的な介入を行うべきでないという「パウエル・ドクトリン」は「不適切なもの」とされ、「ブッシュ・ドクトリン」という新しい基準のもとでは、「目的を達成できない軍事行動を正当化できることが明らかになった」というのである。(5)

しかしながらこのようなウッドの「新しい戦争」論は、少なくとも二つの点で帝国の力量の過大評価に陥っていると思われる。第一に、帝国の支配には「目的からも時間にも、終わりがない」という「帝国の無限拡張」ともいうべき議論は、ブッシュJr政権下の軍事戦略を正しくとらえていない。そもそもブッシュ政権は、クリントン政権の「帝国の手の広げすぎ」を批判して登場したからである。

第一期ブッシュJr政権で国家安全保障担当大統領補佐官、第二期政権で国務長官を務めたコンドリーサ・ライスは、就任直前の二〇〇〇年の論攷「国益に基づく国際主義を模索せよ」のなかでこう述べている。(6)アメリカは「国益」を明確に定義しなければならない。クリントン政権は国防費を削減したにもかかわらず、平均すると九週間に一度のペースで米軍を海外に展開するという、第二次世界大戦後もっとも頻繁に米軍を海外に派遣している。クリントン政権は、国防費を削減しながら任務を増大させるという目的と手段のインバランスを冒しており、そのことが米軍の任務を不明確なものにしている。米軍は、「アメリカだけでなく主要な同盟国の利益が存在するアジア太平洋地域、中東、ペルシャ湾、ヨーロッパにおける、敵対的な軍事国家の台頭に断固たる態度で臨まなければならない」のであって、そのためには「アメリカは手を広げすぎては」ならない。コソボ紛争やソマリア派兵については、「人道的介入」という選択肢は排除できないものの、「戦略的重要性をもたない地域への介入には何のための介入なのかについての明確な認識をもたなければなら」ず、「本来、軍隊がこのような『人道的』危機で重要な役割を果たすのは無理だし、状況を読み誤ってまったく予期せぬ状況に直面する危険は高い……軍隊は文民警察組織でもなければ、政治的レフェリーでもない。市民社会を構築することはまったく不向き」なのである。

つまりライスからすれば、ウッドのいうグローバル経済を支える「帝国の無限拡張」はクリントン政権にこそあてはまるのであり、「国益」にのっとる帝国の介入のあり方の再定義こそブッシュJr政権が追求すべき政策だったのである。

こうした帝国の介入の「限定」という発想は、第一期ブッシュJr政権から第二期政権の途中まで国防長官をつとめたドナルド・ラムズフェルドにもあてはまる。「軍事による革命」（ＲＭＡ）を主導してきたラムズフェルドにとって、イラク戦争はＲＭＡの効果を試す実験場だったかもしれない[7]。しかしラムズフェルドは、ライスと同じように「軍が市民社会を構築する」という任務を請け負うとは想定していなかった。かれはイラク戦争開戦前にこう述べている。「イラク戦争を実行するとしたら、ボスニアの二の舞を避けたい……ボスニアではアメリカ軍が無制限に駐留するはめになっているが、イラクでもだれかがやりそこねたために無制限に駐留するような立場になるのはごめんだ」。またラムズフェルドは、二〇〇二年の段階で一万八〇〇〇〇人のＮＡＴＯ軍が駐留していたボスニアの兵士削減を主張していた(8)。

もうひとつは「目的を達成できない軍事行動を正当化できる」という議論である。この議論は、確かに帝国の単独行動主義というブッシュJr政権の当初の戦略にはあてはまるかのようにみえる。これまでのアメリカ帝国が目指したのは権力や暴力の独占ではなく、国民国家としてのアメリカの生産、金融、文化、軍事における優位性を資源に、指導的権力として勢力圏内部に「権力を配分」することであった。勢力圏内部における集団的利益の保護という帝国の「理念」が、先進国資本主義諸国の高度経済成長による「豊かな社会化」と、さらには一部の旧植民地諸国の近代化という「事実」と結びつくことで、アメリカ帝国の正当性とヘゲモニーは維持されてきた。そして、ブッシュJr政権の単独行動主義が暴力の独占傾向をみせたことが「転換」とみなされ、アメリカを「新しい帝国」ととらえる議論の活性化を促す根拠となった。

だが、こうしたアメリカ帝国のヘゲモニーのもとでの軍事力の行使が正当化された事例は歴史上ただひとつしかない。それは、枢軸国による排他的経済圏の構築の粉砕という帝国の利害と、反ファッシズムという国際的な大義、そして国民国家としてのアメリカの経済成長が予定調和的に結びついた第二次世界大戦だけなのである。それ以後の、冷戦期におけるアメリカ帝国の、とりわけ大規模な軍事力の行使については、実際はむしろ帝国の正当性を挫き、場合によっては危機を招来しかねないものだった。北朝鮮軍の「南進」に端を発しつつも、ダグラス・マッカーサー将軍の「北進」がアイゼンハワー政権の危機に転化した朝鮮戦争もそうであるが、[9] より本格的に正当性の危機を生じせしめたのはベトナム戦争である。

ウッドは、戦争を正当化する「正義の戦争」の基準として、戦争のための正当な事由があること、ほかの手段が無効であることが明らかになった後で、適切な権限をもつ者が正しい意図において宣戦布告すること、戦争によって望ましい目的を達成できる見込みが十分にあること、また目的にふさわしい手段を行使すること、を挙げている。さらに、これらのうちの基準の二つ（目的達成の見込み、手段の目的への適切さ）を欠いていることをもって、イラク戦争は「正当化なき新しい戦争」であるとしている。[10] だが、アメリカのベトナムへの軍事介入はこれらの基準をひとつも満たしていなかったのだ。宣戦布告なく戦力の際限ない逐次投入がなされたベトナム戦争にくらべれば、アフガン／イラク戦争は、戦争の正当性への「配慮」がまだしもなされていたほうなのである。

帝国による軍事力の行使とその正当性をめぐる画期的転換は、ウッドのようにアフガン／イラク戦争の展開にではなく、ベトナム戦争の帰結にこそ見いだすべきである。ベトナム戦争は、帝国が軍事的介入を成功させるうえで必要なのは、技術的、物量的優位ではなく、介入の「正当性」であることを明らかにした。ベトナム戦争でのアメリカの敗北の原因をその正当性の欠如に見いだすハンナ・アーレントが、当時こう述べているように。

「もっぱら暴力の手段だけにもとづいているような政府がいまだかつて存在したためしはなく……権力は実際あらゆる政府の本質に属するが、暴力はそうではない。暴力はその本性からいって道具的なもの（instrumental）である。暴力は、あらゆる手段がそうであるように、追求する目的による導きと正当化を常に必要とする。そして、他のものによって正当化されなければならないものは、いかなるものであれその本質をなすということはありえない」。

つまり目的意識的な暴力の行使は正当性によって統御されるのであり、正当性が欠如した暴力の行使は「〔ベトナムで見てきたように――引用者注。以下同様〕、暴力の手段にかんする途方もない優越が、装備の面ではお粗末であってもよく組織され、はるかに権力の強い敵に直面したら無力なものになりうる」のである[11]。

アーレントによれば、権力と暴力は時に対立する。「暴力は、権力が危うくなると現れてくるが、暴力をなすがままにしておくと最後に権力を消し去ってしまう[12]」。ベトナム戦争後のアメリカは、帝国の権力の正当性が失われないために、暴力の制御にとりくまざるをえなくなった。ベトナム戦争後、国民の権利意識の高まりをうけ選抜徴兵制度は廃止され、ＦＢＩ、ＣＩＡなどの諜報機関の権限は大幅に制限された。一九七三年制定の戦争権限法は大統領の戦争権限に大幅な制限を加えた。「帝国の威信」の回復をかかげた八〇年代のレーガン政権のトラウマ的な中米への介入が、イラン・コントラ事件に帰結せざるをえなかったのも、議会によってニカラグアのコントラへの直接的な武器供与が禁止されていたからである。そして、軍事力行使における目的と手段の「限定」を重視するコリン・パウエルが、マイノリティ出身でありながらレーガン政権期の国家安全保障担当大統領補佐官、湾岸戦争時には米軍のトップである統合参謀本部議長、そして第一期ブッシュJr政権では国務長官へと駆け上がっていくことができたのは、帝国の正当性を回復するうえでの軍事力の統御の必要性と、パウエルの理念が合致していたからである。

パウエルはベトナム戦争についてこう述べている「言葉巧みに操作すれば真実すら変えられると、権力者は信じていたようである……わが国の政治指導者は、反共主義というしごく大まかな大義のためにわれわれを戦争に引き入れたが、その大義は民族主義、反植民地主義、あるいは東西の対立を超えた市民の努力など歴史的に独自の根をもつベトナム戦争には部分的にしか妥当しなかった⒀」。

こうした「ベトナムの教訓」を踏まえ、自身が率いた湾岸戦争についてパウエルはこう述べている。「大量の兵器を投入して、すぐに勝負を決めるのがよい。再びアメリカをベトナム戦争のような泥沼に引きずりこむわけにはいかない……われわれは限定的な目的のために、限定的な機能のもとで、限定的な戦争をしていた⒁」。レーガン政権期、彼がワインバーガー国防長官とともに策定した「パウエル・ドクトリン」には、国外でのアメリカの軍事力の行使基準がこう示されている。①わが国、もしくは同盟国のきわめて重要な利益がおかされそうになった場合にかぎられる。②わが国がかかわりあいになるとすれば、勝つために必要なあらゆる資源を投入する。③明確な軍事的もしくは政治的目標がある場合にかぎって介入する。④目標が変われば、ただちに関与のかたちを変える。戦況は休みなく変わるからである。⑤アメリカ国民の相当な支持が得られる場合にかぎって介入に踏み切る。⑥米軍を投入するのは、それが最後の手段となる場合にかぎる。つまり、「国益がおかされるか？　答が『イエス』なら、介入する。しかも、介入して勝つ。さもなければ、局外にとどまる⒂」。

確かに、イラク戦争におけるブッシュJr政権の強硬路線のもとでは、パウエル・ドクトリンは脇に追いやられはした。しかしながら、強硬派も「ベトナムの教訓」から免れえたわけではない。先に引用したライス、ラムズフェルドの発言にあるように、かれらの「軍事的勝利」には長期的な領土の平定に直接関与することは含まれておらず、ベトナム、あるいはボスニアにおけるような軍が社会の再建に関わることには消極的であった。ラムズフェルドが推進したRMA（軍事における革命）は、ようするに「死なない戦争」を遂行することが目的であり、ベトナム戦争における自国あるいは他国の兵士や民衆の大量死が軍事介入への批判を高めたことを踏まえたものだった。つまり当初の思惑としてはかれらなりに「ベトナムの教訓」を踏まえた「手段と目的の限定」はなされていたのであるが、その意図をはるかに超えて、現実の介入は泥沼化の一途をたどったというわけである。

アフガン／イラク戦争は、技術という側面からすれば「新しい戦争」なのかもしれない。しかし、ハースが述べたように軍事、経済、外交、人的な高価な代償をともなったこと、そしてこれらの根幹をなす正当性が欠如していたということでも、これらの戦争は結果的にベトナム戦争の反復をしたに他ならなかった。だからその帰結も、ベトナムと同じような道筋をたどっていくことになる。ベトナム戦争からの「名誉ある撤退」を掲げて当選したニクソン大統領は、ベトナム本土から陸軍を徐々に撤退させつつ、北爆を強行した。同じくアフガン／イラクからの「名誉ある撤退」を掲げて当選したオバマ大統領は、アフガニスタンへの増派を敢行した。帝国の戦争に「負け」はありえないのであって、これらは「負けてはいない」ことを正当化するための暴力の行使であり、「後退戦」である。そして後退が完了したあかつきには、アメリカは、少なくともいったんはベトナム後に確立された介入の原則へと——ただし帝国の衰退という自覚に促されるぶんよりシビアに——立ち戻らざるをえないだろう。

このような帝国の介入の「限定」は、帝国自身による暴力を制御する規範である。これに対して、もうひとつの規範である帝国の介入の「必要性」は、冷戦崩壊後の地政学的環境の変化に対応して、それまでは反帝国主義の立場をとっていた論者から提示されることになった。

2　帝国のアンビバレンツと介入の必要性

帝国の介入の「必要性」論がどのように形成されていったかを時系列的に追うために、ひとつの雑誌に焦点をあてて論じていきたい。雑誌『ディセント』は、社会学者ダニエル・ベルやリチャード・ホフスタッターら「ニューヨーク知識人」によって一九五〇年代に発刊された同人誌である。同誌は、六〇年代の公民権運動、ベトナム反戦運動の高揚期には、ニューレフトとの間で対立、緊張を孕みつつも、民主主義社会のための学生連合（SDS）の幹部だったトッド・ギトリンや政治哲学者マイケル・ウォルツァーら新世代を糾合し、ベトナム以後の中米介入やパナマ侵攻などを批判してきた。九〇年代以降はウォルツァー、ミッシェル・コーエン、アーグイング・ハウ、ギトリンらが編集委員を務めていたが、この編集委員内部で戦争の評価をめぐってはじめて対立が生じたのが、湾岸戦争である。

一九九一年二月二七日にシニア・ブッシュ大統領が湾岸戦争終結宣言を行った後、『ディセント』九一年春号は、「湾岸戦争――それぞれの立場」という特集を組んでいる。[16] ここでは七人の編集委員たちの湾岸戦争についてのコメントが掲載されている。湾岸戦争に反対する立場から（七人中四人が反対）ギトリンは、この戦争は国際的団結にもとづく制裁措置によって回避できたのであり、賢明な集団的安全保障のほうがスマート爆弾よりも大量虐殺を阻止することができる。シンクタンクの「良識」とＴＶゲームのスリルは「きちんとした」戦争解決というファンタジーを生み出すが、実際はアラブナショナリズムと慢心したアラブ首長達との内戦にアメリカははまりこんでしまったのであり、その損失は計り知れないと主張する。

これに対し、戦争賛成の立場からウォルツァーは、三五年のムッソリーニのエチオピア侵攻のさい、国際連盟が制裁を課したにもかかわらず効果がなかったことを引き合いに出し、「九〇年の八月から九一年の一月にかけて戦争回避のための政治交渉は十分行われたにもかかわらず、フセインはクウェートから撤退しなかった」から、「左翼は目的や手段がエスカレートしないよう監視しながらも、戦争を支持すべきであり、『軍隊よ国へ帰ってこい』というスローガンを掲げるべきではない」と主張する。また旧世代に属するアーグイング・ハウも、フセインとヒトラーを同一視し、平和運動は大量破壊兵器にどう対処するかについての解決策をもっていない。フセインは確かに西側やソ連が作り上げた側面があるが、戦争は「現存する危険」への対処なのであって、フセインが敗北し、大量破壊兵器が破壊されることが望ましいと述べている。

八九年のパナマ侵攻まではアメリカの武力介入に批判的だった同誌の編集部から湾岸戦争支持派が出てきたことは、戦争反対派からすれば驚きだったのだろう。『ディセント』九一年夏号では、編集委員である作家ブライアン・モートンが「湾岸戦争——以前のように」という一文で、怒りを露わにウォルツァー、ハウを批判している。〔17〕ウォルツァーに対しては、「政治的交渉が十分になされたというが、〔シニア〕ブッシュ政権は『交渉の余地はない』と宣言し、穏健派の反対を押しのけて戦争を開始した」のであり、「戦争支持派はブッシュ政権の偽善性についての認識が欠けている」と批判する。そしてハウに対しては、「大量破壊兵器、そして将来の核兵器の保有に対する脅威を言うけれども、ハウは将来こうなるであろうという仮定で始まった戦争がよりよき結果をもたらさないという歴史の教訓を無視している。『異議を申し立てる《ディセント》』知識人は政府の『よき意図』に懐疑的になるべきである」と批判し、重ねてウォルツァーに対しては、かれが湾岸戦争開始前に書いた「難問」という論攷で、「クウェートの独立問題だけでは、数百万の死をもたらす戦争を誰も支持しないだろう」と述べていることを取り上げ、一〇万人以上が死んだこの戦争についての認識を改めろと迫っている。

ウォルツァーは同じ号でモートンの批判に反論している。〔18〕しかしそこでは、「戦争による犠牲者は現地の報道によると思ったより少ないよう」なので、モートンの批判はあたらないということと、そもそも論文「難問」の論点は、敗北側（クウェート）の立場に立つならば、「制裁か戦争か」についての選択肢など存在しないという主張である、と述べるにとどまっている。そして、いぜんフセインの権力は健在なのであって、「過去の戦争をめぐって論じるよりも、未来の戦争に備えるべきである」と締め括っている。

パナマ侵攻という他国の主権を侵害する武力介入と、湾岸戦争という他国の主権を侵害した国家への武力介入という構図の違いは一応ありつつも、しかしともに同じ政権によって武力介入がなされたという事実に対して、反帝国主義の立場をとってきた左翼はどう対峙すべきなのか。ギトリンとモートンがシニア・ブッシュ政権の「意図」を反対の根拠に据えることで態度を一貫させようとしているのに対して、ウォルツァーとハウは政権の「意図」への警戒心を一応保ちつつ、戦争を支持するという態度をとっている。同じく戦争を支持するマーレー・ハースクネヒトは、『ディセント』九一年春号で、左翼はブッシュ政権への不信（その打算と判断に対して）と、クウェートの主権侵害、クルド人への攻撃ゆえに戦争は支持されるということ、これらを両立させるべきだと説いている。[19]

だが、実際に戦争を遂行する権力への批判と、遂行されている戦争への支持を両立させることはおよそできない。だからウォルツァーら戦争支持派が自己の主張に整合性をもたせるためには、これまでのアメリカ帝国主義観を変えることにまで立ち入らなければならないことになる。こうした困難を解消し、冷戦後のグローバル化のもとでのアメリカ帝国の役割とそれに対する左翼の態度を「再定義」しようとしたのが、『ディセント』九三年冬号に掲載された、編集委員ミッシェル・コーエンの論文「介入の問題——民主的左翼の対応は？」である。[20]

九二年の大統領選挙でクリントンが当選したことをうけ、コーエンは、アメリカ国民がシニア・ブッシュ陣営のクリントンの徴兵忌避疑惑への攻撃を受け付けなかったことをもって、「ベトナムの時代は遂に終わった」と主張する。そして、新しい時代におけるアメリカ左翼・リベラルの役割は、グローバルな社会民主主義的価値――平等、人権、社会的経済的公正――の実現に関与することであり、そのうえで「歴史的に左翼はアメリカの海外への介入に鋭く反対する傾向がある」ことに対して、IMF改革やソマリアへの人道援助など介入にはさまざまなものがあること、三〇年代、アメリカ左翼はアメリカ政府がスペイン共和国を支持することを歓迎したこと、ほとんどのアメリカ左翼にとって第二次世界大戦は正当化されるものであったことを挙げ、しかしこうした「反ファッショ闘争」と、開戦宣言なく冷戦の論理で引き起こされたベトナム戦争とは区別されるべきだと主張する。

このようにしてコーエンは、「冷戦の論理」によって引き起こされたベトナム戦争を歴史的に相対化し、ベトナム反戦運動から生まれた軍事力行使一般への否定的な理念がもつ「誤謬」を断ち切ろうとする。そして「そもそもアメリカ左翼は六〇年代のベトナム戦争、八〇年代の中米への介入に対して、アメリカ政府の戦争の意図を批判してきたが、状況そのものについては判断してこなかった」という。「確かに八八年から九〇年にかけて、ブッシュ政権は〔冷戦の論理にもとづいて〕フセイン政権を支援してきた」が、「〔フセインが〕危険地帯を作り上げた事に対して、その火を消そうとするのを阻む必要があるだろうか」と述べる。冷戦は終わったのであり、状況に対応した思考が必要というわけだ。では新しい状況とはなにか？　アメリカ左翼はいぜんとしてマルクスの「ブルジョア国家観

〈国家は資本の使用人〉」に支配されているとコーエンは述べる。したがって、「アメリカの海外の展開は帝国主義的であり、悪意のあるものとされ、国家は有益で民主的な目的に転化できないという考えが、レーニン主義者の隊列を超えて広がっている」。しかし、「こうした原理主義的な思考をとらずに、単なる資本家の利益のためだけではない『アメリカ』があると想定するならば、〔冷戦が崩壊し〕もはや孤立主義が存立しえないほど諸国家間の関係が緊密になったもとでの『アメリカ』は、おのずとグローバルな民主的価値をその政策に反映させざるをえない」、したがって「『アメリカだからダメ』ではなく、介入の中身の善し悪しで判断するべきである」とコーエンは主張するのである。

コーエンは、アメリカは世界秩序全般やアメリカ民主主義に世界を改宗させる責任を全面的に負っているというような発想は冷戦的思考であり、武力介入も例外的なものであるべきだとの立場をとっている。だが、グローバル化のもとでアメリカ帝国の「意図」も変わった〔変わる〕と見なすことによって、コーエンの主張は湾岸戦争時のハウ、ウォルツァーの立場に一貫性を与えている。帝国のよりよき意図にもとづいた武力介入はありうる、というわけである。

九〇年代のユーゴ紛争と「人道的介入」という新たな介入の正当化規範の登場は、この「帝国の必要性」という議論に拍車をかけていった。『ディセント』九九年夏号の論文「コソボ」において、ウォルツァーはNATO軍によるユーゴ空爆が全体として正当化できるとしつつも、いくつかの問題点を指摘している。[21] しかしそれは、①そもそもボスニア紛争の時点から〔コソボに〕武力介入すべきであった、②空爆だけで地上軍を投入しなかったためにセルビア指導者達を逃がしてしまった、というものであり、武力介入の不徹底さに批判の力点が置かれている。さらにこう述べる。「未来の左翼にとって最も重要なのは燃え上がる火が何かを見据えることである。放火犯の働き、殺害の目的、恐るべき危険を。すべての火に複雑な政治的社会的経済的背景があるのは当然であり、それを理解するのはいいことだ。しかし一旦火が燃え上がったら必ずしもすべてを理解する必要はない。喜んで火を消し、消防士を見つけること、求めに応じて支援すべきである……座視していることの代償はモラルの崩壊である。左翼はこれに抗わなければならない」。

「ベトナム」。未だにまとわりつくこの亡霊が、左翼が冷戦後の新秩序に対応することを阻んでいるに違いない。『ディセント』二〇〇〇年春号の論文「忘れられないベトナム、それは重荷である」で、湾岸戦争時の戦争反対の立場から転じたトッド・ギトリンは、「ベトナムの亡霊」をこう論じる。[22]

「ベトナムは用心すべき亡霊であることが証明された……ボスニアやコソボ、東ティモールを見れば分かるように、国際的な軍事力を使う強い要請がある。『よりよき』態度を採ろうとする人はその要請に耳を傾けることができない……冷戦――したがってベトナムの象徴的な意味もまた――が崩壊するとともに、専制行為を国境の枠内にとどめるための原則を定める必要が生じた……われわれがもしこの原則を受け入れるならば――そもそも人権を奉じるものが何故受け入れられないのだ――その具体的な解決策〔国連の下での警察軍〕をも受け入れなければならない……その軍事的な実力によって、アメリカは〔地域紛争を解決する〕同盟の中心的な存在になり、愛憎を引き受けることになろう。この配置はベストのものではないが、唯一存在するものである。

『ベトナム』が鼓舞する、『アメリカの全ての介入に「NO」』は、地域の暴君に信頼を与えるに等しいものとなるだろう。これまで私は、絶対的な『NO』がそのまま左翼やベトナム人の反対運動の悲願になるという考えに疑いを抱かなかった。しかし『状況』を見て態度を決めろというのが正しい対応だったのだ。外交政策の議論すべてに、ベトナムをあたかも定められた運命の如く引き合いに出すことは賢明な行動の妨げになる……追憶のベトナムは石碑に刻まれた。しかし未来はそうではない」。

このように九〇年代、『ディセント』グループの戦争観は大きく変わった。かれらは冷戦終結とグローバル化の拡大／深化を受け、帝国の「再定義」の必要性を認識した。それは従来のアメリカ帝国主義観を放棄し、「グローバルな人権・平和・民主主義の実現」のために、武力を含む自国の権力を積極的に活用していこうというものである。そしてさらに、こうしたリージョナルな攪乱要因に対して帝国の力を活用する、あるいは活用せざるをえないとの認識は、『ディセント』のような一部の知識人サークルにとどまらず、かれらよりも帝国の意図に懐疑的な人びとにも共有されるようになっていった。ジャーナリストであり、現在はカナダ自由党の党首であるマイケル・イグナティエフは、国家権力および軍事力と政略結婚した人道主義は、帝国の長期的な利害（バルカン半島でいえば欧州への大量の難民の流入の封じ込め、犯罪、麻薬、人身売買の取締）に仕えるものだと指摘する。コソボには介入し、チェチェンのように放置しないのは帝国の利害にもとづくからであり、したがって帝国は偽善的である。こう指摘しつつ、しかし同時に帝国は、民族浄化と破綻国家の時代の国家秩序の危機を解決するための方策でもあるとイグナティエフは述べる。問題は「その場しのぎの対応で、すべてを安く仕上げようとしている帝国の『軽さ』にある」のであって、「帝国の戦略は、現代のナショナリズムが内に秘める巨大な力と、ベトナムでそうしたように対決するのではなく、むしろそれを封じ込め、方向付けていく必要がある」というのだ[23]。

また、反核運動の闘士であり、著書『新戦争論』のなかでグローバル化のもとでの「新しい戦争」の特徴を論じたメアリー・カルドーは、ボスニア紛争への介入に批判的である。しかしそれは「やり方」への批判であり、武力行使が「空爆」によってなされたことによる、人道への配慮の欠如にその矛先は向けられている。彼女の代案は、人道法の執行のための緊急対応部隊——つまり地上部隊——の展開である。カルドーも帝国の意図には極めて懐疑的であり、帝国の代替策として人道法にのっとる「コスモポリタン・アプローチ」を提唱している[24]。しかし「いったい誰が誰を『地球市民』であると判断できるのであろうか」。政治学者ポール・ハーストは、カルドーにこう問いかける。そして「ここ五〇年のアメリカによる介入の歴史が、ほとんどの場合において公平無私、あるいは自由の大義のもとに実行されたことがなかった……カルドーは疑いもなくこのことに賛成するであろうが、しかし彼女の立場が抱える問題は……効果的な平和強制の遂行能力があるのは、唯一このアメリカだけであるということである[25]」。

冷戦崩壊後に増大した地域紛争への対処には、国連平和維持活動など別の方策もとられはした。しかし、大規模な地域紛争に際しては、結局のところアメリカの圧倒的な軍事力による抑止と介入に頼らざるをえないという現状認識が、帝国の利害と意図に留保しつつもその「必要性」を容認するという議論を台頭させ、ベトナム反戦運動で世界的に形成された帝国観、戦争観は変貌、あるいは分岐を遂げていくことになる。

ただ、こうした「帝国の必要性」論が、アフガン／イラク戦争にあたって帝国の軍事介入を正当化する支配的な議論へとあっさりと組み込まれたわけではなかった。ふたたび『ディセント』にもどると、アフガン戦争についてウォルツァーは「報復戦争」ではなく「解放戦争」と位置づけ、これを支持している(26)。他方ギトリンは帝国の「意図」への懐疑と戦争支持を両立させようと試みている(27)。

『ディセント』二〇〇三冬号は、特集「戦争の合図、平和を求める――イラク戦争に左翼はどう対応すべきか?」を組んでいる(28)。ここでウォルツァーは、反戦運動を批判しつつ「イラクの体制変革が必要なことは否定しない」としつつ、「ブッシュJr政権の安全保障政策と先制攻撃に反対することは必要である」とし、アフガン戦争に対するギトリンの評価に接近している。ギトリンは比較的強い調子でイラク戦争に反対する。ただそれは、ブッシュJr政権の単独行動主義に力点をおいたものである。『ディセント』二〇〇二年春号の論攷「帝国と近視眼」のなかで、ギトリンはアメリカを「帝国」と規定し、帝国は部分的には良いことを達成するし、帝国や帝国主義政策も、ものによっては他の体制よりもましな場合があるとしたうえで、ブッシュ・ドクトリンを批判している。つまりブッシュJr政権は「悪い」帝国というわけだ。

以上のように、帝国の介入の「限定」という規範が、国益——いいかえれば国民国家としてのアメリカの社会統合と、帝国としてのアメリカの利害をどうバランスするか——にもとづくのに対して、帝国の「必要性」という規範は、グローバル化のもとでの攪乱される世界秩序の再建という要請から発している。そしてこれまで、この二つの規範は往々にして対立してきたのである。というのも、帝国の「必要性」論は、つきつめれば「パウエル・ドクトリン」を逸脱するからである。シニア・ブッシュ政権下でパナマ侵攻、湾岸戦争に従事したベーカー国務長官は、ユーゴ問題については「出口がみあたらず」、「従来の基準」はあてはまらないと考えていた[29]。その後任の、レーガン政権下でユーゴ問題を担当していたイーグルバーガー国務長官は、強攻策に走りがちな国務省内部の若手が、「ベトナム」を経験していないことに危惧を抱いていた[30]。パウエルは、「空爆なら人を傷つけないですむというのは、人道主義的な曲解に過ぎない」と断じ、政治的な目的が明確になるまで、アメリカは軍事力を行使すべきでないと主張した[31]。このように「ベトナムの教訓」の磁力に引かれたシニア・ブッシュ政権は、総じてユーゴ紛争への介入には消極的であり、その本格的介入にはクリントン政権の誕生と、人道主義を掲げる「リベラル・ホーク」の扇動家——副大統領アル・ゴア、国連大使／国務長官マデリーン・オルブライトら——の登場をまたねばならなかったのである[32]。

クリントン政権の「帝国の手の広げすぎ」を批判し、「国益」を掲げて登場したブッシュ政権が単独行動主義に傾斜したことで、帝国介入の「限定」と「必要性」という二つの規範は、対立関係をそのままに脇に追いやられることになった。だがアフガン／イラク戦争が「ベトナム化」し、「帝国の手の広げすぎ」がグローバル化のもとでの帝国の必然的衰退に拍車をかけるという認識が支配的になるなかで、このふたつの規範は対立を孕みつつもふたたび、帝国の軍事介入を正当化する規範に位置づけられていくだろう。そしてその兆候は、はやくもオバマ政権の国防戦略にもあらわれていると思われる。

3　コモンズの防衛

二〇〇六年の中間選挙における共和党の大敗の責を負って辞任したラムズフェルドの後任として国防長官に就任し、そのままオバマ政権でも国防長官を務めているロバート・ゲーツの対応は、帝国が介入の「限定」に立ち返ったことを象徴的に示している。二〇〇九年初頭に彼はこう述べている[33]。イラク、アフガン戦争はアメリカの信頼性に大打撃を与えた。アメリカは、近い将来において、もうひとつのアフガン、イラク戦争を繰り返すことはない。イラクにおいて、米軍は冷戦時代の軍の縮小版として、叛乱鎮圧では有効性を発揮したかもしれないが、移行プロセスには恐るべき、人的、財政的、政治的コストが強いられた。われわれは限界と謙虚さをしっかり認識しなければならず、「あらゆる事にアメリカが関与することはできないし、するべきではない」。

このように「介入の限定」論の立場にたつゲーツ主導で、現在のオバマ政権の国防戦略は策定されている。ただそこには「限定」だけではなく、今後「必要性」という介入の正当性にかかわってくるであろう新たな戦略課題が込められている。

二〇一〇年二月、国防総省はオバマ政権で初の、「四年ごとの国防政策見直し」（Quadrennial Defense Report：以下、QDR）を発表した。QDRとは国防総省の中期的な戦略文章であり、国家安全保障戦略の概要、兵力の構成や兵器計画などについて、およそ二〇年間を視野に入れた見取り図を描くことが目的で、一九九七年以来、四年ごとに連邦議会に提出することが義務づけられている。冷戦崩壊後、これに類する戦略文書としては、冷戦型の安全保障体制の転換に重点がおかれたシニア・ブッシュ政権の「新防衛戦略」（九〇年）、「地域防衛戦略」（九二年）、二正面の大規模地域紛争に対応するための戦力配置を定めた第一次クリントン政権の「ボトムアップ・レビュー」（九三年）、関与戦略によってアメリカの指導力を維持しつつ、あらゆる分野で特例なく節約、効率化を促進しつつ、欧州、アジア太平洋に各一〇万の兵力体制維持を掲げた第二次クリントン政権のQDR（九七年）、そしてテロや非国家的アクターという「非対称的脅威」の登場による安全保障環境の「不確実化」を強調した第一次ブッシュJr政権のQDR（二〇〇一年）、「テロとの闘い」を冷戦並みの労力と時間を要する「長い戦争」（Long War）と位置づけた、第二次ブッシュJr政権のQDR（二〇〇六年）などがある。

今回のQDRは「過去と未来」の股裂き状態にある。「過去」とはアフガン／イラク戦争であり、帝国が「現在の戦争に勝利しなければならない」ことが冒頭から強調されている[34]。今回のQDRの勧告で、軍人・軍属とその家族へのケアに大部が割かれているのは、アフガン／イラク戦争が軍、そして社会の統合上の危機をもたらしているからである。これに対し、「未来」にかかる部分で強調されているのは、新しい戦略目標としての「コモンズの防衛」である。

「他のパワーが台頭し、非国家アクターがより強力になるとともに、アメリカのグローバル・コモンズへの関心とアクセスの確保は、ますます焦眉の課題となるだろう」。QDRが定義するコモンズとは、「いかなる国家の統制下にもないが、しかし誰もが依拠するドメインあるいは領域」である。「グローバル・コモンズは国際システムの接続網を構成している。グローバルなセキュリティと繁栄の条件は、海路あるいは空間をつうじた情報伝達とともに、空路、海路による商品の自由なフローにある」[35]。アメリカはこの「コモンズ」への陸、海、空、サイバー空間上のアクセスを阻害する（Anti-access）、敵対国家ならびに非国家アクターへの戦力展開を重視すべきという[36]。この「コモンズ」という概念は、市場の自由を前提としたファンクションであり、そこには人権や人道主義のみならず、今回のQDRで強調されている災害援助や地球温暖化まで含み込まれるだろう。これが自由・民主主義を掲げるリベラルな普遍主義と何が違うのかと問われるかもしれない。大きく異なるのは、ひとつはこの「コモンズ」では「領土」という概念（「民主主義」の建設）が排除され、「ネットワーク」の防衛に特化されていることである。今回のQDRでは地上軍偏重の見直しと空・海軍の増強が唱われており、また強化指針に掲げられている、在外軍のプレゼンスと基地インフラの弾力性の強化、宇宙空間・サイバー空間へのアクセスの確保、情報の蓄積と検索能力（ISR）の強化、敵のセンサーと交戦システムの破壊能力の強化、これらは、今後の米軍がアフガン／イラクのような領土の平定ではなく、グローバルなネットワークへのアクセスの確保、防衛の比重を高めていくということを示している。

もうひとつは、この「コモンズ」が今後普及すべきものではなく、すでに「共通の規範」として確立しつつあるとみなされていることである。「帝国の衰退」論者たちは、ブッシュJr政権の単独行動主義の展開と平行した、ＢＲＩＣｓ諸国の政治的、経済的台頭の軌道を積極的に肯定し、そこから、新たな帝国の介入の正当化戦略を引き出そうとしている。

クリントン政権で国務省のスタッフを務め、ブッシュJr政権を「新帝国主義」と激しく批判したジョン・アイケンベリーは中国についてこう述べている。中国の台頭は「脅威」とみなされているが、それは過去の条件とはことなる状況下で生じており、単純なヘゲモニーの移行はありえない[37]。「ようするに現在の西洋の秩序は、覆すのは難しく、参加するのは簡単」だからである。アメリカの「一極時代」は必然的に終わる。冷戦時代、アメリカはソビエトと軍事的な競合関係にあったが、現在の中国とは経済的な競合関係である。だから先見の明がある中国の指導者たちは、グローバル化がゲームそのものを変えたから、強力で、豊かなパートナーが必要だということを理解している。戦争による変革はもはや過去の歴史であり、中国の台頭はグローバルなルールと指導権をめぐる激しい紛争を引き起こしはしない。「一極時代は必ず過ぎ去る。アメリカの支配もいずれ終わる。したがってアメリカの大戦略は、力が減退していくなかで、どのような国際秩序がアメリカにとって好ましいのかを問うことに置かれなければならない」。

ＱＤＲの策定にあたって「中国の脅威」論を抑え込んだゲーツ国防長官も、同じような認識に立っていると思われる。ＱＤＲは中国をこう規定している。「中国軍は自国の地域的、グローバルな利益を支えるうえで新しい任務と役割をもちはじめており、国際問題においてより実質的かつ建設的な役割を演じるために自軍を活用できるようになるかもしれない。アメリカは、強力で、繁栄し、成功した中国が、これまで以上にグローバルな役割を果たすことを歓迎する(38)」。

そしてこの「コモンズの防衛」という戦略目標は、アメリカの国益の再定義をともなうことになる。「帝国の衰退」論者である、『フォーリン・アフェアーズ』元編集長ファリード・ザカリアは、アメリカの最優先目標は、自らの特殊利益の追求ではなく、世界の結束につながるルールや慣例や価値の創出に置かれるべきだと主張する(39)。現状の敵対国家、たとえばイランについては、リチャード・ハースが提案するように、北朝鮮の六者協議のようにリージョナルな権力とともに市場秩序へと徐々に埋め込んでいけばいい(40)。国連、NATOや日米同盟、またNGOなどの非国家的アクターの集合体、こうした多様なレイヤーを織りなす制度、共同体、協議体にアメリカはキープレイヤーとしてつねに関与し、自己の利益にのっとる方向へと収斂させていけばいいのだ。そして、こうして確立された「コモンズ」防衛のための軍事力の行使の基準は、「コモンズ」の正当性と規範力いかんにかかってくることになる――まるでカウツキーの超帝国主義論の「脱国家版」、あるいはネグリ＝ハートの『帝国』のようなイメージだが。

ともあれ、ゲーツ国防長官が述べるように、クリントン政権で策定された二正面作戦は「もう時代遅れ」なのであり、アメリカは、領土の平定にかかわるような軍事力の行使についてはこれまで以上に消極的になっていくだろう。そして、この「コモンズ」から生じるさまざまな矛盾への対処という文脈から、帝国の介入の「必要性」という規範がふたたび頭をもたげてくる、そう思われるのだ。

おわりに

戦争は体験的なものであって、その体験はリセットできない。少なくとも二〇世紀以降の帝国の戦争については、なされた戦争への反発、反撃、そして犠牲が、その次の戦争のあり方に縛りをかけてきたし、これからも縛りをかけていくだろう。万能の斧をもっているからといって、やすやすと振り下ろせるわけではないのだ。しかしながら、帝国の衰退が、そのまま戦争の減少につながるわけでは決してない。エレン・ウッドをはじめとする「新しい帝国・帝国主義」の論者らが明らかにしてきたように、現在のグローバル化は富と権力の集中を促進しており、したがってＱＤＲのいう「コモンズ」は、疎外と格差、怨念《ルサンチマン》を蓄積し、そこから生じる矛盾と軋轢が激しさを増すほどに、帝国は「暴力を用いたくなる誘惑」に駆られていくだろう。[41] そしてグローバル化が拡大／深化する時代においては、この「誘惑」に駆られるのはもはや帝国主義者だけではない。数多くの戦場を取材するなかで戦争とナショナリズムの病理を体験的にえぐり出し、ボスニアの激戦下で自民族中心主義を超えた「他者」への配慮を懸命に探り当てようとしたジャーナリスト、クリス・ヘッジズにとっても、空爆は「必要」だったのである。[42]

帝国は確実に衰退局面にあり、いつか終わるかもしれない。だが戦争は終わらない。ホブズボウムの言葉どおり、われわれは長い時間をかけて、世界を構成する別の方途を見いだしていかなければならない。

【注】

（1）Eric Hobsbawm, *On Empire: America, War, and Global Supremacy*, Pantheon Book, 2008, pp. 3-13.

（2）Richard N. Haass, "The Age of Nonpolarity: What will follow U.S. dominance," *Foreign Affairs*, May/June 2008, pp. 44-56.

（3）Paul Kennedy, *The Rise and Fall of the Great Powers: Economic Change and Military Conflict From 1500 to 2000*, Random House, 1987.（『大国の興亡——一五〇〇年から二〇〇〇年までの経済の変遷と軍事闘争』（上・下）、鈴木主税訳、草思社、一九九三年）。

Eric Hobsbawm, *Age of Extremes: the short twentieth century, 1914-1991*, Vintage Books, 1994.（『二〇世紀の歴史——極端な時代』河合秀和訳、三省堂、一九九六年）。

Giovanni Arrighi, *The Long Twentieth Century: Money, Power, and the Origins of Our Times*, Verso, 1994.（『長い二〇世紀——資本、権力、そして現代の系譜』土佐弘之監訳、作品社、二〇〇九年）。

（4）これら「新しい帝国・帝国主義」論の概要については、木下ちがや「帝国、帝国主義論の現在」『ポリティーク』旬報社、二〇〇五年九月号、一八二—一九二頁。

（5）エレン・メイクシンズ・ウッド『資本の帝国』中山元訳、紀伊国屋書店、二〇〇四年、二一八—二六八頁。

（6）コンドリーサ・ライス「国益に基づく国際主義を模索せよ」『ネオコンとアメリカ帝国の幻想』朝日新聞社、二〇〇三年、二四八—二五三頁。

（7）ボブ・ウッドワード『ブッシュのホワイトハウス』（上）、伏見威蕃訳、日本経済新聞出版社、二〇〇七年、一三〇頁。「イラク戦争計画は、ラムズフェルドが自分の軍変革案を試し、発展させ、拡大し、部分的に修正するチェス盤だった。その原動力となる考え方は、〝小こそ大なり〟——軽装備の迅速で小規模な部隊のほうが任務をうまく達成できるという、新しい考え方だった。ラムズフェルドはこの自流の電撃戦によって、国防総省で名誉を挽回するつもりだった」。

(8) ウッドワード、前掲『ブッシュのホワイトハウス』（上）、一四三頁。

(9) 朝鮮戦争については、デヴィット・ハルバースタム『ザ・コールデスト・ウインター・朝鮮戦争』（上・下）、山田耕介他訳、文藝春秋、二〇〇九年、などを参考にした。

(10) ウッド、前掲『資本の帝国』二三五―二三六頁。

(11) ハンナ・アーレント『暴力について』山田正行訳、みすずライブラリー、二〇〇〇年、一三九―一四〇頁。

(12) 同前、一四五頁。

(13) コリン・パウエル『マイ・アメリカン・ジャーニー』鈴木主税訳、角川書店、一九九五年、一八〇、一八五頁。

(14) 同前、五七五、六一五頁。

(15) 同前、三六〇頁。

(16) "The Gulf War-Taking Positions," *Dissent*, Spring 1991, pp. 153-156.

(17) Brian Morton, "The Gulf War —Once More," *Dissent*, Summer 1991, pp. 424-425.

(18) Michael Walzer, "Michel Walzer Replies," *Dissent*, Summer 1991, p. 425.

(19) Murray Hausknecht, "The Politics of Ambivalence," *Dissent*, Spring 1991, pp. 157-158.

(20) Mitchell Cohen, "The Problem of Intervention-What Responses for the Democratic Left?," *Dissent*, Winter 1993, pp. 21-25.

(21) Michael Walzer, "Kosovo," *Dissent*, Summer 1999, pp. 5-7.

(22) Todd Gitlin, "Unforgettable Vietnam and Its Burdens," *Dissent*, Spring 2000, pp. 47-49.

(23) マイケル・イグナティエフ『軽い帝国——ボスニア、コソボ、アフガニスタンにおける国家建設』中山俊宏訳、風行社、二〇〇三年、八〇、一四三、一五六、一六〇頁。同書の訳者解説では、イラク戦争にかけてのイグナティエフの戦争観の推移が詳しく論じられている。

(24) メアリー・カルドー『新戦争論――グローバル化時代の組織的暴力』山本武彦訳、岩波書店、二〇〇三年、四九―一〇六、一八七―二二四頁。

(25) ポール・ハースト『戦争と権力――国家、軍事紛争と国際システム』佐々木寛訳、岩波書店、二〇〇九年、一一一―一一二頁。

(26) Michael Walzer, "Can There Be A Decent Left?," *Dissent*, Spring 2002, pp. 19-23.

(27) Todd Gitlin, "Empire and Mytopia," *Dissent*, Spring 2002, pp. 24-26.

(28) "Drums of War, Call for Peace-How should the Left respond to a U.S. war against Iraq?," *Dissent*, Winter 2003, pp. 5-17.

(29) デービット・ハルバースタム『静かなる戦争――アメリカの栄光と挫折』(上)、小島慶郎他訳、PHP、二〇〇三年、七四頁。

(30) 同前、五九―六〇頁。

(31) パウエル、前掲『マイ・アメリカン・ジャーニー』六六六、六八九頁。

(32) 同前、六八三―六八四頁。「ボスニア問題に関するミーティングで……国連大使マデリーン・オルブライトが苛立ちを隠さずこう私〔パウエル〕に尋ねた。『あなたがいつも口にするこのすばらしい軍備も、使えなかったら意味がないのではないか』……アメリカの兵士は、世界というチェス盤の上を動くおもちゃの兵隊ではない……」。

(33) Robert M. Gates, "A Balanced Strategy : Reprogramming the Pentagon for New Age," *Foreign Affairs*, January/February 2009, pp. 28-40.

(34) "*Quadrennial Defense Report 2010* (*QDR2010*)," Department of Defense, February 2010.

(35) *Ibid., QDR2010*, p. 8.

(36) *Ibid., QDR2010*, p. 31.

(37) G. John Ikenberry, "The Rise of China and the Future of the West: Can Liberal System Survive?", *Foreign Affairs*, January/February 2008, pp. 23-37.

（38）*op. cit., QDR2010*, p. 59.
（39）ファリード・ザカリア『アメリカ後の世界』楡井浩一訳、徳間書店、二〇〇八年、三一二―三一三頁。
（40）Richard N. Haass and Martin. Indyk, "Beyond Iraq-A New U. S. Strategy for the Middle East," *Foreign Affairs*, January/February 2009, pp. 46-53.
（41）アーレント、前掲『暴力について』一七五頁。
（42）クリス・ヘッジズ『戦争の甘い誘惑』中谷和男訳、河出書房新社、二〇〇三年、三一―三二頁。

第5章

世界政治論におけるイスラーム政治神学

――デリダ後の政治的なものへの余白に

鈴木　規夫

子路曰。衛君待子而爲政。子將奚先。子曰。必也正名乎。子路曰。有是哉。子之迂也。奚其正。子曰。野哉。由也。君子於其所不知。蓋闕如也。名不正。則言不順。言不順。則事不成。事不成。則禮樂不興。禮樂不興。則刑罰不中。刑罰不中。則民無所錯手足。故君子名之必可言也。言之必可行也。君子於其言。無所苟而已矣。

『論語』子路一三－三

はじめに――〈二一世紀イスラーム再構築〉

二〇〇一年九月一一日ニューヨークの「事件」[1]は、世界政治におけるイスラーム言説のありさまを決定的に変質させた。「事件」が、状況証拠だけでまことしやかに「イスラーム主義過激派のテロ」に仕立て上げられていくのにしたがって、以後イスラームについて何か語られ始めるたびに、「穏健なムスリムはあのようなことはしない」「イスラームはもともと平和の宗教である」等といった「弁解」が、マントラやバスマラのようにまず唱えられなければならなくなった。[2]不幸なことに、〈二一世紀イスラーム〉は、東西冷戦後のソ連東欧崩壊により失われた〈二〇世紀社会主義〉を補完するかのように、執拗に「テロ」言説と接着されていったからである。

いうまでもなく、もともと「テロル」の語源は、フランス革命期ロベスピエールによる恐怖政治体制（*le régime de la terreur*）にある。アリストテレスのいうテロス（目的）との関係も考慮すべきであろうが、この用語法そのものはイスラームの歴史的文脈から出現したわけではない。メディアが作り出した「イスラーム＝テロ」言説生成は、かつて「恐怖と侮蔑」を帯びて一九世紀末の労働者階級へ向けられたまなざしと同質のまなざしが、二一世紀のムスリムへも向けられていることを意味しており、このアナロジーは事実上機能してしまっている。[3]「イスラームはもともと平和の信仰システムである」というマントラは、当分のあいだ、あらゆる機会に唱え続けられなければならないであろう。

「長い一九世紀」とは異なり〈社会主義の世紀〉であった「短い二〇世紀」において、「一党独裁、権力集中・情報独占、言論・思想・表現の自由の欠如、秘密警察と強制収容所が『社会主義・共産主義』の代名詞」であった。であるならば、「学校教育でマルクス・レーニン主義思想を強制され、日常生活で沈黙を強いられた民衆は、それ以外の『社会主義』を知らない以上、『〈一九世紀社会主義に孕まれていた多様な可能性を踏まえて）あれは真の社会主義ではなかった』という言説」は、やはり「無力」[4]であるのかもしれない。では、自らの無実性の証明をまず強要されるイスラームはどうであろう。「真のイスラーム」を語り始めようとする言説は、はたして「無力」なままなのであろうか。

メディア・オリエンタリズムの再生産している「イスラーム＝テロ」言説は、「真のイスラームではない」ばかりでない。そもそもＣＩＡの構築物であるともいえる「アル・カーイダ」や「ウサーマ・ビン・ラーディン」も、かつてヨーロッパを徘徊していた「妖怪」としての「共産主義」同様に、一種のイデオロギー的抽象性の反射に過ぎない。

それはまた逆に、一九世紀社会主義のもった多様な可能性をイスラームが現在有しているのではないかという新たな問いへとわれわれを導く。リーマンショックに象徴される金融資本の無軌道な暴走と、それに裏書きを与えるような主権国家システムの液状化していく現代世界の状況にあって、「イスラームが解決だ」という希望的言説が生成してこざるをえない余地はたしかに存在する。[5]実のところ、二〇世紀社会主義の破綻後、高度に複雑化し拡張した世界資本主義の行き詰まりを対象化するような全体構築的イデオロギーは、他に見いだせないからである。「イスラームが解決だ」というイスラーム主義者たちのスローガンは、「共産主義」がかつてそうであったように、未だ一つの可能性への期待の表現であるに過ぎない。「イスラーム国家」建設など、政策的有効性の基礎が問われてしまうようなところも多く、理論的にはナイーヴであるが、冷戦後の世界政治状況において一定の影響力をもちうるさまざまなファクターを有している。

そう考えていけば、二一世紀を〈イスラーム再構築の世紀〉と仮定していくことも可能かもしれない。世界を全体として説明する役割をキリスト教教義体系から換骨奪胎して構築されたヨーロッパ近代をめぐる、対抗的全体理論としての社会主義（マルクス＝レーニン主義）が、そのある種の政治神学的役割を終えた後にいったい何が来るのかを考えるには、イスラームは有力な思考対象となると私は考えている。それは、現在のイスラーム主義の理論的中核のかなりの部分が、かつて社会主義的イデオロギーの洗礼を受けた世代によって構築されているからばかりではない。「テロ」へのアナロジーの成り立つ構造それ自体においても、精緻な検証が必要とされるからに他ならない。

そのような文脈のなかで、世界政治理論において現代イスラームにおける政治神学的基礎はいかに位置づけられるのかを探ることにしたい。そこで、以下ではまず、いったい誰が、イスラームを「国際社会」の〈敵〉に仕立て上げたのかについて考えていく。

1 なぜ、イスラームはネオリベラリズムの〈敵〉とされるのか

かつてケンブリッジ大学のブライアン・S・ターナー（Bryan S. Turner）は、カール・シュミット（Carl Schmitt）の政治神学やその友敵関係概念に拠りながら、サミュエル・P・ハンティントン（Samuel P. Huntington）の文明の衝突論やアメリカ新保守主義を分析し、その論文副題を「政治神学、イスラームとアメリカ保守主義」としている。[6] ターナーの副題設定の目的は明解である。しかし、そ

れはなぜイスラームが対抗的に〈敵〉とされるのかについての内在的根拠を必ずしも十分に提示しているとは言えない。信仰システムとしてのイスラームと政治的イデオロギーとしてのアメリカ保守主義という位相の差が、一種の混乱を与えるためであろう。むしろ、スーザン・ジョージ（Susan George）のように、現代アメリカのネオリベラリズム、新保守主義は、基本的にキリスト教原理主義を基礎としていると予めきちんと明示していたほうが、事態はより正確に理解されうる。

彼女の *Hijacking America*(7) は、ブッシュ政権下のアメリカの「政治は劣化し」「急進的キリスト教右派はアメリカ型ファシズムの萌芽」となっていることを端的に指摘し、「今日のアメリカ政治において宗教的信念が果たしている役割と、より非合理的で時には、まったくもって奇怪な勢力が、アメリカ国民とその政府のかなりの部分を支配してしまっている事態」について説明している(8)。

原理主義キリスト教徒は、ムスリムをどのように考えているのか。

ゲイリー・フレイザー（Gary Fraser）、エド・ヒンソン（Ed Hindson）、ティム・ラヘイ（Tim LaHaye）といった影響力のある説教師の発言によれば、ムスリムの究極的な意図は、「自分たちの宗教をわれわれ全員に押しつけることであり、イスラエルでの恐るべき最終戦争は不可避である」。とくに説教師のラヘイは、右翼指導者の秘密クラブである国家政策評議会（ＣＮＦ）の初代議長で、「過去二五年間においてアメリカの福音派で最も影響力のある人物」（『ローリングストーンズ』誌）であるが、その政策目標は、合衆国憲法修正第一条（「連邦議会は、国教を樹立し、あるいは信教上の自由な行為を禁止する法律、または言論あるいは出版の自由を制限し、または人民が平穏に集会し、また苦痛の救済を求めるため政府に請願する権利を侵す法律を制定してはならない」）廃止である。かれらのいう「最終戦争」に備えるため、アメリカ合衆国が「国教」により統治される「神政政治」となって、聖書が国の最高法規となるべきだと考えているからである。

基本的に、こうした神政政治を求める姿勢は、イスラーム主義者たちの「イスラームが解決だ」とする政治綱領と共通のパタンをもっている。だが、イスラーム主義者たちのさまざまな現実的政治組織への浸透度は、未だ核ミサイルを動かすほどの域には達してはいない。イランがそうではないかという声もあるかもしれないが、核ミサイルそれ自体をシステムとして保有しているかどうかは、イスラエルほどには明確ではなく、何より主権国家としての行動パタンをとっている以上、実際に政治的正統性を取りつけながら核ミサイルを動かすことは難しい。パキスタンなどについても同様であろう。最も取沙汰されるのは、「イスラーム主義者テロ組織」が核兵器を保有することであろうが、そうそうハリウッド映画のような具合にいくものではない。

しかし、現在のアメリカにおけるキリスト教右派は、場合によっては核ミサイルを動かすこと自体が可能な段階にすでに達している。これは深刻に考えるべき事態である。ラヘイは、「真のキリスト教徒はそれまでに、あらゆる世俗機関を征服することを神に命じられている」としている。そして実際にその影響を受けた人々が、政府機関の要職に就く計画は、着々と目的意識的に進行中である。スーザン・ジョージは、その実態を克明に暴きだしている。

ムスリムがアメリカのキリスト教右派の〈敵〉に仕立て上げられるのは、実はかれらの考える「キリストの再臨」の条件として、イスラエル国家が「聖書の地」、つまり現在の中東の大部分の地域を支配する必要があるからに他ならない。そのプロセスは、現在イエルサレムの岩のドームとアルアクサ・モスクによって「異教徒」（＝ムスリム）に占拠されている土地に、「第三寺院」が再建され、それ抗して反キリスト者の軍勢がイエルサレムに総攻撃をしかけてきて、その戦争が、ついにはハルマゲドンの谷での最後の大詰めを迎えることになり、ユダヤ教徒は焼かれるかキリスト教徒に改宗し、その時ついにメシアが地上に再臨する……というシナリオによって示されている。(9)

イエス・キリスト再臨の契機となるイスラエル国家への関心は、いわゆる「キリスト教シオニズム」となって、現実政治を動かしている。キリスト教原理主義者たちにとって、中東をキリスト教の側に獲得することは、いわば自己の使命なのである。もっとも、キリスト教福音派千年王国前再臨説のディスペンセーショナリスト（契約期主義者）は、ハルマゲドンにおける反キリスト者との「最後の戦い」で救済され生き残るユダヤ人の数が、最終的にはたった一四万四〇〇〇人（イスラエルの一二部族から各一万二〇〇〇人救われるという「ヨハネの黙示録」の記述に拠る）に過ぎないことを「知っている」(10)。

このようなネオリベラリズムにおけるイスラームへの敵対性の世界観上の根拠は、アメリカの宗教と政治特有の歴史的文脈を出自としているため(11)、東アジアにおけるわれわれのようなアウトサイダーには、なかなか理解し難い側面があることは否めない。ましてや、パレスティナなど中東に生きるムスリムにとってみれば、冷戦後においてまで自分たちがなぜアメリカ外交政策における敵対性に恒常的に晒されるのか戸惑うであろう。ビジネスや資源簒奪の帝国主義的目的だけであるならば、アメリカがイスラエル国家を支援し、イラクを無秩序状態に晒し、イランをイスラエルが核攻撃するよう仕向けるなどといった不合理ともいえる展開に、冷戦後あまり大きな意味があるとは考えられないからである。「キリスト教シオニズム」の描くような「最後の戦い」の存在によって、一定の意味の文脈がはじめてつながる。

「最後の戦い」による終末イメージがアメリカのキリスト教右派に形成されたそもそもの契機は、いうまでもなく冷戦である。レーガン政権下でソ連を「悪の帝国（evil empire）」と呼び、自らを「善」とする、単純化された善悪二元論は、ブッシュ政権において「悪の枢軸（axis of evil）」（二〇〇二年一月二九日一般教書演説）へとつながっていくのであり、かつての強硬な反共主義者は、今では「テロとのグローバルな戦い」の頑固な支持者となっていることを想起すれば、この「テロとのグローバルな戦い」が、冷戦の実に便利な「代替物」となっていることは明らかである[12]。

だが、さらに冷静に考えてみると、この「テロとのグローバルな戦い」は、冷戦期に世界中がソ連の基地となる可能性があったことと比べれば、あまりに過剰な敵性イメージであるといえよう。この過剰さを効果的に容認させたのが他ならぬ九・一一事件であった。だが、イスラーム世界という、それまでアメリカ外交における関心や規模も相対的に小さく、アメリカとは非対称的関係にしかない世界を、いきなり冷戦下のソ連と同じ規模の〈敵〉としてイメージ増幅させるには、やはり無理がある。

したがって、これをあまり過大評価し、「現代世界の政治イデオロギー上の不安定要因は二つの原理主義[13]（イスラーム原理主義とアメリカ型ネオリベラリズム・キリスト教福音派原理主義[14]）との戦いにある」といった構図でとらえることは、世界情勢をより正確に理解し、問題を解決していくことにはならない。とはいえ、その二つの原理主義に共通した性格を見いだし、それを分析していくことには意味があるだろう。

そうした試みの一つに、『テロとの戦いの真相 *The Power of Nightmares*』[15]というBBCによるドキュメンタリーがある。このアダム・カーティス（Adam Curtis）監督作品は Best Factual Series or Strand（英国アカデミー賞）なども受賞している。制作主題とするところは、「アル・カーイダ」などといった組織が具体的に存在しシステマティックにテロを実施しているなどということは「幻想」であるというものである。そして、その幻想が生成される背景を、アメリカ新保守主義（ネオコン）の思想傾向に求めている。

ネオコンとネオリベラリズムとの関係についてはさまざまな位置づけがあるが、ここではネオコンをネオリベラリズムの変種の一つとしておく。政策的なあらわれとして登場してくる「ネオコンの人々」が、レオ・シュトラウス（Leo Strauss）の理解したマイモニデスを理解しているとは考えにくい。この番組では、ネオコンとイスラーム原理主義とは、「過ぎ去った日々の理想化」という共通点をもつと指摘する。そして、両者の相違点は、ネオコンが「嘘でも良いから大衆の信じることができる大義を構築せよ」という「二重真理説」を取るところにある。

この「二重真理説」を主導したのが、政治哲学者のレオ・シュトラウスであった。番組では、テレビ番組で勧善懲悪の西部劇や『弁護士ペリー・メイスン』を愛好していたことなどを例に挙げながら、シュトラウスが、「堕落したアメリカの大衆に対して、『善』と『悪』との世界がわかりやすく存在しているという〝神話〟を作り出す必要があると考えていた」という。プラトンを認識論として読むべきであるというシュトラウスは、大衆を統一するには「外部の脅威」や「宗教」を用いてもよいという、このいわゆる「高貴な嘘 *noble lies*」の有効性に言及したが、ネオプラトニックな思想潮流からすれば、それは本来的には「哲学者」の真理保有のための生存手段であるといったほうがよい。

シュトラウスのアナロジーの原型となるのは、一二世紀地中海世界コルドバの原理主義政権による「アヴェロエス（＝イブン・ルシッド）の悲劇」を回避するための方法としての「嘘」でもあった。アリストテレス主義者たるアヴェロエスは、野蛮で頑迷な原理主義者から身を守るため「嘘」をつきえたならば、獄につながれ、自らの著作とバランスするように自身の遺体を躯《むくろ》にされてロバで運ばれるような悲劇的事態には到らなかったであろう。無知と野蛮の直中にあって、知者は無知なる野蛮人を欺いてもなお真理を保持すべしというのであり、シュトラウスによればマイモニデスやイブン・トゥファイルもそうした「嘘」を支持するはずなのである。

イギリス国内でも、「裁判無しにテロリストと思われる人を処罰することには疑問がある」という法曹関係者の発言を伝えているこの番組放送から間もない、二〇〇五年七月七日に「ロンドン同時多発爆破事件」が起きた。一部には、これでＢＢＣの「幻想論」は無効だという議論も生じたが、その事件自体も「高貴なる嘘」であるとする主張もある。

当時イギリスでは七月六日からグレンイーグルズ・サミットが開催されており、テロはこれに合わせて行われたと考えられるが、事件発生を受けたブレア英首相は、直後にサミットを中座して一時ロンドンへ戻り、テロに動じないとの声明を発表した。三日間開催されたサミットの主要議題は、このテロにより、議長国であるイギリスが事前に定めた「アフリカ支援・気候変動」から、アメリカが積極的に推し進める「テロとの戦い」へと変更された。この事実を踏まえれば、九・一一と同様の「効果」をもった。

いずれにせよ、ＢＢＣ『テロとの戦いの真相』があげている以下のような証拠証言には、それぞれにそれなりの根拠がある。

ウサーマ・ビン・ラーディンは確固とした組織を持たない。ＰＲビデオに映った、彼を取り巻く大勢の兵士は、臨時雇いのエキストラであるに過ぎない。また、一九九八年八月七日の「在ケニア／在タンザニア米大使館同時爆破事件」の犯人として、実行犯ではないウサーマ・ビン・ラーディンを起訴するために、二〇〇一年一月、昔ウサーマと行動をともにしていたスーダン人ジャマール・アル・ファドルの「ウサーマ・ビン・ラーディンを頂点とする、彼が名づけたアル・カーイダという強固な組織が存在する」という証言を採用し、その起訴要件を整えるために、米司法当局はアル・カーイダをマフィアのような犯罪組織と認定した。大使館爆破事件弁護人サム・シュミットによれば、それにより、「以後、ウサーマが声明を出した事件にかかわった者は、だれでも簡単に起訴できるようになった」のである。しかし、『アル・カーイダ』の著者ジェイソン・バークによれば、アル・ファドルは莫大な報酬と引き換えに偽証していた。

ウサーマ・ビン・ラーディンが二〇〇一年の米中枢同時テロ「九・一一」以前に、大使館爆破事件の犯行グループをアル・カーイダと呼んだ証拠は何もない。「九・一一」は、ウサーマ・ビン・ラーディンではなく（彼は資金提供と実行犯の人選のみ）、実際は、パキスタン系クウェート人ハーリド・シェイク・ムハンマドが立てた作戦であったが[16]、「九・一一」により「アル・カーイダは強大」という神話が生まれ、以前からそう主張していたネオコンが米政権内で権力を掌握した。

とはいえ、ジョージタウン大教授のデビッド・コールによれば、「九・一一以後にテロ容疑で起訴されたグループが米国内でテロを計画していたという証拠は一切挙がっていない」。英国でも、「九・一一」以後テロ取り締まりで逮捕された六六四人（番組取材当時までの段階で）のうち、アル・カーイダのメンバーとして有罪判決を受けた者は一人もいない。テロ対策法で有罪となった者の多くは、北アイルランドのアルスター義勇軍やアイルランド共和軍ＩＲＡのメンバーであった。

英国キングズ・カレッジ安全保障分析センター研究者ビル・デュロディによれば、「テロ・ネットワークは存在しない。それはわれわれの幻想が生み出したもの。社会全体が大騒ぎするほど根拠のある話ではない」。エジンバラ爆破計画の「証拠の地図」は、観光名所をマーキングした旅行者の忘れ物であった。英国内で「テロリスト訓練学校を経営」していたとされた容疑者は、一人のスーパーマーケットの警備員に護身術を教えていただけであった。毒ガスを使った「ロンドン地下鉄テロ計画」も杞憂に過ぎず、ブレア政権が、証拠がないからといって脅威がないことにはならないので容疑立証の前でもテロ予防行動をとるという「予防原則」を掲げて、疑わしい外国人を予防拘禁しているのは無駄であり、英上院判断では「欧州人権条約違反」にあたる。にもかかわらず、予防原則は証拠を必要としないので、国民から異論は出ない。結果的に、そうした「予防原則」のもとでは、ネオコンや米英政権のように、「もっとも恐ろしい幻想を示した者がもっとも大きな影響力」を持つことになるのである……。

以上のような、ＢＢＣのいう「テロとの戦い」の「幻想」が、いつどのようなかたちで今後政治的に検証総括されるべきなのか、アメリカ政府ばかりでなく、この「テロとの戦い」で共同参画してきた各国政府は、個々にその立場を明らかにすべきであろう。

英国では、外務英連邦大臣であったデイヴィド・ミリバンド（David Miliband）（ラルフ・ミリバンド（Ralph Miliband）の息子の一人。弟のエドワード・サミュエル・ミリバンド（Edward Samuel Miliband）は二〇一〇年九月よりイギリス労働党党首）が、二〇〇九年一月になって「テロとの戦いは間違いであった'War on terror' was wrong」[17]とする文書を公開したなどの動きもあるが、日本をはじめ多くの国では、なお事態は曖昧なまま放置されている。

現実の政治過程における「事実」の解明は、それにふさわしい研究プロジェクトに委ねるにしても、ここで改めて、イスラームへの敵対性を形成させたのが、はたしてほんとうにネオコンだったのかについて今一度よく考えておくことにしよう。

フランシス・フクヤマは、ブッシュ政権の外交政策にシュトラウスが影響を与えたと見ることが愚かである理由の一つに、イラク戦争へと邁進したブッシュ政権内にシュトラウス派がただの一人もいないという事実をあげている。(18)

これはそもそも誰をシュトラウス派とするのかにもよるが、フクヤマがブームの去ったネオコンから一抜けしたいというだけではない事情を端無くも物語っている。レーガン／ブッシュ的な善悪の彼岸にあったのは、シュトラウス的「高貴なる嘘」であるとともに、スーザン・ジョージによれば、さらにその先にひかえたキリスト教右派のシナリオであったからである。ネオコンはかれらキリスト教右派のシナリオに乗せられていたに過ぎず、シュトラウス派的ネオコンを外してもブッシュ政権が着々とイラク攻撃を展開できたのは、キリスト教右派により稼働可能な部隊が、すでに政権内部に配置されていたからに他ならないことになる。シュトラウス派的ネオコンのシナリオとキリスト教右派のシナリオとの相重なる部分の存在が、それを見えにくくしているかもしれない。だが、少なくともBBCのいう「テロとの戦い」という「幻想」を、具体的にイラクやイランなどとアメリカとの戦争状態へ、さらに継続拡張させていくという意味では、シュトラウス派的ネオコンのロジックだけでは根拠に乏しい。そもそもシュトラウスが嘆いたのは、イスラエルでハルマゲドンが始まらないことなどではなかったはずだからである。

さらに言えば、一般にネオコンの主張は、従来の保守主義とは異なり、アメリカはデモクラシーを世界に拡張することを国家目標にすべきで、そのためにこそアメリカの圧倒的な軍事力を活用すべきだというところにあるとされているからである。そして、かれらは、従来アメリカが世界の安定を重視するあまり世界各地の「独裁政権」に対して現実主義的対応をしてきた結果、「悪」の社会主義やフセイン、金正日といった危険な政権が跋扈する状態になってしまったと考える。そして、この「悪しき」現実を改めるために、イラク侵攻を皮切りに世界を民主化するのだと主張し、ブッシュ政権はこれに感化されてイラク侵攻に踏み切ったのだとされた。もっとも、アメリカが軍事的にフセイン政権を倒せば、その後は自然にイラク人の手で順調に新しい民主政権ができるはずだとも主張していたのであるから、かれらの「予測」は、もともと「高貴なる嘘」に基づいていたためか、悉く外れたわけである。

問題は、かれらの「予測」が外れたことなのではない。それがそもそも見込みのない「予測」であったかもしれないのだとすれば、「民主化」がかれらネオコンの本来的目標であったとしても、はたしてかれらを動かしていた勢力の真の目標であったのかどうかということにある。

国防総省のウォルフォウィッツやダグラス・フェイス、リチャード・パールといった人々は、CIAなどと対抗するかのように、国務省内に「特殊計画室」（Office of Special Plans）というチームB的な独自の諜報分析機関を作って、イラクに侵攻できる開戦事由を「作る」作業を行っていたことは周知のことであるが[19]、もし、かれらを動かしていた勢力の真の目的が、アメリカ軍を動かし常に臨戦態勢を取りながら、イラクひいてはイスラエルとの関連において展開される中東全域への継続的混乱を維持することにあるのだとすればどうであろうか。それならば、現在（二〇一〇年一〇月）に至るまで、イラクの混乱を放置したまま、次にイランの体制を潰しかねない行動に移行しようとしているアメリカの動きも、現象としては説明可能となる。

しかし、そもそも何のために？　シュトラウス派的ネオコンが表舞台から目立たぬ位置に移動してもなお続けられている、「中東におけるアメリカの軍事的プレゼンス」の意味は、アメリカの世界戦略上いったい何であるのか？　それがたんに石油資源をめぐる経済利益争奪のためであるのだとすると、紛争状況を継続していくことにいかなる合理性があるといえるのだろうか？　沖縄にいるアメリカ軍海兵隊が、基本的には「中東におけるアメリカの軍事的プレゼンス」の補完機能を任務としているという観点からも、そうした疑問を持ち続けることは肝心であろう。

先述のスーザン・ジョージによれば、アメリカの中東への戦略的目標設定の背後には、明らかにアメリカのキリスト教右派の「最後の戦い」による終末イメージ、「世界最終戦争とキリストの再臨」シナリオがある。アメリカの一極的世界が終焉していく現代においてもなお、そのキリスト教右派が、一方的にイスラームへの敵対性を出現させているという事実そのものが、その一つの証左となるだろう。したがって、それをある程度措定しながら、今後の世界秩序の多元性の根拠の一つとなるイスラーム的世界秩序構築を考えていく必要が生じる。

他方、イスラーム主義者は、西洋化のモデルを押しつけられることによって、局域的な抵抗による紛争を生じさせてはいるものの、それをグローバルなテロリズムへと助長していく、そもそもの動機に欠けている。イスラーム主義者の想定するイスラームの拡張は、アッラーの思し召しに従った一種の他律的展開として存在するのであって、人為によって「イスラーム革命」を広めること自体本来イスラーム的ではない。イスラームのコンテクストからそういう人為を引き出すことは理論的にも難しい。かれらのものであると言われている「グローバルなテロ・ネットワーク」も、その大部分は、アメリカのキリスト教右派による「最終戦争」シナリオが設えたものでしかない。キリストが再臨するためには、反キリスト者としてのイスラーム主義者がネオリベラリストの〈敵〉でなければならない。したがって、常時「テロの危機」は醸成される。そのように理解していくほうが、「合理的」であろう。「グローバルなテロ・ネットワーク」を必要としているのは、ローカルな抵抗運動での地域的勝利をもともと期待しているイスラーム主義者ではなく、「帝国」を支配する側に他ならないのである。

デリダですら、この単純な非対称性をどこかで読み違えていた。かつてデリダは、「アメリカの覇権政策と啓蒙なき、政治的将来なきアラブ＝イスラーム的神権政治に、同時に反対して結集しうるかも知れないのです（しかし、もろもろの矛盾、進行中のプロセス、そしてこの二つの全体の内的な非同質性を無視しないようにしましょう。そして、これら二つのブロックに、内側から抵抗する人々と手を結びましょう）」[20]、と呼びかけた。だが、この呪縛を解く決定的な鍵は、少なくともイスラーム主義者の側にはない。

もともとレベルに雲泥の差のある「アメリカの覇権政策と啓蒙なき、政治的将来なきアラブ＝イスラーム的神権政治」や「二つの原理主義」などが、同一の地平で論じられること自体奇妙なことであるのに、それが恰も自然なことであるかのように扱われているのは、アメリカのキリスト教右派の

「最後の戦い」による終末イメージといった、いわば「二つの原理主義」を一つに収束させていく敵対性の「幻想」が、それらを関係づけ、結びつけてきたからに過ぎないのである。

本来われわれが分析対象としなければならないのは、実は〈政治的なもの〉として立ち現われてきたその「終末イメージ」を構築させている、それぞれの政治神学そのものなのではないのか？

2 〈政治的なもの〉と非西洋世界

かつてエドワード・サイード（E. W. Said）は、支配の対象とされたオリエントが自らを再生するには西洋それ自体を研究する必要のあることを説いた。それは西洋をモデルとした近代化を期待するものではまったくない。むしろ、マルクスが『資本論』で考究したように、戦略的に支配の側のオリエンタリズムのロジックを理解して、現実的に対処していくことを狙ったものであった。さらに一歩進んで、それはむしろ西洋それ自体の中に内包されている過去におけるオリエントの進歩性への探究によるアイデンティティの自己再構築を促すものでもあった。

「西洋はイスラームがつくった」という西洋中世哲学史家アラン・ド・リベラ（Alain De Libera）が実証しているように、[21]「西洋中心主義」の実態は西洋自体の出自の隠蔽によって成り立っていた。[22]したがって、シュミットやル・ジャンドルなどが近代西洋社会を構成している基本概念の原理的検討に向かうのは、ごく自然な流れであるといってよい。

オリエンタリズム批判においても、より慎重であるべきは使用する諸概念の出自である。〈宗教〉、〈政治〉、〈国家〉、〈市民社会〉、〈デモクラシー〉、〈ナショナリズム〉等など、近代西洋世界を基本的に構成する独自の概念の意味するものと、非西洋世界における類似概念との翻訳関係が、まず議論を錯綜させる。

イスラームは、もともとキリスト教独自の概念である *religion* やその *religion* の翻訳語としての〈宗教〉と、本来位相の異なる信仰システムである。だが、西洋の近代性の非西洋世界への浸潤に応じて概念自体が相互に溶け合ってしまい、意味するものと意味されるものとのあいだに認識主体間の錯誤が生じざるをえない。〈宗教〉は、もともとキリスト教の特殊な性格を表現しているにもかかわらず、それを一般概念として汎用する言説システムの制度化によって、とりわけリベラルな普遍主義的傾向においては、帝国主義的浸透などさまざまな歴史的文脈が曖昧化されてしまう危険がある。[23]

つまり、〈宗教〉はある意味では捏造されてきたともいえる。[24] したがって、「西洋型の近代化モデルは、世界や他者とかかわっていくのにただ一つの適切な方法ではない[25]」、とするだけではやはり不十分であろう。「非西洋的な啓蒙の可能性への考察」は、「多極化の方法を構成するのに決定的」（J・タリー）であることは自明だが、事実として存在する非西洋世界の「別の近代性の諸形態」は、すでにもはや、「西洋以外の歴史と伝統を顧慮することなく押しつけようと試みている近代性」によってハイブリッド化された後にある。イスラーム主義者は、そうしたハイブリッドな近代性そのものの産み出したものであり、「別の近代性の諸形態」によって独自に出現したわけではないからである。

では、〈政治的なもの〉は、非西洋世界を含みうるものとしてどのように考えられるべきであるのか。〈政治的なもの〉が独自の領域として非西洋世界に存在すると前提できるのかどうかが、そもそも問題であるかもしれない。

たとえば、シュミットにとって政治とは、限定された対象をもつものではなく、社会内の状況や諸関係に応じてあらゆる領域よりその素材を求めうる結合・分離の一定の強度である。そこから、非西洋世界における〈政治的なもの〉の成り立つ一定の余地を引き出すことは可能である。

しかし、「アジア社会は、個人的な法秩序の成果を利用しないかぎり、資本主義的近代化には参画できない。一方を望んでおきながら他方を拒むのは無理なのである」（ハーバーマス）といったリベラル普遍主義的立場では、非西洋世界における〈政治的なもの〉はそもそも措定しようがなくなる。

そのように敵対性を脱色された非西洋世界の人々にどのような選択余地があるのか。ハーバーマスにとって、「アジア社会」やそれ以外の人々が迫られている選択とは、文化的絶滅か物理的絶滅かの二者択一であるというウィリアム・ラッシュの指摘を受けて、ムフはきわめて明解に次のように指摘している。

「非西洋社会の選択肢がこのようなものでしかないのならば、暴力的な抵抗の勃発を目のあたりにしてなにを驚くことがあろうか？　西洋化という夢から目覚め、西洋モデルの強制的な普遍化が平和と繁栄をもたらすどころか、この過程によって文化と生活様式を破壊された人々からの血なまぐさい応答が呼び起こさざるをえないことを、いまこそはっきり自覚すべきである。加えて、リベラルデモクラシーが唯一無二の優越性をもつという信念をこそ疑義にさらすべきである。リベラル派が政治的なものを否定するときの根本にあるのはそうした信念なのであり、世界は、シュミットが観察したように、『普遍的 uni-verse』なのではなく『多遍的 pluri-verse』なのであるという認識を徹底的に妨げてしまう」[26]。

そしてさらに、政治的概念の決定的意味は、誰が解釈し、定義し、使用するか次第で変化するのであり、平和、軍縮、介入、公共の秩序、安全といったものが何を意味するのかを具体的に決定するのは誰なのかにこそあるのであって、真に力を持つ者こそが概念と言葉の内容を決めることができる（「カエサルは文法をも支配する」）という事実にあることを、シュミットに拠りながら、ムフは確認している[27]。

問題は、私たちが今、アメリカのネオリベラリズムのヘゲモニーに対抗するために正当化された回路の存在しない、一極的世界を生きているということである。前節で見たように、イスラーム原理主義もキリスト教原理主義抜きには成立しないような、「この事実が、新しい敵対性の激発することの淵源にある」ということである。この単一の権力に依存する世界を乗り越えるための戦略で可能なのは、「ヘゲモニーを多元化していく」方途を見出すことだけであり、それはただ「広域的な権力の多様性」を認識することによってのみ可能となる[28]。

敵味方の区別を政治と非政治との判別基準とするシュミットは、イスラームが政治上至大の重要性をもち神学上顧慮すべきであることを了解している[29]。だが、イスラームは、一般にリベラル普遍主義の〈政治的なもの〉の議論からしばしば抜け落ちてしまってきた。敵対性の存在する〈政治的なもの〉をめぐる議論の対象というより、それは啓蒙の対象であったのである。そこには「啓蒙の弁証法」が機能することはなかった。

この、むしろ西洋が〈政治的なもの〉として見ないでいた非西洋としてのイスラームは、それがまさに西洋において可視化されていく過程において、ヘゲモニーを多元化していく〈政治的なもの〉のアリーナに立ち現われてきたのだともいえる。イスラームと西洋という、一九世紀来繰り返し登場する一つの対抗軸は、現代における権力の多様性を認識していくうえにおいて劇的な質的変化を遂げようとしている。多元多極的世界秩序構築におけるイスラームの位置づけは、今後の多元多極的世界秩序構想における〈政治的なもの〉の次元の認識にとって極めて重要なものとなる。

デリダは、イスラームに関するヨーロッパ的な固定観念の脱構築に着手する必要性について、次のように述べている(30)。

「……ギリシア、アラブ、ユダヤの三者間について慣習的に受容されている対立は疑わしいものにちがいありません。ギリシア思想とアラブ思想とがある時点において接近し、混合したことや、私たちの知的・哲学的な記憶にとって重要な責務のひとつが、このギリシア・アラブ・ユダヤ相互の哲学的な接ぎ木関係、受胎の様子を見出す点にあるということは非常によく知られています。……スペインはギリシア思想、アラブ思想、ユダヤ思想が実に親密なやり方で混ざり合う瞬間に立ち会いましたが、植民地化される前のアルジェリアにいた私の家族はおそらくこのスペインから移り住んできたらしいのです。そこで、今日私たちが負っている重要な知的責務の一つは、これらのいくつかの流れが、お互いに反発し合ったりせずに、お互いに豊かにし合うような源泉や瞬間を見出すことにあると私は考えています。他方、特にアルジェリアに関しては、私は東洋と西洋を対立させないでしょう。第一に、アルジェリアとマグレブ地域のアラブ・イスラーム文化は一つの西洋文化でもあるからです。複数形のイスラームがあると同時に、複数形の西洋人もいるわけですから」（傍点引用者）。

多元多極的世界秩序構築におけるイスラームは、西洋それ自体の「複数形化」を促すとともに、一方で西洋思想を織り成している政治の諸概念における神学的な系譜について問いかけること、他方である決まった文脈、限定可能な文脈において、今まさに問いに付され脱構築されている政治の諸概念の存続を維持すること、[31]その二つを同時に行うことを促す。これにより、「国民国家の主権について提起される脱構築的な問いかけ、政治の本来的な意味における非宗教化すなわち神権政治と政治の分離を前提とする」、デリダのいう〈来るべきデモクラシー〉の承諾を導くことになる。

ここで誤解されがちであるのは、もともとイスラームの統治の歴史においては、人間界における「アッラーの名の下の統治と統治それ自体の分離」は、「前提」であったということである。それがしばしば一種の錯誤に陥るのは、アッラーと人間界との絶対的断絶という基本原理が曖昧に混濁してしまう時期においてであった。「人は神にはなれない」という大前提が、「神権政治と政治の分離」という意味において理解されていれば、デリダの要請は、イスラーム世界においてさほど困難なことではない。

「……私たちが最優先の責務とみなすべきなのは、アラブ・イスラーム世界において政治の非宗教化という観念や、神権政治と政治の分離という観念を広めようと努力している組織あるいは個人と連携することだと思います。そしてこのことはまた、政治や民主化への敬意だけでなく、信仰や宗教に対する敬意が払われてこそ実現することでしょう。……これにはもちろん政治的なものという概念の変化、とりわけ政治的なものという概念の非宗教化、と私が呼んでいることについて自問する必要があります。政治的なものというのは、いわゆる〈西洋的な〉政治思想において最も基本的な概念のひとつとして残っていますが、根本的には神学的なものなのです[32]」（傍点引用者）。

デリダは、シュミットを踏襲して「政治にまつわる諸概念は、世俗化した神学的諸概念である」としている。イスラームにおける政治にまつわる諸概念について考えるには、この〈政治〉という、西洋近代がイスラーム世界を経由しギリシア思想を加工して独特に産み出した概念への、幾重もの「翻訳」が必要である。本来は、ギリシア思想のポリスを作り上げる技術と方法としての〈政治〉が、クルアーン的世界構造にどのように接合されたのかという問題をまず考えるべきであろう[33]。もっとも、イスラーム神学それ自体が〈カラーム（言葉）の学〉としてあることから、そこにいったん吸収されて再編成された〈政治〉とそれにまつわる諸概念を、神学的諸概念の派生形態であると理解することに支障はない。

より大きな問題は、そもそもアッラーと人間界との絶対的断絶を前提としているイスラームに、「世俗化[34]」という契機をどこに見出すのかというところにある。現代世界の諸矛盾の解決をイスラームに求めようとする人々にとって、「アッラーの名において」、つまり「人間が自己探求のために自身より上位の存在の名において」統治することの継続が、政治理論上きわめて重要であり、人間存在自体の始原の根拠までをも人間が占めるのはあまりにも過剰であり不合理であるという基本問題が存在する以上、問題設定の仕方如何によっては、「政治の非宗教化」の位相は異なってくる。サイイド・クトゥブ（Sayyid Qutb）も、「神の主権理論」を唱え、現代世界をジャーヒリーヤ（イスラームのおよぶ以前の無明時代）社会であると規定しつつ、「神の主権を否定して人間に主権を与え、一部の人間を他の人間の神とする社会である」と批判したが、〈西洋の衝撃〉後の西洋体験に基づく「鏡としての反西洋[35]」が必然的にぶつかるのは、この「世俗化」の問題なのである。

　デリダは、宗教概念そのものの曖昧さを問いつつ、ユダヤ教、キリスト教、イスラームといった「宗教的帰属」と、あらゆる社会的関係を可能にしている基礎としての「信仰」を区別しながら、次のように述べている[36]。

「……信仰の必要性を強く強調することによって、政治の非宗教化を推しすすめることができると思います。それに、普遍的で、皆が共有しているこの信仰、それがなければ社会的絆がありえないような信仰という土台に基づいてこそ、厳密な意味での宗教的帰属を尊重できますし、尊重しなければならないのです。ですから、真の信者、つまり真の意味でのユダヤ教徒、キリスト教徒、ムスリムたち、これらの宗教の単なる教条主義者ではない者たち、宗教的信仰に真の意味でどっぷりつかっている者たちは、そうでない者たちよりも他者の宗教を理解し、先ほど私がその普遍的な構造を説明した〈信仰〉に到達する素地がある、と私は確信しています。したがって、政治の非宗教化と……信仰の中で一緒に生きるという事実との間に矛盾はないと考えています。信仰を表明する祈りなるものは奇跡によるものではなく、まさしく私たちが呼吸している空気なのです」(傍点引用者)。

デリダのこの確信は、クルアーンの次の一節とも照応することが可能であろう。

「さらに我らはお前には真理の書を下し与えて、それに先立って啓示された聖典の固めとなし、確かめとなした。さればお前は、彼らの間を裁くにあたっても、必ずアッラーが啓示し給うたところに依拠して行うべきであって、決して彼らの根拠なき思惑に乗せられて真理に背くようなことがあってはならぬ。我らは汝らのそれぞれに行くべき路と踏むべき大道を定めておいたのだから。勿論、アッラーさえその気になり給えば、汝ら(ユダヤ教徒、キリスト教徒、ムスリムの三者)をただ一つの統一体にすることもおできになったはず。だが、汝らに(別々の啓示を)授けてそれで試みて見ようとの御心なのじゃ。されば汝ら、互いに争って善行に励まなければならぬぞ。結局はみなアッラーのお傍に還り行く身。その時(アッラー)は汝らが今こうして言い争いしている問題について一々教えて下さるだろう」(食卓章52-53〔48〕節)。

さらに言えば、これはムフが、闘技による昇華を期待する、正当なものと承認しあう抗争を行う対抗者を設定していることとも照応する。すなわち、「私たちには対立を除去し、人間の条件を逃れる力はない。しかしながらこれらの対立を闘技的な形態にする実践や言説、あるいは制度をつくる力はある。デモクラシーのプロジェクトを擁護しながら徹底化するとき、政治的なものをその敵対的な次元において認識し、権力と主権性とへゲモニーとを乗り越えうる宥和した世界という夢を捨て去らなければならないのは、そのためなのである[37]」。

現世において人間は「結局はみなアッラーのお傍に還り行く身」なのではあるが、「宥和した世界」である「アッラーのお傍」は、もともと人間界とは次元の異なる絶対的隔絶の果てであり、「対立を除去し、人間の条件を逃れる」ところに他ならない。だが、そこに到る以前に、果たしてイスラーム政治神学はいかに、この現世において「これらの対立を闘技的な形態にする実践や言説、あるいは制度をつくる力」のあることを示しうるのであろうか？

むすびに――〈政治的なもの〉と「代理者性」

「結局はみなアッラーのお傍に還り行く身」である人間は、審判の日へ向かうイスラームの信仰それ自身においても、いずれ「自己統治の問題」に直面する。そして、それは政治社会における個々の人間存在の「代理者性 *khilāfah*」の問題ともさらに関連していくことになり、これがムスリム共同体におけるリーダーシップをめぐって、イスラーム政治神学上の重大事項となっていく。

かつて、イブン・アラビー（Ibn al-'Arabi）は、預言者であり使徒であったムハンマドがムスリム共同体を統治した根拠をめぐって、アッラーの使徒の代理者は、共同体の統治において自らを法に合致させ、やがて、地上に降り来たって世界を支配するようになる時のイエスはその例であり、預言者であり使徒であるムハンマドもその一例であって、アッラーは「これらの人々は神が導き給うた者たちである。だから、かれらの指導に従うがよい（クルアーン6章90節）といっている」としながら[38]、次のように述べた[39]。

「……預言者ムハンマドは自らに先立つ使徒たちの法を確認しながらも、それを自らの名において確認している。したがって、ムハンマドに従うものであるわれわれは、法を彼自身の法として受け止め実際に彼に従うのであって、ムハンマドに先立つ者たちによって確立された法として受け止めてはいない。同様に、そのような者を、内的観照（*kashf*）の言葉では『神の代理者』と呼び、外的表現（*zāhir*）の言葉では『神の使徒の代理者』という。／これゆえに、神の使徒ムハンマドの死に際して、誰をも代理者として指名し、決定することがなかったのである。それは、ムハンマドがウンマの中に神からやがて代理権を獲得する者が現れ、合法的に神の代理者となるであろうことを知っていたからである」。

松本耿郎は、このイブン・アラビーの見解を踏まえて、経験的世界の個々の存在者はそれぞれが代理者性を帯びており、個々の人間一人ひとりが存在論的には「神の代理者」であることになるとして、この「代理者性」の概念が真に政治的意味を帯びてくるのは、まさに神名に由来する監督権（*wilāyah*）

の概念との関係においてであることを指摘している[40]。

そして、この政治的主題としてのウィラーヤは、ホメイニー師の著書『ウィラーヤ・テ・ファキーフ（*wilāyat-e faqīih*）法学者の監督権』とそれに対応するイスラーム政体の問題へと直接していく。言うまでもなく、二〇世紀末に起こったイラン・イスラーム革命へ正統性を与えたこの議論は、いわゆるシーア派の歴史的コンテクストから現れたきわめてモダンな政治神学の一端であったのだが、その後スンナ派にとっても重大な意味を帯びていく。

もともと、一九六七年の第三次中東戦争においてアラブ・ナショナリズムの政治的限界が明らかとなったことが、一九七九年のイラン・イスラーム革命を誘導した。そのイラン・イスラーム革命は、一九八一年エジプトのサーダート大統領暗殺につながる。そこからさらに、エジプト国外追放となったジハード団メンバーなどが、ソ連とのゲリラ戦を展開していたアフガニスタンへ流れ、そこを経由して再び世界各地へイスラーム主義者が拡散した。かれらが媒介となって伝搬していった一連の政治神学的モチーフも、やはり「代理者性」の問題に他ならない。主権者であるアッラーとの関係によって、政治支配の正統性が常に問われるからである。この「代理者性」は、キリスト教史的コンテクストにおいては、「世界王」としてのキリストの問題や「王権神授」という形態において議論されてきた問題である。

政治空間における異質なものの存在が強調されると、〈政治的なもの〉における「敵対性」が立ち現われる。キリスト教右派のヴィジョンではムスリムとの「最後の戦い」に、それは極端に凝縮されていく。

もともと統治における「代理者性」は、イスラームでは神にどれほど近しいところにあるのかというウィラーヤの本義において理解される。「身近にいてよいことをする者であること」を意味するワラーヤを実践することがウィラーヤであるが、ホメイニー師の「法学者の監督権」という考え方は、存在の根源から全世界のあらゆる事物にいたるまでを貫いているワラーヤを機能として実行するという発想に基づいている。(41)

そうした発想が可能であるのは、イスラームの基本であるタウヒード（多様な事象の一つひとつが相互に相和して一なる存在の根源につながる一化）を前提としているからに他ならない。そして、経験的世界の個々の存在者は、階層的位相の違いはありながらも、それぞれが「代理者性」を帯びてつながっており切り離せない。「内的観照（*kashf*）の言葉」では、個々の人間一人ひとりは存在論的には「神の代理者」だからである。

この点が、アメリカのキリスト教右派のヴィジョンと決定的に異なるところであろう。かれらのヴィジョンでは、キリスト再臨の際には、キリストに近しい者以外はことごとく死滅してしまう。これは、存在の根源から全世界のあらゆる事物にいたるまでを貫いているワラーヤを機能として実行するという発想とは、まったく逆の在り方となる。「権力と主権性とヘゲモニーとを乗り越えうる宥和した世界」が、人間界において実現できないのだとしても、存在者が存在とつながる次元を超える可能性を否定しても意味がないのと同様に、キリスト再臨という新次元においてすら、「敵対性」において自己の優位を保持することに、果たしてどれほどの意味があるといえるのか。〈政治的なもの〉の位相が、コトバにおいても正しく配置されるには、政治神学の議論を踏まえる必要がある。それは、二一世紀においてキリスト教右派のような言説トリックに幻惑されないようにするためでもあるのだ。

【注】

(1) 現在に至るまでも、その「真相」には不明な点が多い。「疑惑」を表明するサイトは数多く存在するが、取りあえず比較的よく人口に膾炙している以下を参照。
http://video.google.com/videoplay?docid=5253661198901640874#docid=3031125939592548381
http://video.google.com/videoplay?docid=5253661198901640874#docid=8026523527144505707
http://video.google.com/videoplay?docid=5253661198901640874#docid=-3617314280274171969

(2) バスマラは、クルアーンに一一四回も登場する、ビスミッラーヒッラフマーニッラヒーム（慈悲深く慈愛遍くアッラーの御名において）という、「汝の主の御名によって始まる」を定式化した句である。ムスリムは、礼拝のような儀礼行為、食事、式辞など生活行為のはじめにまず唱え、手紙、契約書などの最上部冒頭に書き記すなど、何をする前にもその言葉で始める。あらゆることの始めにバスマラを唱えることは、アッラーを忘れないための方法であり、あらゆることの終わりにアッハムドリッラー「アッラーに賞賛と感謝あれ」をいうことは、アッラーへの感謝の方法である、とされている。

(3) その場合、次のようなロジックがよく用いられる。「今日ではムスリムが、一九世紀の労働者のように、恐怖と侮蔑の混ざった目で見られがちである。そしてアメリカは、『ジハード』（聖戦）を唱えるテロリストたちにとって、かつてのアナーキストにとってのブルジョワ国家と同じく、傲慢と権勢の象徴となっている。この点から見ると、ウサーマ・ビン・ラーディンはいわば二一世紀のラヴァショルであり、信奉者には『憎悪と抵抗の息吹』の象徴に、警察・諜報機関には格好の脅威に仕立てられている。ジハード主義のテロリストは、アナーキズムのテロリストのようなものである。実際には無数の群小集団を形成しているにすぎないのに、自分たちが世間の耳目を引く行動によって、抑圧された大衆を蜂起させることのできる前衛だと思い込んでいる。サウジアラビアという国は、一九世紀のイタリアの役目を二〇世紀の変わり目に果たしているのであり、二〇〇一年九月一一日は、国際社会の目をこじ開けたという点で、一八九四年六月二四日に似る。／しかし、今日のテロリズムとアナーキストのテロリズムが似ているのは、何よりも、彼らが急に勢力を伸ばした理由が共通するからだ。ムスリムは世界中で、同じ不安と危機感によって結ばれていると感じている。一九八〇年代に比べて、アラブ世界はいっそう幻滅し、苦い思いを味わい、創造性を失っている。他のムスリムとの連帯意識は、イスラームが脅かされていると見ているためでもある」（リック・コールサート「アナーキストのテロに揺れた世紀末」『ル・モンド・ディプロマティーク』二〇〇四年九月号 http://www.diplo.jp/articles04/0409-2.html Coolsaet, 2004）。とはいえ、プルードンをも包み込むような一九世紀社会主義の可能性とイスラームとの共感関係を見るという視点から、二〇世紀社会主義を超える契機を探る試みにおいては、それは単なるアナロジーを逸脱していくものとなろう。

（4）加藤哲郎「二〇世紀社会主義とは何であったか」社会主義理論学会編『二〇世紀社会主義の意味を問う』御茶の水書房、一九九八年。

（5）もっとも、ファウド・アジャーミーのように、イスラームのそうした可能性を完全に否定して、ヨーロッパ的近代の勝利性を唱える議論も多くある（Fouad Ajami, *The Arab Predicament: Arab Political Thought and Practice since 1967, 2 edition*, Cambridge University Press, 1992.）。

（6）Bryan S. Turner, "Sovereignty and Emergency: Political Theology, Islam and American Conservatism," *Theory, Culture & Society*, Vol. 19, No. 4, 2002, pp. 103–119.

（7）Susan George, *Hijacking America: How the religious and secular right changed what Americans think*, Polity, 2008.（『アメリカは、キリスト教原理主義・新保守主義に、いかに乗っ取られたのか?』森田成也他訳、作品社、二〇〇八年）。

（8） *Ibid.*, p. 100.

（9） *Ibid.*, p. 143.

（10） *Ibid.*, p. 149.

（11） 「終末」と呼ばれる最後の時代区分では、まず携挙 Rapture がやってきて、その時に生きている教会の敬虔なメンバーをキリストがこの世の外部へと「夜中の盗人のように」連れ去り、その大量消失事件に続いて、大艱難 Tribulation、地上に残された人々が被る七年に及ぶ恐るべき苦難が起こり、最後にキリストの正式の再臨が起こって千年にわたって世界を統治する。これはほぼ聖パウロの「テッサロニケ人への第一の手紙」に依拠している（*Ibid.*, pp. 142-143）。

（12） *Ibid.*, p. 65.

（13） エヴァンジェリストもサラフィストも、結局のところ、ともに一九六〇年代ムーヴメントのそれぞれの展開なのだという見解もある（Olivier Roy, *La sainte ignorance: Le temps de la religion sans culture*, Seuil. 2008, p. 273）。

（14） アメリカにおけるネオリベラリズムは一つの特殊な宗教的言説である。その宗教的言説は、次のような「教義」によって成り立っている。「―市場による解決は国家による規制や介入よりも常に優先されるべきである。―私企業は効率性・品質・入手しやすさ・価格といった点で公的部門よりも良好なパフォーマンスを示す。―自由貿易は一部の者には一時的に損失をもたらすかもしれないが、結局は、どの国においてもすべての住民に保護貿易主義以上の利益をもたらす。―医療や教育のような活動も営利事業としてやることが正常であり望ましい。―低率の税金、とりわけ富裕層のためのそれは、より大きな投資を保障し、したがって繁栄を保障する。―不平等はどのような社会にも存在するのであり、それはおそらく遺伝的なものであり、場合によっては人種的なものである。―貧しい人々がいるとしても、責められるべきは自分自身である。なぜなら、勤勉は常に報われるからである。―自由市場が存在しないなら真に自由な社会は存在しえない。したがって、資本主義と民主主義は相互補完的である。―大きな国防予算と強力な軍事力は国家の安全を保障する。―アメリカ合衆国は、その歴史、理念、高度な民主主義制度の点で秀でており、したがって、その経済的・政治的・軍事的力を用いて、他国の内政に介入し、自由市場と民主主義を推進すべきである。―他国の人民はこのような介入を歓迎するだろう。なぜなら、それは国際社会から好ましからざる破壊的要求を取り除き、究極的にはすべての人にとって有益であることからわかるからである」（George, *op. cit.*, pp. 13-14）。

（15） BBC, *The Power of Nightmares: Baby It's Cold Outside*, 2004. http://news.bbc.co.uk/1/hi/programmes/3755686.stm

（16） その背後関係について、この番組ではそれ以上言及していないが、なぜワールドトレードセンタービルが物理法則に反した倒壊の仕方をしたのか、ペンタゴンを攻撃したといわれる機体が実はなんであったのか等などに及んで「九・一一」を考えておく必要もあるだろう（前掲注（1）参照）。

（17） David Miliband, "War on terror' was wrong," *The Guardian*, Thursday 15 January 2009. http://www.guardian.co.uk/commentisfree/2009/jan/15/david-miliband-war-terror

（18） フランシス・フクヤマ『アメリカの終わり』講談社、二〇〇六年。

（19） Cf. Seymour Hersh, Selective Intelligence: Donald Rumsfeld has his own special sources. Are they reliable?（May 12）, 2003. http://newyorker.com/fact/content/?030512fa_fact

（20） Jacques Derrida, *Apprendre à vivre enfin*, Edition Galilee, 2005.（『生きることを学ぶ、終に』鵜飼哲訳、みすず書房、二〇〇五年、四七頁）。

（21） Alain De Libera, *La philosophie médiévale*（Premier cycle）, Paris, PUF, 1993.（『中世哲学史』阿部一智他訳、新評論、一九九九年）。

（22） ちなみに、サイードのこの問題提起は、ムフが「私たちのモデルこそが理性と道徳性についての特権的な位置を占めているという西洋中心的な信条を廃棄すべきなのである」（Chantal Mouffe, *On The Political*, Routledge, 2005.（『政治的なものについて』酒井隆史監訳、篠原雅武訳、明石書店、二〇〇八年、一八五頁）、という四半世紀以上前の出来事であったことは記憶に留めておくべきであろう。その四半世紀間に、アメリカでは、ファウド・アジャミなどリベラル左派の多くが、ネオ・コンサヴァーティヴを経てネオ・リベラルへと、「様々なる意匠」に身を委ねていくことになる。

（23） 鈴木規夫『現代イスラーム現象』国際書院、二〇〇九年。

(24) Russell T. McCutcheon, *Manufacturing Religion: The Discourse on Sui Generis Religion and the Politics of Nostalgia*, Oxford University Press, 1997.

(25) Mouffe, *op. cit.*, p. 121.

(26) *Ibid.*, pp. 86-87.

(27) *Ibid.*, p. 87.

(28) *Ibid.*, pp. 115-119.

(29) Carl Schmitt, *Politische Theologie II*, Duncker & Humblot, 1970.（『政治神学再論』長尾龍一他訳、福村出版、一九八〇年、六三頁）。

(30) Mustapha Cherif, *L'Islam et l'Occident*, Odile Jacob, 2006, p. 54.（『イスラームと西洋――ジャック・デリダとの出会い、対話』小幡谷友二訳、駿河台出版社、二〇〇七年）。

(31) *Ibid.*, p. 71.

(32) *Ibid.*, pp. 71-72.

(33) Cf. Charles E. Butterworth, (ed.), *The Political Aspects of Islamic Philosophy*, Harvard University Press, 1992.

(34) ブルーメンベルクのシュミットへの批判とシュミットのその反論との主要な論争点が、まさにその「世俗化」をめぐるものであり、問題の根底には、それが西洋近代そのものの「正統性」への原理的な問いがあったことは言うまでもない。

(35) Cf. Roxanne L. Euben, *Enemy in the Mirror: Islamic Fundamentalism and the Limit of Modern Rationalism*, Princeton University Press, 1999.

(36) Cherif, *op. cit.*, p. 78.

(37) Mouffe, *op. cit.*, p. 130.

(38) ここでイブン・アラビーが「やがて、地上に降り来たって世界を支配するようになる時のイエスはその例であり」としていることは、実に興味深い。キリスト教右派原理主義のいうような「キリスト再臨」が、イスラーム政治神学においても基本的に了解されていることが、これによって確認されるからである。ここでは、再臨したキリストがアッラーの代理として発することになるすべての法は、それ自身自動的に合法的であることを意味するが、この再臨はムハンマドが預言者の封印であることとどのように整合性をもつのかという問題も内包している。

(39) 松本耿郎『イスラーム政治神学　ワラーヤとウィラーヤ』未来社、一九九三年、一三〇―一三一頁。

(40) 同前、一三二―一三四頁。

(41) 同前、三〇―三一頁。

注に掲げたほか、以下の文献も参考にした。

井筒俊彦『イスラーム哲学の原像』岩波書店、一九八〇年。
黒田壽郎『イスラームの構造　タウヒード・シャリーア・ウンマ』書肆心水、二〇〇四年。
鈴木規夫『光の政治哲学――スフラワルディーとモダン』国際書院、二〇〇八年。
深井智朗『政治神学再考――プロテスタンティズムの課題としての政治神学』聖学院大学出版会、二〇〇〇年。
Agamben, Giorgio, *Stato di essezione*, Bollati Boringhieri, 2003.（『例外状態』上村他訳、未来社、二〇〇七年）。
Blumenberg, Hans, *Die Legitimitat der Neuzeit*, Suhrkamp, 1966.（『近代の正統性Ⅰ』斎藤義彦訳、法政大学出版局、一九九八年）。
Borne, Dominique, et Benoit Falaize（eds.）, *Religions et colonisation : XVIe-Xxe siecle Afrique-Amerique-Asie-Oceanie*, Les Edition de l'Arelier. 2009.
De Vries, Hent, and Lawrence E. Sullivan（eds.）, *Political Theologies: Public Religion in A Post-Secular World*, Fordham University Press, 2006.
Fox, Jonathan, *Religion, Civilization, and Civil War: 1945 Through the New Millennium*, Lexington, 2004.
Fox, Jonathan, and Shmuel Sandler, *Bringing Religion into International Relations*, Palgrave Macmillan, 2004.
McCutcheon, Russell T., *Critics Not Caretakers: Redescribing the Public Study of Religion*, State University of New York Press, 2001.
Sfeir, Antoine, *Les islamismes d'hier a aujourd'hui*, Lignes de reperes, 2007.

第6章　貧者の社会運動は可能か

西澤　晃彦

1　貧困と社会的排除(1)

貧者の社会運動は可能なのだろうか。もし、不満があるところに社会運動があり、社会運動は不満の暴発であるとするならば、貧者こそが社会運動の担い手であり続けてきた筈であった。ブルジョアジーによる搾取によって貧窮化を運命づけられた労働者階級を革命の担い手とみなす、そのような見方は、労働者階級における「豊かさ」への期待や「総中流神話」の受容によって、高度経済成長期を経由してすっかり説得力を失ってしまった。それが、不満の消滅を意味していた訳ではない。不満は至る所に存在する。はっきりと異議を申し立て、問題の所在を明らかにし、それを公共的なアジェンダにしていこうとする社会運動体は、多種多様に現れ続けた。しかし、その主たる担い手は貧困層ではなかったし、貧困が社会問題化されることもすっかりなくなってしまった。もちろん、貧者は存在したし、貧困ゆえの不満もあった。にもかかわらず、彼ら彼女らが、それを社会の問題として提示することは稀であった。

貧者という存在は、社会的排除によって生産・再生産される。社会的排除とは、財や権限を既得する層・集団やそれと連動した国家権力が、特定の社会的カテゴリーを資格外とみなし財や権限から締め出すことをいう。社会的排除がなされる水準は、労働市場、国家、社会に区分して整理することができる。労働市場においては、誰もが知っているように、学歴、ジェンダー、国籍などによって労働者は階層化あるいは身分化されている。組織の外部に位置づけられたり（非正規雇用の労働者になる）、あるいは、労働市場からの退場を求められる（失業状態が永続する）順位は、カテゴリカルに決定されている。国家――近代国民国家――においては、「遊牧民」的存在が排除され二級市民の地位に留め置かれてきた(2)。帰属する組織や家族がなく、また定住せずに流動するそのような人々は、非国民的（anational あるいは denational）存在として制度的に排除され続けた。戦後の福祉国家体制においても、定住家族が基準化され、帰属証明を持たない人々は福祉制度から排除されてきた。社会もまた排除が遂行される現場である。国家には憲法という枷があるが、社会にそれは直接かけられていない。それゆえ、誰を外部とみなし誰を内部とするのかを論拠づけるイデオロギーは、社会において滑らかに作動しやすい。狭義の社会的排除は、日常生活において貧者を射、その自己認識にも影響を及ぼしている。

社会的排除は、いくつもの欠如や不利をめぐる指標の寄せ集めとしてあるのではなく、関係概念であることが重要である。排除は、カテゴリー間の関係として生じる。例えば、労働市場において、大卒と高卒は、排除－被排除の関係にある。正規雇用の社員と非正規雇用の社員は、排除－被排除の関係にある。新卒採用の大学生とフリーターは、排除－被排除の関係にある。いずれも、前者のカテゴリカルな利益は、後者の不利益を前提とするものであるからである。政治的判断はどうあれ、こうした排除関係は、貧者の（あるいは双方の）自己認識・アイデンティティのあり様を分岐させるものとなる。貧困は、まずもって存在証明の問題として体験される。具体的な排除関係のなかで、自らが排除された者としてあることが自覚されることを通じて、貧者は貧者の烙印に深く捕らわれていく。さらには、自己を承認してくれる他者が削ぎ落とされていくことによって、自らの存在がどうにも認め難いものになっていく。

貧者が囚われるこの陥穽は、普遍的なものであるのだろうか。そんなことはない。貧困は、かえって同じ境遇の者どうしの連帯をもたらすこともある。そうしたところでは、貧者は、貧しいということを含めて、他者による承認を得ているといえる。しかしながら、能力主義と労働倫理が支配するところにあっては、貧困は私的な恥辱でしかなく、自他ともにそれを許容することは難しくなる。さらには、今日的状況として、現代の貧者は、いっそう流動化されて空間的な接触媒体を奪われ、より孤立化しつつある。もちろん、これまでも、下層労働者は、非組織・非定住の生活を送ってきたのであり、それゆえにまた排除されてきた。しかしながら、携帯電話を通じて仕事を求め、現場から現場へと転々と「派遣」される労働者は、温情主義的な親方との結びつきや貧困層の集住地域における仲間との出会いがあるわけでもなく、まったくもって統計的な「量」としてあるばかりである。

今まで述べてきたことについて、もちろん次のような反論はあるだろう。それは、貧者をあまりにも受動的存在として強調するものであり、貧者の貧困を運命であるかのように捉える見方である、と。例えば、中西新太郎は、「ノンエリート青年」について、社会的排除による孤立化圧力に強く晒されていることを前提としつつも、それでも彼ら彼女らが「尊厳要求」を保持しインフォーマルな友人関係のなかに「親密な他者」を求め「なんとかやっていく世界」を航行していることに注意を促している。(3)「なんとかやっていく世界」と社会運動との結びつきは現状では弱いと言わざるをえない。しかし、「ノンエリート青年」の「親密な他者」への志向と関係形成は、「個人単位で不利な目に遇わされ続ける」彼ら彼女らが「仕方なく編み出す『共同の戦術』」なのであり、「自立」の名のもとに孤立化を推し進めようとする新自由主義とは対抗的である。そして、「非正規労働者を対象とした小規模ユニオンの活動が、ノンエリート青年の低処遇と無権利とを是正させる広がりをもってきた事実は、両者が出逢う幅広い可能性を示唆している」と中西は述べる。中西の議論は、労働者が主体的に労働にのめりこみ搾取の構造を受け入れていくという、ありがちな逆説語りへの批判でもあるだろう。

だが、「ノンエリート青年」という茫漠とした概念は、「ノンエリート」をさえ分断する社会的排除の現実への目を曇らせる。中西は、「ノンエリート青年」においては、これまでの「中位層」のライフコース・生活構造とは異なる「第二標準」が現れ出ているとみる。「第二標準」とは、「男女共働きの非年功・低位キャリアパターン」のことである。「第二標準」があるとして、そこに視点を定置してしまえば、論じられる貧困層は部分化する。実際には、「第二標準」に加えて、「第三標準」が存在するのだ。家族生活から離脱しており、また、「親密な他者」たる友人関係の維持が難しい、「非年功・低位キャリアパターン」が。「ノンエリート青年」たちは、加齢とともに「第二標準」と「第三標準」とに生活構造を分化させていく。そして、「第三標準」の人々を核とし、「第二標準」の多くの人々を予備軍とした、貧者の領域が構成される。そうであるから、「第二標準」と「第三標準」の人々は、地続きだと言うことはできる。しかし、両者は、ともに「なんとかやって」いるのかもしれないが、置かれた境遇の内実がやはりあまりにも違うのだ。

戸室健作は、中西が編者の一人となっている書において、ローカルな労働市場に依存した電機工場の請負労働者の調査から、請負労働者が「地域を基盤にしたネットワーク」を形成し、それが「居場所の機能や仕事情報の交換機能」を持っていることを明らかにした[4]。一方、彼は、全国的に労働者が集められる自動車工場においては、そのようなネットワークが形成されにくく、請負労働者は孤立しがちであることについても述べている。また、自動車工場に横行する暴力について触れられ、エピソードとして、ある期間工による請負労働者（戸室本人）への脅しや暴力が紹介されている。戸室の意図はどうあれ、これは、「第二標準」に留まろうとする人々と「第三標準」に留め置かれた人々の対比として読める。おそらく、そこにおける「期間工」は固定された下層労働者なのであり、仕事に不慣れな請負労働者への暴力には、同類を見極め異物は排斥しようとする意味を含んでいた筈だ。排除のラインは、そのような対立を発生させるのである。彼は、若年の請負労働者におけるローカルなネットワークの意義を強調する。I・カステルはグローバリゼーションがフローの空間と場所の空間への分極化をもたらしていることを論じたが、[5] その圧力のもとで多くの若者たちが場所へと回帰しつつあるのだと思う。戸室の描いたローカルなネットワークはその傍証となるだろう。しかしながら、ローカルなネットワークの意義がいわれればいわれるほど、そこから疎外されたあるいはそこから自己を疎外した外部が議論の外に取り残されるのである。あの期間工の暴力を社会化することは不可能なのか。

2　社会運動の不可能

やや迂回するが、そもそも社会運動とは何であるのかという問いをここに挟んでおくことにしよう。そのために、社会運動論（社会運動の社会学）の流れを至極簡潔に要約しておく。すでに述べたように、社会運動は不満の暴発ではない。不満があるところに社会運動が生じるのであれば、常に貧者こそが社会運動の主役となってきただろう。K・マルクスにI・レーニンが「前衛」たる職業的革命家を中核とした組織論を補完し、A・グラムシが階級的連帯をもたらす「労働者階級文化」を育てる知識人論を付け加えたのと同様に、社会運動論は、どのような条件のもと集合的な不満が社会運動へと組織されるのかを問うてきた。[6] S・タローは、レーニンの議論を社会運動論における資源動員論の流れに、グラムシの議論を文化的フレーミング（運動への参加を正当化し、後押しする言葉の枠組み）論にそれぞれ重ね合わせる（そうすると、不満の出所を探索した新しい社会運動論は、マルクスの役割を二〇世紀後半に果たしたともいえる）。そうした主張を合流させて素直に洗練させていけば、だいたい次のような理論枠組みが浮上することになる。

社会運動の生成・展開を可能にする条件は、まず、政治的機会の構造である。政治の土俵が開放されていれば、運動は発生しやすい。また、そこへの登場を支持・促進するエリートや知識人、マスメディアがいることは、機会の拡張をいっそう促進させるだろう。次に、資源動員の構造も条件となる。ネットワークの調達や精神的な報酬の提供は運動の成功・失敗に関わる。そして、文化的フレーミングである。不満を散発させずそれを集合化し方向づけるためには、不満を流し込みかたちにする言葉とそれをまとめ上げる枠組みが構築されなければならない。また、その枠組みは、広範な支持を獲得するものにならなければならない。以上のような条件が、社会運動の生成・展開のキイとなる(7)。

長谷川公一によれば、かつては、社会運動は、「非合理的な情動的反応」とみなされ、「政治的なインパクトや政策形成に与える意義などは軽視されていた(8)」。だが、「安定度を増した民主制」のもと簇生し、政策に影響力をもつようにもなった「市民社会の可能性に基礎を置く、広義の市民的な運動」を、洗練された社会運動論はアップ・トゥー・デートに主題化しえたと彼は主張する。しかしながら、これは、社会運動論の守備範囲が、「社会運動社会」（タロー）における制度化された社会運動に切り縮められていった過程を示すものではないのか。長谷川は、不満と変革可能性、集合行為を社会運動定義における不可欠の要素とするが、そこでの不満はあくまでも相対的なものであるし、集合行為は持続性に欠けるものを除外していて組織活動と同義である。また、長谷川のいう変革可能性は、既存の公共圏に内在しての改善主義的行動に等しい。長谷川が、従来の社会運動論が、一九六〇年代的な「対決の政治」の問題設定にいまだ捕われており、「一九九〇年代以降のNGO的な社会運動の政策志向性を十分捉え得ていない」(9)と批判する立場にたったのは、その社会運動の定義からすれば当然である。社会運動論がこうして辿り着いた先は、社会運動の社会学ならぬ「運動体の社会学」であった。

不満を所与としつつ、資源と政治的機会、人々を後押しする言葉が揃うところに社会運動は現実化する、こうした社会運動論の「結論」は、貧者の社会運動が現代においては不可能であることを宣告するものである。今日の貧者は往々にして孤立していて有効な関係資源を調達できず、政治的な機会などそもそも無縁である。また、「内面化された自己責任論」(10)が、自己否定に苛ませ沈黙を強いる。実際、成立しえた運動体を対象としてその生起の過程を説明する社会運動論は、その多くが、ネットワークを張りめぐらし発言の機会を与えられ自らの正当性を合理的に述べることができる強い市民を社会変革の担い手とするものである。そして、それは、その理論枠組みからすれば自明の帰結であった。

もちろん、社会運動論のこのような流れに対し、社会運動論者からも違和が表明されていることを述べておかなければならない。長谷川が「対決の政治」の清算を主張した論文の共著者である町村敬志は、その論文の中で、長谷川とは全く逆向きの議論を展開している。町村は述べる。「『ふつうの市民』による市民運動の歴史とは、見方を変えると、開放性という自己規定が実際にはいかに欺瞞に充ちたものであるか、このことを暴き出す歴史でもあった。〔中略〕社会的差別の下で『二級市民』としての扱いを受けていた人びとが、自立した市民としての力を獲得し、自らの生き方を自己決定しようと、運動のアリーナへ参入してくる。力の獲得（empowerment）と自己決定、この二つが運動のキーワードであった[11]」。さらには次のようにも述べている。「今日、社会運動の周辺には、まだ運動としては位置づけられていない『運動的なるもの』の幅広い裾野が拡がっている[12]」。「〔引きこもりや不登校などの個別化された実践は――引用者注〕集合的でありながらしかし集団的にはなりえないという、まさにその事実において、こうした現象は強い社会的インパクトをもち、それゆえ社会に対してきびしい対応を迫っている。社会運動論は、心理主義化する社会における個化された集合的実践を、その内部へと位置づけていく必要に迫られている[13]」のだ。

組織ならざる組織、政治ならざる政治へと関心を向ける町村の主張は、長谷川からすれば社会運動論の対象喪失と見える筈である。しかし、町村は、かつての社会運動論が保持しており、また、「運動体の社会学」からは喪失されていくだろう何かへの注意喚起を強く促した[14]。こうした社会運動論の分裂は、公共圏の内部と外部への分割という現実を率直に反映しているものといえるだろう――あるいは、ようやく反映するに至ったというべきか――。

では、何かとは何であるのか。社会運動がわざわざ社会という言葉を冠するものであることを忘れてはならないだろう。経団連のロビー活動や既存政党の政治活動は社会運動であろうか。多分、制度化された社会運動を対象とする今日の社会運動論者は、それもまた社会運動であるというかもしれない。しかし、それに若干の躊躇があるとすれば、社会というその言葉に理由がある。ブルジョア市民社会に対するプロレタリアートの運動であれ、WASP社会に対する黒人運動であれ、男性社会に対する女性運動であれ、それらは、社会の定義に関連する運動であった。つまり、社会——それを公共圏といってもここではいいと思う——から排除された人々による、社会への介入・参入と社会の再定義という意味がそこには含まれていたのである。貧者の社会運動は可能か。この問いを、社会運動論やマルクス主義的な運動組織論によって引き受けることはできない。「運動ならざるもの」をまで射程に入れつつ、社会運動ならぬ社会の運動——社会が自らを再定義していく社会の自己運動——の中に貧者の行為・行動を位置づけ、その意味を広く取り出していく必要がある。

　政治体に参与しうる者だけを掬い取る「理論」が政治体から疎外された人々の異議・違和を不可視化するという構図は、実は、これまで長く労働運動において反復されてきたものであった。労働運動は、結局のところ、組織化が可能な部分を吸収し、組織化が困難な部分を排除してきた。前者はプロレタリアートであり、後者はルンペン・プロレタリアートである。それらは、政治主義的に導き出された結論でもあり、「理論」的粉飾をともなってもいたが、結局のところ、社会的排除のラインをなぞる非社会的な言説であった。

3　組織ならざる組織——船本洲治と寄せ場

貧者が、社会へとその存在の承認を迫り、排除の構造を解体する、そうした挑戦として、主に一九七〇年代前半、大阪・釜ヶ崎や東京・山谷などの寄せ場において活動した船本洲治らの試みを取り上げたい。テキストとするのは、船本洲治『黙って野たれ死ぬな』と山岡強一『山谷――やられたらやりかえせ』である。いずれも、運動の只中にあって書かれた論稿やビラの文章などを集めた、遺稿集である（引用の際には、その文が書かれた時期を示しておく）。それらの検討は、貧者の社会運動の困難さを再確認することになるとともに、船本の死後に徐々に見出されていった貧者の社会運動の着地点を探ることにもなるだろう。

寄せ場とは、日雇いの労働者が集まり、手配師や設置された職業安定所を通じて仕事を探し、仕事先へと向かう、そのような空間である。大都市の寄せ場においては、簡易宿泊所が立ち並び、労働者たちにとっては生活空間でもあった（以下、寄せ場に集まった労働者たちを、寄せ場労働者という）。

船本は、寄せ場労働者のあり様を次のように示している。

「すべての無産労働者諸君！／抑圧され虐げられた兄弟諸君！／なかんずく、労務者諸君！／これまで釜ヶ崎・山谷地区を流動する日雇労務者に代表される下層労働者は、市民社会（ブルジョアジーと読め！）の価値基準によってありとあらゆるレッテルを貼られてきた。怠け者、はみだし者、アル中、敗残者、かい性なし、ろくでなし、ならず者、前科者、気狂い等々、実に種々なレッテルを貼られてきた。〔中略〕だが、白豚どもが貼ったこれらのレッテルの中味は、労務者に対する白豚どもの潜在的恐怖の表現以外の何ものでもない。何故なら労務者の生存状態それ自体が、アル中等の自己破滅的なものであろうと、また個別的犯罪にみられる積極的なものであろうとも、それらは資本主義制度に対する異議申し立て、階級支配に対する抗議を意味しているからだ。結局のところ、それらは、全人民的な共感を得ることができず、個別に分断され、個別に敗北を重ねる以外ない即自的抵抗の表現ではあるが……。〔中略〕これらのレッテルを貼る白豚どもの本質的意図は、白豚どもがいつまでも労務者を搾取し、収奪し、抑圧し、秩序の地獄にくくりつけ、白豚どもの階級支配を正当化するためであり、かつ労務者をして自分自身を金しばりにかけさせるため、すなわち『俺は駄目な人間だから支配されても仕方ない』とアキラメさせるためである。これは、日本人の朝鮮人に対する、白人の黒人に対する関係と同じく、支配者がいつでもどこでも用いる手口であり、白豚どもが人民の、肉体だけではなく心をも支配する常とう手段なのだ」（一九七三年六月）[15]（傍点は原文）。

ここには、寄せ場労働者を含む貧者の置かれた境遇が、明瞭に描き出されている。「市民社会」からの排除と排除を正当化するイデオロギーは、使い捨ての下層労働者を作り出しつつ、彼ら彼女らの放置を当然のこととして許容させている。烙印づけられたこの貧者たちは、自己を苛みすべてを運命として受け入れるよう強いられている。船本は、そのような排除の構造を捉えたうえで、貧者の生存それ自体がもつ抵抗の意味について述べるのである。もちろんそれは船本によって見出された意味なのであって、その抵抗はだいたいにおいて「個別に敗北」し、なかったことになっている。船本が追求したのは、そうした見えない抵抗を可視化し、持続させ、排除の構造を粉砕するその方途だった。

ここでは、寄せ場労働者を指す言葉として、「労務者」という差別用語があえて用いられている。「資本主義制度における『不良労務者』は二重の意味において追放（隔離）される。一つは不良なる労働力商品としての生産過程からの追放であり、もう一つは秩序のカクラン者としての市民社会からの追放である」（一九七三年三月）[16]。その結果として、「プロレタリアート内の階級分裂」（一九六八年八月）[17]がそこに生じる。「日本の労働者階級は、その存在形態・被抑圧形態・生活様式から上層⇕下層、市民的⇕非市民的、定着的⇕流動的、というように区別され」（一九七三年一〇月）[18]、後者は「市民社会」から排除されている。だが、そこでの悲惨は、船本からすれば、彼らが「典型的な純粋なプロレタリアート」（一九六八年八月）[19]であることを示す。活動家としての彼は、次のように宣言する。「これまで一般的に言われてきた労働者階級とは前者をさし、これまで特殊であると言われてきた釜ヶ崎労働者は後者に属し、この後者に属する階級こそ一般的であり、マルクスが明言する、『未来をわがものとする階級』なのだ。量的にも質的にもだ」（一九七三年一〇月）[20]。

排除された階級の抵抗は、排除されてあることへの異議申し立てである。「俺は駄目な人間だから支配されても仕方ない」、そのように思うことを強いられてきた人々の抵抗は、否定の肯定への転換を通じてようやく噴出する。私という存在はここにある、その何が悪い、と。それは、「この世に存在しないことになっている者どもの存在がいかに《道理》のある存在であるかを思い知らせること」とである（一九七三年三月）[21]。労務者という言葉は、労務者として排除された者たちが、乞うのでもなく媚びるのでもなく、自己を肯定し社会に承認を迫るうえで選びとられたものなのだった。

寄せ場労働者こそが「未来をわがものとする」などという言明だけを切り取って引けば、船本が素朴な不満理論の信奉者であったように読めてしまうかもしれない。しかし、抵抗が個別の敗北に終わってきたと語る彼がそうである筈はなかった。船本は、寄せ場に根ざした独自の運動組織論を編み出そうとする。

「流動的下層労働者」である寄せ場労働者は、生活の非定着性・流動性とともに、たがいに距離を置き合うその暮らしぶりゆえに（これは彼らの自己否定の感情と強くかかわって生じる）、組織にはなじまず、しかし、ゆるやかにではあれ「われわれ」感情をもって存在してきた。それゆえ、その異議申し立ては、暴動というかたちをとって突発的に現れ出た。そこにおける労働運動はいかにして可能なのか。組織化されざる人々における「組織」とはいかなるものであるのか。彼の考えは、組織化されざる人々を教導することによって（要するに「市民化」することによって）組織を作り出そうといったものではなかった。船本にとって寄せ場の運動は、寄せ場労働者の「自己表現」である暴動を肯定するものでなければならなかった。だいたいにおいて、暴動の標的は警察であった。そこに、彼は、寄せ場の暴動が「《道理》のある存在であるかを思い知らせる」抵抗であることをみる。「釜ヶ崎＝山谷暴動に共通して言えることは、仲間が警官に差別的、非人間的に扱われたことに対する労働者の怒りの爆発として始まった点である。仲間がやられたことに対する、労働者個々人の日常的な屈辱感、怨念、怒りを背景とした大衆的反撃、下層労働者の階級的憎悪の集団的自己実現としての武装、これが暴動の内実である」（一九七三年八月[22]）。否定の肯定への集合的な転換、それが暴動なのだ。目指されるべき運動は、暴動の日常化／日常の暴動化といってもよかった。

このような見方は、「市民社会」のみならず、労働運動や左翼運動においてももちろん一般的ではなかった。社会が「道理」の読み取りを一切拒絶したのと同様に、「下層労働者の〝血の叫び〟をいかなる左翼も黙殺した。嘘ではない！」（一九七二年五月）[23]。従来の運動は、暴動を彼らがルンペン・プロレタリアートであることの証とみなしたり、あるいは暴動をなだめすかして抑えにかかったり、あるいは暴動を横目に見ながら「また暴動が起きますよ」と要求闘争をしかけるといったものであった。そこには、暴動を「自己表現」とする寄せ場労働者との乖離があり、妙な指導者意識もあった。だが、暴動こそが彼らの「自己表現」であり「反撃」であるとすれば、暴動と運動は一体化しなければならない。「われわれは意識革命論者ではない。〔中略〕われわれの視点は、叛乱を組織する、叛乱が叛乱を組織するという観点であり、下層労働者の現状打破への『狂気』を総体として、まさしく『暴動』として組織する観点でなければならない。何故なら〔中略〕、頭は革命戦争、肉体は『市民運動』という部分とは異なり、頭は部分的改良要求、肉体は資本家秩序に対する全面的対立というのが、下層労働者の闘争形態だからである。〔中略〕隔離され、閉鎖された労働者居住区において、内ゲバ状況として現象する閉じ込められた『狂気』が外ゲバへと止揚された闘いは、現場闘争と『暴動』である。われわれはこの二つから徹底的に学び、根拠地運動として内実化し、拡大・深化してゆかなければならない」（一九七二年二月）[24]。

もちろん、意識と狂気、頭と肉体という対比はレトリック以外の何物でもない。だが、ここには、従来の運動組織論が切り捨ててきた組織ならざるものの「組織」化という路線が明瞭に示されているといえる。ちなみに、現場闘争とは、暴力手配師を手配の現場で、あるいは、暴力飯場の親方を飯場でそこに居合わせた労働者たちとともに吊し上げ、非を認めさせていく闘争形態である。暴力による支配を甘んじて受け入れてきた寄せ場や飯場の労働者たちは、そこにおいて怒りを噴き出させ、日常的な支配＝被支配関係を転覆させる。船本が「現場闘争とは手配師、親方、現場監督等の職制支配を一時的にであれ、労働者支配に転換させる闘争であり、労働者こそ現場の主人公である、という宣言である」と述べているように、それもまた暴動と同様、否定から肯定への転換を促すできごとなのだ。「市民社会」から排除された外部は、例外空間と化し、暴力団による暴力支配が横行している。警察は、暴力団による支配を温存しつつ、自らは内部と外部の境界線に立って不満の噴出を封じ込めるゲートキーパーの役割を遂行している。排除の構造への挑戦は、現場闘争による暴力との、暴動における国家権力との対峙を不可避なものとする。そして、それを果たすことが、船本の考えた寄せ場の労働運動の役割であった。

貧者の運動の主眼は、存在証明にあり、要求闘争にあるのではない。前者が主であり、後者は従である。そうであるならば、その闘争の形態も、従来の労働運動のそれとは大いに違う。「要求を出さない方がはるかに革命的だと思うんです」（一九七三年三月）[25]と船本はいう。暴動がそうであるように、排除されその存在すら忘却された人々が、存在それ自体を異議申し立てとして社会に露出させる、その「不気味さ」の意義を彼は強調したのである。労働現場の闘争について、次のように述べている。

「現場闘争の方法として、」「休憩を徹底してとり、サボタージュする」「これがもっとも革命的であるように思われる。いくらアオラれても、返答もせず、腰をおちつけて動かないことによって、監督はイライラして、われわれを不気味に感じ、また挑発してくるだろう」（一九七二年七月〜七三年一月）[26]。こうした見方からすれば、貧者の運動というものは、目に見える暴動のみならず、社会に「不気味さ」を与える一切の行為にまで拡張されなければならない。例えば、労働現場での手抜きの積み重ねでリコールが発生する、公共の場に小屋を建てて村ができてしまう、などなど。排除された領域からのそれを排除した社会への貫入行為は、社会を無理やりにでも再定義させようとする意味を（当人の意図とはまったく関係なく）帯びてしまうものなのだ。

暴動や現場闘争を軸とする労働運動という像は、社会学的な裏づけをもっていた。寄せ場においては、そのつながりがたとえ緩いものであったとしても、「自然発生的」に「『ダチ』『ツレ』『相棒』と呼ぶ仲間うち」が見られた。そうした「アメーバ的労働細胞」を、「現場闘争」を通じて「結合する契機を執拗に追及すること」によって、「革命的労働細胞」に転化していく、船本はそのような方途を模索しようとした（一九七二年五月）[27]。

それにしても、「自然発生」した暴動は、「労働者叛乱から労働者権力を構築する方向性を示しえず、孤立したまま圧殺された。いかなる部分叛乱も、拡大、深化、普遍化への質を獲得しないかぎり、つまり組織的実践として実体化されないかぎり、限界を突破しえず後退する以外にない」（一九七二年五月）[28]。いまやそれを組織というべきかはどうあれ、運動が「指導部」をもたない限り、暴動という「自己表現」は行き場のないガス抜きに終わり続けることは明らかだった。では、彼の構想した「指導部」とは、どのようなものであるのか。警察に追われ潜行中であった船本は、船本に呼応して結成された山谷悪質業者追放現場闘争委員会（山谷現闘委）に、次のような助言を送っている。「現闘委の組織原理は、多数決原理を軸とする執行部体制ではなく、具体的な敵に対する怒り、恨みを感性的バネとする戦闘意志の一家的徒党の連合集団であり、持続的戦闘意志の中核体が指導部を構成する」（一九七三年七月）[29]。「現闘委が一家的徒党の集団としてではなく、組織性を付与されるということは、組合的組織性を付与されることを意味し、もっと露骨にいえば、去勢され、叛乱の阻害物に転化するということを意味する」（一九七三年七月）[30]。彼は、自分たちの組合活動が要求闘争や組織防衛に追われることへと日常化し、寄せ場労働者の「自己表現」から遊離することを厳しく警戒した。しかし、それにしても、「持続的戦闘意志の中核体」とは、あまりにも悲壮な表現である。

4　円環の突破

寄せ場は見えない檻によって社会的に隔離されており、そこでの闘争も孤立していた。船本が活動したその時期は、「総中流神話」がいきわたり、貧困の忘却が徹底しつつあった時代なのである。マスメディアは、暴動から異議申し立ての意味を受け取ることを拒絶し、要するに群集心理でもって暴動を説明づけた。これに対し、船本は、「人民の真実の報道」（一九七二年七月）[31]や「敵の宣伝を上回る味方の宣伝を」（一九七二年七月[32]）と訴える。あるいは、「敵の総包囲による釜ヶ崎の闘いの孤立化を粉砕し、反対に敵を総包囲するために」「畳の上では死にたくないと考える」人々を核として、それを「釜ヶ崎労働者の生活実態を具体的に知ろうと努力する人々」が包み込み、その周辺に「釜ヶ崎労働者の生活状況に関心を寄せ、この闘いを支持する広範な支持者層」がいるという、「三種の味方」の形成の必要性が論じられた（一九七二年七月〜七三年一月[33]）。「三種の味方」論は、微妙に変奏されつつ、繰り返された。変わったのは、核の部分である。「これは学生であろうと誰であろうと、自分の今の現実の生きてる姿は仮の姿であると。で、徹底して人民に奉仕するような、まぁ、絶対に畳の上では死なないという決意を固めた人ね、そういう味方をつくる」（一九七三年三月[34]）。大学で行われた集会におけるスピーチということもあるだろうが、この「味方」の現場は寄せ場に限定されていない。池田浩士は、この「三種の味方」論の変奏版について、次のように述べている。「そのときどきに目に見えるかたちで燃え上がっている闘争の現場への支援や連帯ではなく、みずからの現場を闘いの現場と結びつけ、みずからの現場を闘いの現場にかえていく思考が、そこで歩を踏み出していたのだ[35]」。そうであるとするならば、船本は、「仮の姿」に煩悶し「奪い去られている自己の生と死を、自分の手にとりもどそ」うとせずにはおれない、広範に潜在するであろう、だが、「総中流の神話」にとりつかれた時代にあって見えなくなっている人々のなかに、寄せ場と共鳴する琴線を見出していたことになる。だが、現実には、寄せ場に呼応する勢力は、社会の内部からはほとんど現れなかった。結局のところ、度重なる弾圧によって、「指導部」は、社会的に孤立したまま衰弱し解体していく。自身指名手配されていた船本は[36]、潜行中の一九七五年六月二五日、皇太子の沖縄訪問への抗議を遺書につづり、嘉手納基地第二ゲート前において焼身自殺する。二九歳だった。遺書には、次のような文言がある。「現象的には敵を殺さず、自らを殺す闘い方であるが、それは彼我の情勢から考えてみれば、単独者の為しうる唯一の闘い方となった」(一九七五年六月[37])。

それにしても、船本に「単独者」といわせたことは、運動をともにした仲間たちを激しく悔悟させた。釜ヶ崎と山谷の運動は、組織の崩壊、船本の死、「四年の空白」を経て、一九七九年にようやく分散していたメンバーが結集し再起動がはかられる。七〇年代前半に山谷現闘委の中心メンバーであった山岡強一は、運動の再開にあたって、一九八〇年、船本を孤立化させたことへの自己批判・組織批判とF路線(船本路線)の継承を提起している(一九八〇年六月以前[38])。山岡らは、一九八一年、山谷争議団を結成、同時に釜ヶ崎、横浜の寿町、名古屋の笹島の運動体との交流・討議を進め、七〇年代の運動総括を共有していく。八二年には、それぞれの運動体が統合され、全国日雇労働組合(日雇全協)が結成されるに至る。「仲間を単独者にしてしまった組織は、弱い組織である」という悔悟は、全国組織を作り上げようとする強い意志につながったといえる。

だが、一九八三年に暴力団が右翼政治結社を名乗って山谷へと新たに登場し、山谷争議団に武装襲撃を加え、争議団・日雇全協もそれと対峙・対抗することを余儀なくされる。警視庁公安部は、争議団とその支持者を激しく弾圧し、山岡も拘留されている。暴力団による暴力支配と警察による治安対策が連携する寄せ場支配の構図が、再び剥き出しのかたちで現れ出たのだ。

一九八四年一二月、支援者として運動に参加するとともに、山谷のドキュメンタリー映画の撮影をすすめていた映画監督の佐藤満夫が、山谷の路上で暴力団の組員によって刺殺される（その夜は暴動が起きた）。山岡は、佐藤の葬儀において、次のように述べている。「山谷をはじめとする寄せ場は、これまで『あってはならない所』として、『市民社会』から隠蔽され、寄せ場労働者は『無告の民』とされてきた。支配の危機が煮つまってきた近年はそれ以上に、八三年二月に発覚した横浜寿町周辺での日雇労働者差別虐殺事件、八四年三月の宇都宮病院での虐殺事件、地域ボス等を中心とする『環境浄化』と称する『浮浪者』狩り、寄せ場労働運動に対する右翼暴力団の武装襲撃と警察権力の大弾圧、福祉切り捨て、すなわち殺人行政による『野垂れ死に』攻撃──等々、より露骨な抹殺攻撃がかけられてきている。〔中略〕佐藤さんが成さんとした活動は、こうした状況を白日のもとに曝そうとするものであり、支配者共にとっては、肝を冷やすものであったに違いない」（一九八五年一月）[39]。

山岡は、突拍子も無く──それまでの運動のありようからすればそう見える──映画の撮影を引き継ぎ完成させることを宣言する[40]。山岡は、船本ほどには孤立していなかったといえる。日雇全協は、支援のネットワークを蓄積しつつあったし、映画を撮影し上映にまでこぎつける、それを手助けする人々はどこからともなく現れた。ネットワークがあって映画ができる、というのは間違いではないが、映画があるからネットワークができる、ともいえた。映画『山谷（やま）──やられたらやりかえせ──』は佐藤の一周忌を待たずに完成する[41]。

山岡の唐突な行為が、いかなる動機によるのかは判然としない。だが、貧者への社会による排除が極みに達し外部の隠蔽が完遂されつつあるかに見える状況のもと、かつて船本が暴動のなかに見た労働者間の仲間関係が失われいっそう寄せ場労働者が孤立化しつつあるとの冷静な認識があったとはいえると思う。「不況以降、その連れがほとんど解体している。ほんとにひとりぼっちになった。連れ単位で仕事に動くのが困難になってきている」（一九八四年一一月）[42]。いっそう隔離され、いっそうばらばらになりつつあった下層労働者を前提とすれば、異なる質をもった運動が展開されなければならないことになる。

山岡は、映画完成後の上映運動を重視していた。「時代の危機感をどれだけ多くの人と共有できるのか、そしてその回路をいかにつくれるのか、が今後の大きな課題[43]」と述べている。また、映画のパンフレットでは、次のように語っている。「いま、ラジカルな闘いをやっている所といえば、三里塚と山谷っていわれているけれど、だけど、その場にいない人でも、そういう質を持った人はたくさんいると思うんだよね。若い人だって、いくら軽薄短小の時代といったって、決してしらけた人ばかりじゃない。いや逆だと思うんだ。そういった山谷にいない人との出会いを、是非、上映運動で保証したい。〔中略〕社会はほとんど〝山谷的状況〟でしょ。子供達の登校拒否とかイジメなんかにもみられるように。時間を民衆の側に取り戻さなければいけないんだよね。敵のタイムテーブルの上で闘っているのではなくて、それを超えたこちら側の〝ところ〟で闘いを組み、生きていかなければいけない」（一九八五年一二月頃）。「そういう質を持った人」という表現は、船本の変奏版「三種の味方」論を想起させる。山岡も、船本とともに、自らを激しく取り戻そうとする人々に自らが生きる場を闘いの場とさせていくような、そういう変化の触媒に寄せ場の闘いはなりうるものだと信じていた。

しかしながら、上映運動が始まった直後の一九八六年一月一三日、山岡は暴力団の組員によって射殺される。四五歳だった。山谷現闘委から日雇全協への流れをともにした中山幸雄は、船本の詩「山谷はくそつぼか?!」から「糞つぼ」という言葉を引きつつ、次のように述べている。「そこに生まれたわけではなく、まぎれもなく、別な世界から迷い込むようにして居ついたにもかかわらず、どのようなものをいつ刻印されたからか、その特別でかつ狭い世界に踏み留まり、まるで異民族のようになって隔絶され、これまた特別な観念を包み込んだ隠語のような言説をぼくたちはくり返していただけなのだろうか。糞つぼの縁辺を無限の道として這い回る小虫のように、論理は堂々めぐりの円環を結んで閉じる。〔中略〕論理は閉ざされてはならない。円環を脱さなければ、絶対に『糞つぼ』の解放はありえない。山岡さんはひとり、それも尋常ならざる方法を自ら編んで、円環からの突破を目指していた。そして突破したのだ。そして、その直後に斃れた[44]」。

5　貧者の情報戦

加藤哲郎は、グラムシの議論を受けながら、二〇世紀の社会運動が戦略・戦術を変容させていった過程について述べている[45]。「根拠地」を確立して、そこから各地の「革命の前衛」に戦略・戦術を指導する「機動戦」（第三インターナショナルの戦略がそれにあたる）から[46]、それぞれの国民国家において市民社会へと浸透しそこに党組織を構築する「陣地戦」（ヨーロッパの社会民主主義がそれにあたる）へと二〇世紀の革命闘争は変質したが、一九八〇年代になってそれも限界を呈するようになる。「テレビを中心にしたメディア政治が、組織と利益集団を基盤とした政党政治と併行し、それを補完するかたちで現れた」。「情報戦」の時代の到来である。「情報戦」とは、「政治戦略も経済戦略も、『大衆の世論』をめぐる言説や文化の位相に設定されるような『戦争』」なのであり、「言説（discourse）の闘争であり、コミュニケーションとシンボル・イメージの闘争である」（例として、八〇年代の新自由主義の勝利があげられる）。「情報戦」の時代は、政治体あるいは「政治文化のアリーナ」の変質を物語っている。いまや、「前衛」を指導する「根拠地」などどこにも存在しない。そして、組織は盤石の基盤ともなりえない。そうであるから、根拠地を築き上げたり、陣地を拡げ支配したり、組織を大きくしていくことは、政治的勝利を意味しない。情報戦に敗北すれば、「わが陣営」の人々は雪崩をうって離れていくのである。これは、もちろん、革命運動のような大テーマの政治的運動だけに限ったことではない。政治体の変質は、すべての社会運動のあり様と関連するものなのである。

第1節でも述べたように、現在の貧者にはもはや「寄せ場」のような大掛かりな空間は用意されておらず、場所的な分散と流動化が著しい。かつての寄せ場労働者がまがりなりにも「われわれ」感情を享受することができたような、空間的結節点がそこには欠如しているように見える。このことは、組織化のさらなる困難を示してはいるだろう。しかし、その困難は困難として、組織の拡大が政治的勝利を意味していない、そういう時代にあって、それが敗北とは言い切れないのだ。

日常化された要求闘争を繰り返し組織防衛に走る「組合主義」からは、もっとも遠い所にいた船本と山岡は、どこまでも下層労働者の存在そのものを社会へ、公共圏へとまっすぐに突きつけることによって、社会の運動を促そうとした。そこにおける船本たちの孤立は、組織が社会を埋め尽くし国民国家という単位のもとに統合されていく、陣地戦の時代における隠蔽された外部での闘いゆえのものであった。そして、山岡の模索は、寄せ場が高齢化し下層の分散・孤立化が急速に進展し始めたことを背景としつつ、情報戦にうってでることによって運動の突破口を切り開こうとするものであったということができる。

情報戦の時代にあっても、むろん、貧者が自らの貧困を社会問題として提示し、社会に自己変革を促すハードルは相当に高いと言わねばならない。能力主義が支配する社会にあっては、貧困の犯罪化が横行しやすい。貧困の犯罪化とは、イデオロギー的・象徴的水準において、貧者像が否定的な客体へと収斂されていく過程を指し示す(47)。貧困の不可視化が一応失敗し、貧困が隠し通せないものとなった今日においても、貧困を犯罪化しようとする集合的欲望は存在し続けている。

にもかかわらず、「隠し通せない」というそのことが意味をもつ。近年になって、貧困が社会問題化されつつあるのは、単に統計上の増加が理由なのではなく、貧者が露呈し可視化することによってであった。露呈した貧者の身体から、広大な貧者の領域が想像され始めたのである。一九九〇年代以降の野宿者の空間的な溢れ出し、二〇〇〇年代に入ってのインターネットカフェにおける貧者の発見、そして「日雇い派遣村」という空間装置、そうしたものは、隠蔽されてきた貧者の領域がそのごくごく一部を社会へと晒したできごとであった。こうした身体の露呈それ自体が、運動ならざる運動として、社会を揺さぶることに一応成功したのである。ごく少数の人々が「仕方なしに」「切羽詰って」「恥を忍んで」あるいは「開き直って」身を晒す、そのごく少数の動きが、情報戦の時代にあっては大きなインパクトとなることがあるのだ。この事態は、運動体にとっては、貧者の存在を情報戦へとつなぐ役割が大きくなってきていることを意味している。

貧者とは、社会によって異質化された他者であった。それゆえ、現れ出た貧者は、社会と公共圏においては、外在的批判者でしかない。そして、その批判は、「私を人として認めるのか否か」「私を生かすのか、殺すのか」という問いかけに濃縮されていく。例えば、かつての寄せ場の暴動はそのようなものであった。そして、それは、彼岸のできごととして処理された。しかし、今日では、外在的な批判が、公共圏に紛れ込んでそこを掻き回す見込みはかつてよりは増している。これは、社会運動論者のいう、政治的機会とはまったく関係がない。なぜならば、あくまでも彼ら彼女らは、公共圏に外在する者たちであるから。貧者の露呈は、彼ら彼女らを忘却してきた社会にとっては自然災害のように——不気味なものとして——生じるのである。だが、そのような貧者の他者性こそが、社会に対し自己運動を促すものとなる。そもそも社会という拡がりは、異質化された他者との間にある分裂・分断をこえようとするときに、共通の地平として構築され、参照されるものであった[48]。つまり、社会は、貧者によってその定義が問い直されてきたのである。身体一つの貧者の空間的露出は、社会という拡がりの再定義を迫る、そのような要素を内包している。貧者の社会運動は可能か。この問いから本論は始まったが、問いをややはぐらかしつつ、こう答えることができると思う。貧者の存在がなければ、社会の運動はありえない。

最後に、社会の運動と社会学との関連について述べておく。かつての社会運動論がそうであったように、社会学は、異質化された他者の行為に合理性という「道理」を発見し、社会の再定義にむけて言葉を供給する役割を担ってきた。一方で、社会学は、制度化され洗練を志向することによって認識枠組みを内閉させ、枠組み上認識し難い外部の隠蔽に加担してもきた。社会の運動の社会学は、そのような社会学の制度化に抗って、家族や地域や組織や学校、国民国家、社会システムといった仮定された閉域をたえず懐疑しつつ、社会の自己運動に沿って社会を再定義する言葉を製造するものとなる。

【注】

(1) 貧困と社会的排除の関連については、以下において詳しく述べている。西澤晃彦『貧者の領域——誰が排除されているのか』河出書房新社、二〇一〇年。

(2) Z. Bauman, *Liquid Modernity*, Polity, 2000.(『リキッド・モダニティ』森田典正訳、大月書店、二〇〇一年、一七—一八頁)。

(3) 中西新太郎「漂流者から航海者へ——ノンエリート青年の〈労働—生活〉経験を読み直す」中西新太郎・高山智樹編『ノンエリート青年の社会空間——働くこと、生きること、「大人になる」ということ』大月書店、二〇〇九年、一—四五頁。

(4) 戸室健作「請負労働の実態と請負労働者像——孤立化と地域ネットワーク」中西・高山編、前掲『ノンエリート青年の社会空間』二二七―二六八頁。
(5) M. Castells, *The Power of Identity*, Blackwell, 1997.
(6) S. Tarrow, *Power in Movement: Social Movements, Collective Action and Politics*, Cambridge University Press, 1994.(『社会運動の力――集合行為の比較社会学』大畑裕嗣監訳、彩流社、二〇〇六年、三五―三七頁)。
(7) *Ibid.*, 長谷川公一「環境運動と環境研究の展開」飯島伸子・鳥越皓之・長谷川公一・舩橋晴俊編『講座環境社会学 第1巻 環境社会学の視点』有斐閣、二〇〇一年、八九―一一六頁。長谷川公一・町村敬志「社会運動と社会運動論の現在」曾良中清司・長谷川公一・町村敬志・樋口直人編『社会運動という公共空間――理論と方法のフロンティア』成文堂、二〇〇四年、一―二四頁。
(8) 長谷川・町村、前掲「社会運動と社会運動論の現在」四頁。
(9) 同前、二一頁。
(10) 湯浅誠・仁平典宏「若年ホームレス――「意欲の貧困」が提起する問い」本田由紀編『若者の労働と生活世界――彼らはどんな現実を生きているか』大月書店、二〇〇七年、三二九―三六二頁。
(11) 長谷川・町村、前掲「社会運動と社会運動論の現在」一二頁。
(12) 同前、一五頁。
(13) 同前、一三頁。
(14) 大畑裕嗣は、社会運動論の洗練の結果として、「運動の説明」(なぜ運動が行われるのか)が焦点化され「運動の解釈」(この運動は何であるのか)が後景化していったと指摘している(大畑裕嗣「モダニティの変容と社会運動」曾良中・長谷川・町村・樋口編、前掲『社会運動という公共空間』一五六―一八九頁)。
(15) 船本洲治『黙って野たれ死ぬな――船本洲治遺稿集』れんが書房新社、一九八五年、一八九―一九〇頁。
(16) 同前、五五―五六頁。
(17) 同前、一七六頁。
(18) 同前、一六九頁。
(19) 同前、一七七頁。

(20) 同前、一七〇頁。
(21) 同前、五三頁。
(22) 同前、一四四頁。
(23) 同前、六五頁。
(24) 同前、三九頁。
(25) 同前、二一四頁。
(26) 同前、一二一頁。
(27) 同前、七三頁。
(28) 同前、七〇頁。
(29) 同前、一五〇頁。
(30) 同前、一五一頁。
(31) 同前、一〇三頁。
(32) 同前、一一五頁。
(33) 同前、一三五―一三六頁。
(34) 同前、二一八―二一九頁。
(35) 池田浩士「十年ののちに――船本洲治へのおくれた追悼」船本、前掲『黙って野たれ死ぬな』二八六頁。
(36) 大阪府警は、釜ヶ崎での爆破事件の容疑者として、三名を逮捕、船本を全国指名手配する。船本らは、「デッチ上げ」を主張したが、実際に起訴された二名は、一審、二審ともに無罪であった。少年であったため不起訴となった一人は、その後、自殺している。
(37) 船本、前掲『黙って野たれ死ぬな』二〇二頁。
(38) 山岡強一『山谷――やられたらやりかえせ』現代企画室、一九九六年、一三―一四頁。
(39) 同前、三八四―三八五頁。
(40) 同前、三九〇―三九一頁。

（41）山岡遺稿集の編集後記によれば（執筆者は上山純二）、一九八六年一月に開始された上映運動は、「九〇年一月現在でのべ五五〇カ所五万五千人」を集め、「フランス、ドイツ、イギリス、イタリア、アメリカ、旧ソ連、香港、韓国」でも上映された。上映運動は、今も継続されている。
（42）山岡、前掲『山谷』三六一頁。
（43）同前、四一一頁。
（44）中山幸雄「解説」山岡、前掲『山谷』四三一頁。
（45）加藤哲郎『20世紀を超えて――再審される社会主義』花伝社、二〇〇一年、一四一―一二九頁。
（46）同前、一四一―一五頁。
（47）貧困の犯罪化については、西澤晃彦「貧困の犯罪化――貧者に人権はあるのか」市野川容孝編『講座　人権論の再定位第1巻　人権の再問』法律文化社、二〇一〇年、を参照。
（48）社会が、他者との間にある分裂・分断をこえようとするときに、共通の地平として構築され、参照されるものとの認識は、市野川容孝『社会』岩波書店、二〇〇六年、に依拠するところが大きい。

第7章　女性が変える政治
——政策過程への参加形態の変容

岩本　美砂子

はじめに

本章は、日本での女性の政治参加の動きを、「抗議と反対」、「名目の参加」、「政策の創造」という進展で考える。女性は、政治の周辺部にいる、相対的に権力を剥奪されたという意味での、「マイノリティ」である。しかし、政治への入力や政策決定において、無視できない力を発揮し始めた。その参加のパターンの変化に注目する。またこの変化のなかで、女性のなかのマジョリティとマイノリティの壁を越え、さらに国境を越える連帯が作り出されつつある。それにも触れたい。

1　一九六〇年代、七〇年代の女性運動

女性たちの政治参加は、一九六〇年代・七〇年代・八〇年代に抗議と反対という形で現れた。一九六〇年代・七〇年代の運動を、三つ指摘する。

(1)　平和運動

「命を生み出す女性は、戦争に反対する」と主張した。[1] 戦前回帰を阻んだ一九六〇年の運動に、女性の平和運動も寄与した。しかし「憲法九条を守れ」という主張は、日米安保も自衛隊も違憲とし軍隊のない社会を求めるという、近未来では実現不可能なユートピア的主張であった。憲法九条を明文で改正しなかったことのシンボル的意味は大きいが、この主張が実際に止めたのは、自衛隊の一定規模以上への膨張と、日本人男性による、朝鮮戦争・ベトナム戦争など海外での軍事活動への参加であったことになる。

女性の平和運動の言う護憲は、一四条と二四条の男女平等も意味した。戦前の日本女性は、財産権・参政権・結婚や離婚の自由や高等教育を奪われ、姦通罪・堕胎罪で性と生殖をしばられるという欧米の女性も経験した無権利状態に加え、イエ制度のもとで男性家長へ一層従属していた。刑法堕胎罪や、一九四〇年の国民優生法、一九四一年の人口政策確立要綱による「産めよ殖やせよ」政策によ

って、多産頻産を強いられた。ガス・水道・電気の整備が遅れ、一九二〇年代から欧米で出回った家庭電化製品も高根の花で、「女中」を多く使える層以外、家事育児は重労働だった。女性の声は聞かれず、身体と子宮は酷使された。その記憶は、いったん参政権を手にした女性に、声を上げなければ声が聞かれなくなるという、必死の参加を促した。

しかしこの運動は、当時享受していたものを「守れ」という——政治的な「左と右」はともかく——「保守的な」運動であった。戦後憲法は、「男女は異なる特性を持つ——女性は、母性的存在とされた。第二波フェミニズムが、それに異議を申立てることになる——が、法的には平等」という、欧米の第一波フェミニズムの精華をもたらした。その既存の理想への接近が謳われ、理想を新たには創らなかった。またこの運動は、女性イコール母親という一元的ステロタイプを、過剰に謳い上げた。

(2)　革新自治体の住民運動

第二は、革新自治体などの住民運動である。工業都市に人口が集中したが、自民党政権は福祉・医療・教育・環境への支出を惜しんだ。自治体の首長は、直接公選で選ばれる。議員は、中選挙区ないし大選挙区の単記制という、世界的に珍しい形で選出される。町内会・部落会という法人格のない組織の男性名望家エリートが、選挙区よりかなり狭い地域の代表として選出されるべき候補を非公式に推薦し、その地域住民に投票を迫る「地域推薦」という慣行が続いてきた。彼らに都市インフラ不足で苦しむ新住民の声は届かず、社会党・共産党の推薦で立候補した革新首長が、それをくみ取った。

革新知事・市長は、驚くべきことに全員男性だった。彼らは、保育所や公立高校設置、老人医療費無料化、公害対策を実現した。支持した住民運動参加者には女性も多かった[2]が、それを実現したのは「英明な男性リーダー」だった。保育の社会化を求めても、子どもを育てるのは働く母親で、子どもを預かるのは当時の言葉で保母であり、性役割の変革はなかった。

(3) ウーマンリブ

第三は、一九七〇年代に日本にも生まれた第二波フェミニズムないしウーマンリブである。この運動の起点は、①働く女性の増大、②産む産まないの決定権の要求、③専業主婦のアイデンティティ・クライシス、④「一九六八年の若者運動」で経験した性差別への反発である。

雇用女性が増え、職域が拡大し働く期間も延び、雇用での男女差別を問題化した。また雇用労働者は自営業・農業と違い、子育てと労働は別の時間に行う。子どもを持つことは疑わなかったが、その数は、雇用と両立する限りでしか持ちたくなかった。また、子ども一人ずつに教育を受けさせようとすると、多くは持てない。日本では避妊よりもまず人工妊娠中絶によって出生率が大きく低下した。

欧米では一九六〇年代から経口避妊薬ピルが承認されたが、当時はホルモン量が多く、吐き気・頭痛などの副作用から「合わない、飲めない」女性もいた。――現在の低用量ピルは、一九七〇年代半ば以降に普及する――。ピルの避妊の効能は高いが、飲み忘れから、妊娠することもある。こうした時の「望まない妊娠」でも、中絶は堕胎罪違反の犯罪だった。堕胎罪は、女性を望まない場合でも子どもにしばりつける、権利侵害の悪法と考えられ始めた。欧米では、胎児を神が与える別の生命と認識する伝統があり、妊婦の「産みたくない」という意志がこれを超えうるとするために、「女性の権利としての中絶」という言説を編み出さなければならなかった。それと並行して、一九六七年の英国の中絶法を皮切りに次々と法改正や違憲判決がなされた。

議会や裁判所での、堕胎罪の否定は困難をともなった。大半の議員・裁判官は男性であり、自分の体内に法律が介入する事態を理解し難く、キリスト教や家父長的な価値観に疑いを持っていなかった。さらに、女性議員、とくに第二波フェミニズムからの議員はほとんどいないにもかかわらず、女性運動は、「中絶は犯罪ではない」と規定する新法を、女性の意見に基づいて作ろうとした。妊娠何週まで中絶を認めるか、理由を問うか、夫の同意は不要かなど、見解を法文に翻訳する作業が模索された。女性たちは、議会や裁判の知識、議員へのロビイングや、政策作りを身につけた。そして、女性の議員・判事や検事の必要性を痛感した。[3]

日本では、一九四八年という異例に早い時期に優生保護法[4]によって刑法堕胎罪の例外を作り、経済的理由での中絶を合法とした。しかし経済成長以降若年労働力不足が問題となり、優生保護法から経済的理由を削除する動きが起こった。一九七二年、厚生省が法案を作り、宗教団体「生長の家」と自民党内のとくに保守的な部分、そして、経済界が推進した。女性たちは「優生保護法改悪反対」を叫び、厚生省にウーマンリブが座り込んだ。自民党のすべてが反対ではなかった。車いすの男性障害者の反対が注目され、医師会が反対に回り、保守的な女性も反対して、「改正」は阻止された。[5]しかし「改悪反対」は、実現可能な政策変更の構想に道を開かなかった。

欧米では一九二〇年代から、専業主婦が大量出現した。第二次大戦後のベビーブームは日本より長続きし、その母親が第一世代だった。子どもが小さいうちは、家電があっても家事育児は忙しく充実している。しかし子どもは育ち、夫は社会経験を重ねる。妻の世話で労働力を回復・再生産した夫は、彼だけへの評価として給料を得る。子どもは、成人後うちを出、彼ら自身にのみ給料が払われる。世代内・世代間で労働力再生産に尽した妻＝母は、金銭的に報われない。

主婦が飢えたのは、金銭そのものよりもこうした形での社会的評価であり、ノイローゼやうつ病、アルコール中毒などの依存症、精神分析医のハシゴという形で悩んだ。働く女性の増加は、専業主婦というあり方に疑問を抱かせたが、働かなくても生活は豊かだ。「私の生きる意味」に悩むのは、「ぜいたく」かもしれない。その「名前のない悩み」を、例えばベティ・フリーダンが一九六三年に社会的・政治的なものだと定義して、[6]第二波フェミニズムが起こった。女性だからといって、家事育児にしばられるのはおかしい。そして雇用平等の主張を生み、新しい法律作りの努力をした。家事・育児・介護に関して「アンペイドワーク」という言葉を創りだし、その社会的評価方法を工夫した。

日本では、ベビーブーマーの母親世代は農家・商家の嫁で、大量に専業主婦になったのはベビーブーマー以降、つまり一世代遅れた。もちろん、労働力再生産は報われず、専業主婦の日常に社会との接点は薄く、そうした生き方が押しつけられることには批判が起きたが、大半のベビーブーマー女性は、一九七〇年代、専業主婦という「新しい幸せ」を歓迎した。

一九六八年前後の世界的なベビーブーマー世代による異議申し立て運動は、大学紛争、ベトナム反戦、保守政権への批判、黒人差別反対の形をとった。女性はまだ大学進学率が低く、参加者の多くは男性だった。「○○闘争」という軍事用語が使われ、ベトナム反戦運動では、徴兵カードが来た男性の活動が重みをもった。

若い男性は、年長の男性による若者の性の抑圧を批判した。しかし異性愛の場合相手は女性だ。男性が自由を主張して女性の「ＮＯ」を無視したら、性暴力、虐待である。ピルによって妊娠の心配がなくても、持ちたくない性関係を持たされたら、女性のトラウマは重い。ベトナム帰還兵と同じようなＰＴＳＤを引き起こすのである。[7]

平等を主張する若い男性が、女性の声を無視した。会議で問題にしても、「大事の前の小事」とあしらわれた。しかし、各地で女性たちが同じ体験をした。男性抜きの会議でないと、性のことは話しにくい。女性だけで女性の問題を考え、社会に訴える運動を起こした。既婚女性も、男性の暴力を、「battered wife」として問題化した。[8] また性犯罪も、女性の同意なしの性交渉だ。レイプ被害者支援運動を起こし、軽い罰を重くし、被害女性が取り調べや裁判で傷付かないよう手続きを工夫した。新しい制度・政策を創造するにあたって、男性議員や裁判官・検察官の無理解と戦った。

日本では、一九九九年まで避妊用の低用量ピルは承認されなかったが、同じような男性による「性の自由」の主張と性被害があった。運動への女性の参加は、欧米より少なかった。つながりあえた女性はいたが、同世代でも被害者は孤立した。欧米と同等以上に男性からの性暴力に直面していたはずの一般女性は、声をあげなかった。母性を謳う運動は、「はしたない」性の問題を取り上げなかった。日本の若者運動は、一九七二年の連合赤軍事件——革命家グループでの集団殺人——などの運動内の暴力問題でつまずき、社会的影響力を減じた。連合赤軍のリーダーが女性だったゆえ、「革命を唱える女は、人殺し」と、非常にネガティブなレッテルが通用した。女性運動が、政治的変革をポジティブなものとして打ち出すのは、困難だった。暴力問題が考えにくくなり、主に男性から女性への性暴力問題を考えることも、困難なままだった。

DVへの公的対応は、一九五六年の売春防止法による「売春の怖れのある女性」を対象とした保護施設への夫からの暴力の被害者の収容を認める厚生省の通達だけだった。一九七〇年代の刑法改正は、男性だけの法制審議会刑法部会で審議された。治安立法をともなっており、改正は反対にあって阻止されたが、草案にフェミニズムの問題意識はなかった。(9)

日本のウーマンリブは弱く、女性が、自分たちと自分たちの代表によって法律や政策を作るという体験は、積み残された。

2　一九八〇年代の抗議と反対

(1)　行政改革への反対

一九八〇年代初めから、行政改革が進んだ。政府は「日本型福祉社会」を掲げ、女性のアンペイド

図表１　統一地方選挙における女性当選者比率

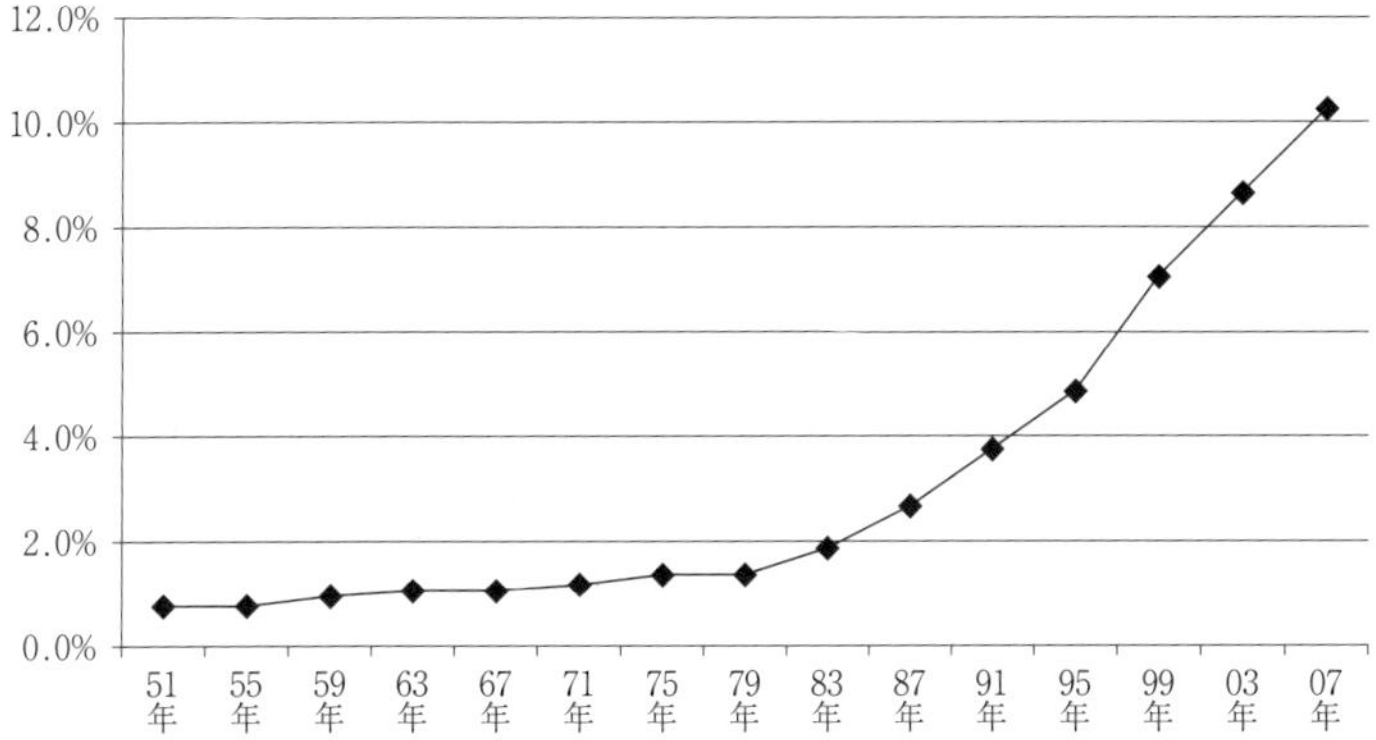

出典）市川房枝記念会『全地方議会女性議員の現状2007』『女性参政治60周年記念女性参政関係資料』より筆者作成。

ワークで高齢者介護を乗り切ろうとした。行革は地方に波及し、保育料値上げなどの福祉予算削減、学校給食の自校方式からセンター方式への変更という教育関係予算削減、環境予算削減という行政の動きに、女性中心の市民運動が反対した。

同時期、女性地方議員は一・一％だった。国会より地方議会で女性が少ないのは、前述の「地域推薦」による日本の特色である。女性たちは、市長や議員に、抗議し反対を訴えた。住民運動や学生運動、女性運動の体験から、集会やチラシといった運動のスキルを蓄積していた。しかし男性の首長や議員は、まともに応じなかった。一九七九年の統一地方選挙で、革新自治体はほぼ壊滅した。「ばらまき福祉反対」が唱えられ、そちらから当選した首長は、女性からの支出継続の声を聞かなかった。

多くの議員は新保守主義ですらなく、伝統的な保守主義者だった。保育所の利用自体「けしからん」、値

図表 2　女性衆議院議員比率

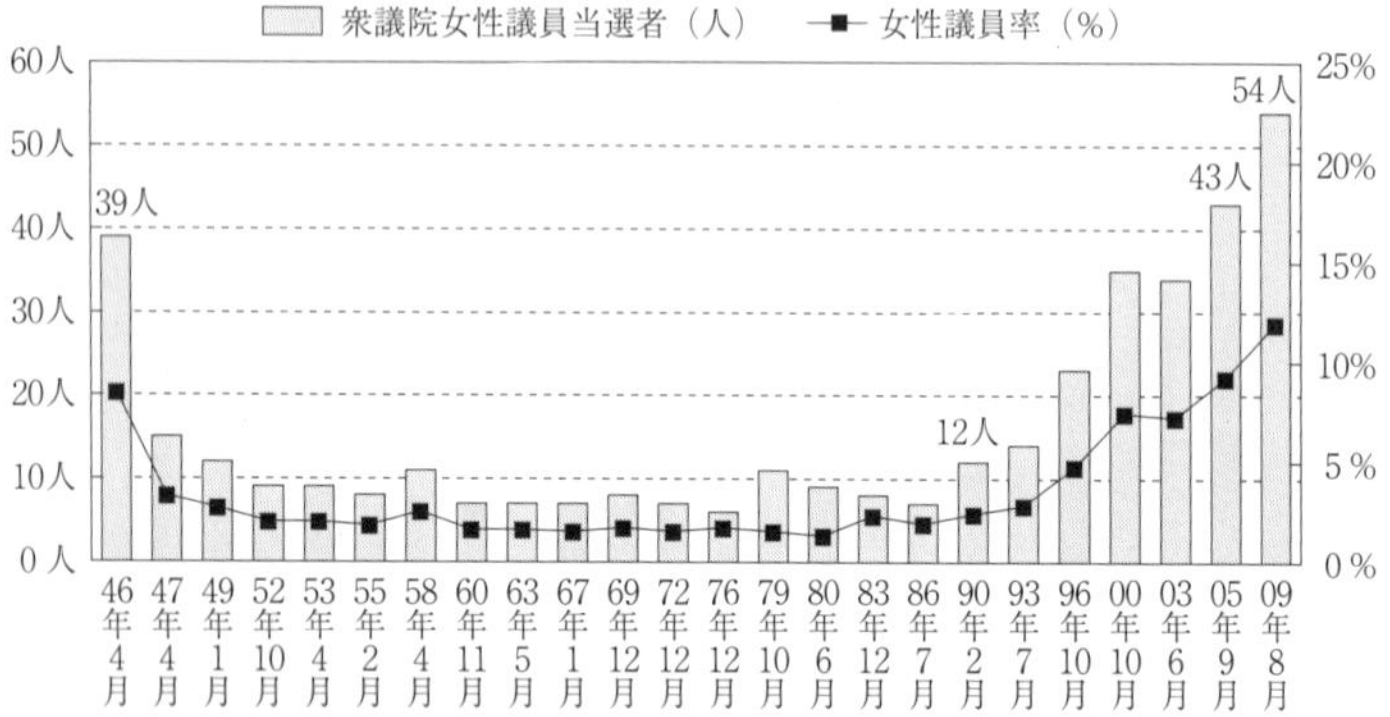

図表 3　女性参議院議員比率

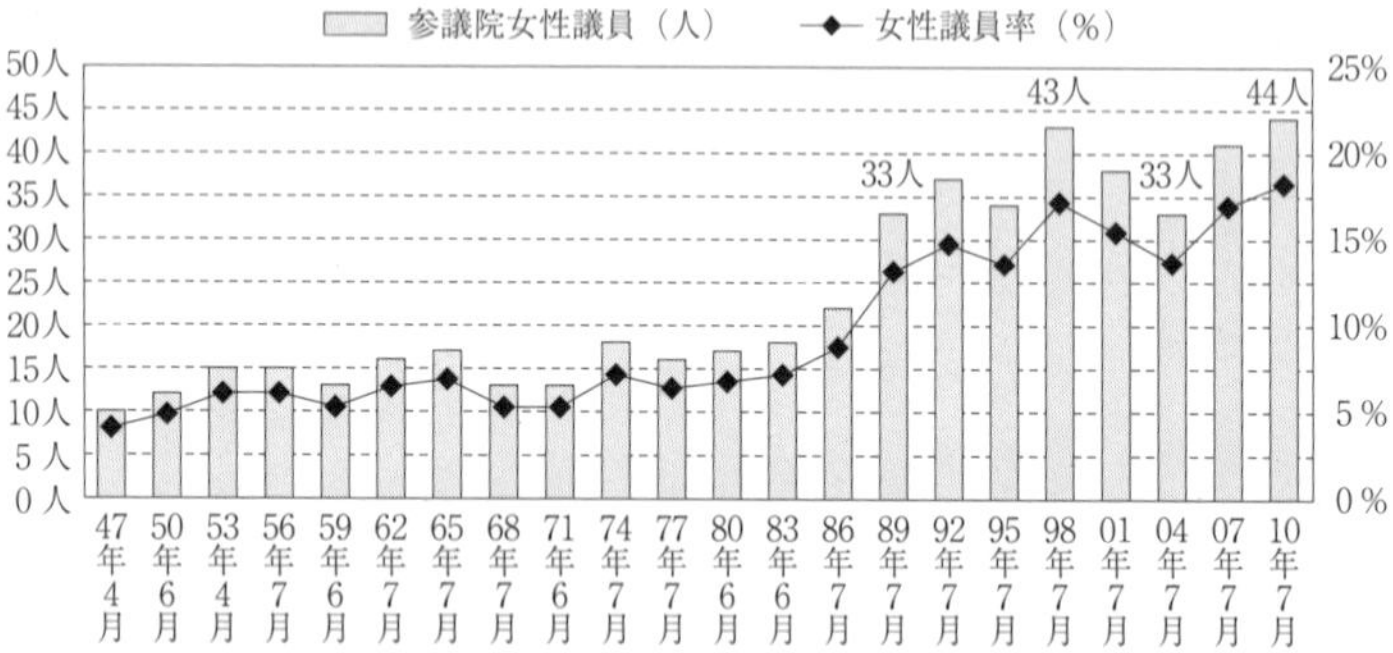

上げに反対とは、「とんでもない女だ」と言われた。環境運動から、給食など公的施設での合成洗剤不使用が主張されたが、男性議員は洗剤による肌荒れを知らず、粉石鹸との違いは「どうでもよかった」。「女は細かいことにこだわりすぎる」。彼らの反応は、政策の差の表明のみでなく、「女は愚かだ」との言葉遣いや態度をともなった。

多くの女性の運動は、「改悪反対」を主張した。論理的に言えば現状維持志向で、新しい政策作りではなかった。しかし首長や議員の女性を軽んじた態度は、女性議員の必要性を痛感させ、女性の政治参加の形を変える引き金になった。

(2) 第二次優生保護法改悪反対運動

厚生省は、一九七二〜七四年の対立で懲りた。しかし「生長の家」は、悲願として改正を狙った。一九八〇年選挙で勝ったレーガンは、中絶反対派の宗教保守派、プロテスタント原理主義に支持されていた。以後アメリカの外でもこの勢力が、合法化された中絶を再び非合法にする運動を強めた。日本には、一九八二年に飛び火した。「生長の家」をバックにした自民党の村上正邦参議院議員が国会質問し、経済大国で産んで育てられないことはなくなったとか、出生率低下で民族が消滅するとか主張した。同会は「一〇〇万人署名運動」を始め、同年九月から地方議会に中絶の経済的理由の削除を求める「優生保護法改正促進意見書」を提出した。地方議会での意見書採択の積み重ねは、元号法制定で成功した手段である。

これに医師会や労働組合が驚き、女性は全国団体のほか地方ごとに新たな組織を作って、「改正促進意見書」の否決や「改悪反対意見書」の採択を求め、地方議会に働きかけた。以後、一二月議会、翌八三年三月議会、統一地方選挙後の四月臨時議会で、どの意見書を採択するか争った。はじめは「改正意見」が増え、後から「反対意見」が追い越した。署名も、反対側が追い越した。障害者運動でも女性が台頭し、優生保護法を優生条項だけにすることに反対し、緊張をはらみつつも第二波フェミニズムと連携した。多くの若年・中年女性が反対し改正を止めたが、通常は保守的な年長女性までが、「戦前のような、子だくさんや危険な闇中絶はゴメンだ」と声をあげた点は特筆したい。戦前回帰への批判は、一九八二年一一月末以降、中曽根康弘首相のタカ派的姿勢に対して声高に叫ばれていた。

一九八三年二月から三月にかけて、自民党内の改正派「生命尊重議員連盟」が多数を誇示する集会を実施し、他方、同党内反対派も「母性の福祉推進議員連盟」を作って対抗した。そして、四月に統一地方選挙、六月に参議院議員選挙があった。「生長の家」は、組織票を動かすからと「改正」をもちかけたのだが、前年秋以降、女性から予想以上の反対があり、自民党へのメリットが怪しくなった。当時の「厚生族四ドン」のうち三人が改正派だったが、残った田中正巳参議院議員を委員長に、自民党政務調査会社会部会に優生保護法問題等検討小委員会を設置した。自民党寄りの団体から賛否のヒアリングを行い、五月半ば「現状変更は時期尚早」と「非決定」を選び、事態を収拾した[10]。

この過程でも、女性たちは政策内容を創りださなかった。しかし、厚生省や議員連盟、自民党政務調査会といった仕組みに触れた。ここでも男性地方議員の無理解に出会い、女性議員の必要性が意識された。

(3) 労働基準法改悪反対

一九七〇年代、欧米で雇用平等運動が拡大し、「男女の待遇差は職種の差ゆえ」との言い抜けに対抗して募集・採用差別を禁止する新法を作り、また姓や国籍など法的アイデンティティの平等、公教育カリキュラムの平等など、政策を変更した。これを国際的に広める目的で、一九七五年の国連国際女性年、国連女性の一〇年、世界女性会議などのイベントが開催され、一九七九年の女子差別撤廃条約が作られた。先進国政府は、こうした政策を、国際社会をリードする手段として用いた。

ただし、「南の女性たち」は、このヘゲモニー戦略に反発し、一九七五年メキシコ大会から声をあげた。「北の女性が、北の男性並みになる」のでは、南の女性への抑圧を変革しないと主張したのだ。[11]また、白人、支配民族、異性愛、中間階級、障害のない女性の運動に偏っているという批判は、北に住む女性からも起こった。

日本では、女子差別撤廃条約の影の部分への注目が少なかった。また新しい雇用平等法の導入は、各国の女性運動・労働運動に基づいていたが、欧米の運動との連帯はうまく作り出せなかった。他方日本の経済界にとって、「日本型雇用」慣行――男子正社員のみの終身雇用、若年女子の結婚退職・出産退職、非正規中高年女子の使い捨てがセット――に待ったがかかった。それは、黒船来航であった。

日本では、女子のみの結婚退職・出産退職の慣行を立法・行政が放置し、当事者の長く苦しい裁判闘争のみが違法性の宣告を導いたが、法の網は粗く男女別の雇用が通用していた。さらに政府は「同一価値労働同一賃金」のＩＬＯ条約に反する、同一職種の正規・非正規間での著しい待遇格差や、女性のみの職種が「職種としての容易さ」では説明不可能な劣悪な条件にとどまっていることを、放置してきた。

日本の女性労働運動では、「労働基準法改悪反対運動」のほうが、「新しい雇用平等法を作れ」という運動より、強かった。雇用平等法の導入にともない、産前産後休暇など狭義の母性保護以外の、女子のみの残業制限や深夜業制限という狭義の女子保護の撤廃が求められていた。これは、男子の実労働が週四〇時間ないし四八時間という標準的なものであったら、合理的と言えたかもしれない。しかし日本では、彼らは長時間労働が常態である。女子保護の撤廃が意味するのがこの「男子並み」なら、共働きでも何とか回してきた育児や介護、食事作りなどが失われる。さらに、そのような形で働くことができる女性だけが「男子並み」待遇を受け、そうでない女性は非正規へと追われることになると考えられた。もちろん男性の待遇の「女子並み化」要求も出たのだが、当の男性労働者が取り合わなかった。雇用平等は「女性にとっての、保護か平等かの問題」と認識された。

さらに日本の女性労働運動の特徴は、この時期でも「母性を守れ」と主張したことにある。労働基準法「改悪」問題として、生理休暇の存廃が注目された。月経は、不快さ以上に「母になるための大事なもの」と捉えられた。高用量ピルは月経困難治療用として脱法的処方が可能だったが、服用する女性はまれだった。根拠のない副作用言説が出回った。ピルを常用するようになった国では、ピルが生理日を予測可能なものとし出血量や痛みも抑えることもあり、生理休暇というアジェンダはなかった。

職場の男性上司に「生理休暇」を求めるのは、近代的プライバシー意識に反する。他方、江戸時代のムラでは、月経中の女性がひとつの小屋に集まって、他の家族とは別の食事をする風習があり、最近まで女子の初経は赤飯でお披露目した。ベビーブーマー世代にも、それが受け継がれていた。労働基準法改悪反対運動では、月経によって自然のリズムを感じることや、「小さな陣痛」としての生理痛が讃えられた[12]。

経済界は、「あるべき雇用平等」について女性の関心が高くないことに乗じてイニシアティブをとり、労働省にザル法の雇用機会均等法（一九八五年）を作らせた[13]。女子保護は削られ、取得しにくい生理休暇がアリバイ的に残った。「男性は総合職、女性は総合職か一般職」という差別の新形態が作られた。総合職は、育児と両立可能な設計ではなかったのだから、実は間接差別そのものであった。

一九八〇年代の女性運動も、「改悪反対」という現状維持の主張であった。それと異なり現状への異議申し立てをするなら、従来当然とされてきたものが何故権利侵害なのか、どう変えるべきか、新しい言葉を創りだす必要がある。保育を普遍的サービスとして幼稚園と統合する仕組みを作るとか、望まない妊娠防止のための性教育プログラムを作るとか、男性への再生産活動時間を保障するような制度作りを行うとかである。

日本の女性が生来こうした能力を欠くのではない。旧来の規範を批判したり変革したりしないで保守するのが「正しい女性のあり方」だとしつけられ、違反すれば社会的に罰され、創造性を家事育児以外に使わないよう、後天的に仕向けられてきたのだ。ＤＶ被害者は、客観的に見ると加害者から逃げ出せる時間や空間の隙間があっても逃げ出そうとしないという現象がある。これをフェミニズムは、たび重なる暴力や「俺から逃げようとしたらタダではおかない」という脅迫によって「自分が無力だ」と思い込まされている、「学習された無力感」として捉えている。個別の女性のみでなく、集団としての女性にも、時に暴力の発動をもって「無力さ」が教え込まれていると見ることができる。(14) こうした「認知のゆがみ」ともいうべき無力感を逆転させ自らに力があることを確認することを、「エンパワー」と言ってきた。

3 「女性で」政治を変える

(1) 女性の時代

雇用機会均等法よりも、一九八七〜九〇年のバブル経済によって、女性雇用が増大した。女性総合職が新ヒロインとなり、女性の消費が注目され、「女性の時代」とはやされた。主婦も、「離婚しても、すぐ仕事がある」状況のなかで発言力を高めた。ウーマンパワー表面化の基盤があった。

中間層のベビーブーマー女性の多くは、短い勤務経験のあと退職して出産した。乳幼児期は、忙しい。さらに日本では受験競争が激しく、その間母親は心の空虚さに気づかない。しかし子どもたちの受験も一九八〇年代後半に終わり、満たされない女性は「何か」を求めた。(15) 夫に経済力がある女性は、カルチャーセンターや自治体の女性学講座につめかけた。一九七〇年代の日本の第二波フェミニズムは、理論化されること／することを嫌った。女性学はもちろん「一〇〇%外来」ではないのだが、「欧米で理論化が進んだ学問」として、従来の学問と同じ経路で到着した部分の比重は、無視できなかった。「学ぶ」ことが、日本の女性は大好きだ。自分の頭を使って考える契機も得られはするが、欧米から「学問」として入ってきたものを「政策作り」に用いることは、他の男性たちの学問でもあまりないことであった。例えば、文部省の社会教育予算の補助を受けて建設された女性会館で行われる女性学の講座で、国の予算の使い方を学びさらにそのオルタナティブを探るということは、ほとんどなかった。

(2)　日本での女性候補の増加

一九八六年九月、二度目の衆参ダブル選挙大敗を受け、社会党に土井たか子委員長が登場し、マドンナブームが到来した。彼女は、エンターテイメント化を始めたニュースショーやバラエティ番組に、生真面目な態度ながら当時の常識に反して出演した。そして、一九八七年の統一地方選挙で、女性議員が一％台から二％台へと微増した。

「マドンナ候補」擁立には、社会党内の事情があった。公社の民営化によって労組の専従が地方議員を兼職できなくなり、退職者でないと候補になれない、つまり男性候補の減少と高齢化に直面した。その窮状を救うため、落選しても生活の心配がない、労組幹部の妻、元議員の娘、平和運動家の主婦などを候補としたのだった。

共産党は、一九六〇年代から全選挙区への候補擁立方針を取り――二〇〇五年廃止――、男性だけでは候補が不足した。友好団体「新婦人の会」のリーダーを、人前で話せる女性としてリクルートした。公明党は一九八〇年代のはじめに七〇歳の議員定年制を導入し、男性だけでは候補が不足した。

友好団体「創価学会婦人部」のリーダーを、人前で話せる女性としてリクルートした。両党は、都市の未組織層・中小零細業者で支持を競っている。片方が女性候補で思わぬ得票をあげると、他方も女性候補を探した。また、一〇都道県では生活クラブ生協の関連団体として、地域政党の「市民ネット」が活動を開始した。粉石鹸運動をきっかけに、地方議会に女性の「代理人」を送った(16)。さらに、福祉・教育・環境に取り組んだ女性運動から政党所属のない「自分たちの代表」が生まれ、上記の政党の合計に匹敵する女性議員が誕生した。

日本では諸外国と異なり、女性候補に限らず政党が公認候補者を決定する過程が不明だ。「小泉マドンナ」や「小沢ガールズ」を含め、「マドンナ」と言われる女性は立候補時に政治的に素人で、当選後も有権者との連携がうまくないと指摘される。セレクションが丁寧でないことや、新人議員のトレーニングに党をあげて取り組んでいないことがうかがわれる。最近では小沢一郎流の新人議員トレーニングがあったが、ジェンダーの視点はない。

ここで思考実験を行ってみよう。①女性党員が多ければ、女性候補・議員が増える。②党内がジェンダー平等の文化になっていれば、女性候補・議員が増える。③以上二つの条件を満たしていれば、候補者セレクションが民主的なほうが、女性候補・議員が増える。しかし日本の政党は、女性党員が少なくジェンダー平等でもない。③の裏返しとして、党員に男性が多く党内が男性優位的である以上、セレクションが民主的であればあるほど女性は増えない。つまり、独断的な候補者選抜でないと、女性は増えないことになる。

これは、一九八九年に、土井委員長が党外の支持をテコに党内の意向に反して女性参議院議員候補を増やしたことや、女性候補を増やした小泉首相や小沢代表が党内で専断的権力を握っていたことと、整合的である。日本では①②の条件がないので、非民主的なやり方でしか女性候補を増やせない。女性議員を増やした多くの国では、女性の過小代表という民主主義の不足を解消するため工夫し、クオータなどポジティブ・アクションを導入した。党首の思いつきを超え、党内で議論し、機関決定して党則で女性候補を増やした。これは、政党民主化の一環である。女性候補や議員の増加を、非民主的なイメージだけで捉えるべきでない。

当時革新側であれ政治の主流の男性にとって、女性候補は主体でなく手段であった。「女性が政治を変える」という表現と同時に、「女で政治を変える」[17]という表現が使われた。男性が政治を変えるために「女を使う」という意識が、表れていた。

(3)　政策の創造の端緒

一九八九年、東京都議会議員選挙で女性が増加し、次いで参議院議員選挙で、社会党や連合の女性候補が当選した。リクルート事件、消費税導入、農産物輸入と宇野宗佑首相のスキャンダルで自民党が負けた。女性は、政治倫理と消費税に敏感だからと言われた。

私はここに、「日本型福祉社会」への反発の表面化を加えたい。消費税は、日本ではなぜか健康保険適用外の正常分娩にも課され、「出産のどこが消費か、消費税か」とケアを担う女性のプライドを傷つけた。高齢化のなかで家族介護原則が維持され、多くの女性が無償の介護を担わされていた。土井委員長は、「女は、舅姑・夫・自分と三度、老後に直面する」と演説した。そして、「男性にばかり政治を任せておける時代ではありません」と語り、喝采をあびていた。

参議院議員選挙後、消費税改訂が図られ、海部俊樹内閣で出産費用などを免税にする改正法が作られ、衆参ねじれのため議員立法で成立した。厚生省は、市町村による高齢者介護「ゴールドプラン」を導入した。野党の社会党・公明党・連合参議院・民社党の女性議員は、一九七五年の旧育児休業法に代わる新育児休業案を、一九九〇年一二月参議院に提出した。

旧法は、一九五五年体制下、野党女性議員の提案が成立した唯一の例で、義務教育の教員、保母（当時）、看護婦（当時）と職種を限定し、女性だけが取得でき、育児休業給をかなり支給するものだった。新法案は、全職種対象で男女とも取得可能、育児休業給支給という内容だった。つまり、子育てを女性に限定しない、新しいジェンダー平等に基づいていた。

翌九一年、海部内閣が野党案の趣旨を入れて提案、野党の支持も得て立法化した。ただし、民間企業の反発に配慮して当初は無給だった。形は内閣提案だが、女性議員の立法活動の成果である。また、参議院が与野党逆転していた状況から、与野党の接点になる法案としてとくに大きな配慮がされた。のちにＤＶ法に触れるが、共通点は、女性議員の大きく増えた参議院選挙後で、自民党政権だが自民党の基盤が揺らいでいた時、超党派の女性議員が関与して立法したことである。女性議員による政策の創造の端緒であった。

図表4　女性の政治参加

	政策決定過程への関与：小	政策決定過程への関与：大
政策内容：実現しない	非決定	名目的参加
政策内容：実現	先取り	実質的参加

出典）Research Network on Gender Politics and the State の提起を参考に筆者作成。

4　名目の参加

女性や他のマイノリティの政治参加の場合、実質的参加か名目的参加か、さらに、決定過程への参加は低調でも実質的にその意にかなう政策が作られた——先取り——か、いずれでもないかという、四つの場合を考えうる（図表4）。ここでは、一九九〇年代の立法活動について、「名目の参加」としてまとめる。

(1)　優生保護法から母体保護法へ

一九九三年八月、細川護煕非自民七党連立政権が誕生し、女性大臣三人、最高裁判所初の女性判事を任命した。しかし選挙制度改正では、当時の他国とは異なり女性の代表増加策が議論もされなかった[18]。

一九九四年四月の羽田孜非自民連立少数内閣をへて、六月には、自民党と社会党、さきがけが組み、村山富市連立内閣となった。同年五月、らい予防法の廃止がアジェンダとなった。厚生省は同年一二月「らい予防法廃止に関する法案要綱」を策定し、翌年一月、橋本龍太郎内閣の菅直人厚生大臣が患者に謝罪、二月に法案を国会に提出した。この廃止法案は三月に衆参両院で全会一致で可決成立、四月にらい予防法が廃止された。同時に、優生保護法の優生手術と中絶に関する条項の、ハンセン病条項が廃止された。

社民党も含む内閣で、橋本が厚生族であり、ハンセン病条項という「ノドに刺さった骨」が抜けたので、優生保護法から優生条項を除くという改正問題が、急浮上した。一九四〇年の国民優生法は事実上自発的優生手術（不妊手術）のみだったが、戦後の優生保護法において一定の障害のある者に本人の同意抜きでの優生手術と中絶を認めたのが、優生条項である。一九七〇年代以来、優生保護法改正問題が浮上するたびに、障害者団体から、「女性団体は『優生保護法改悪反対』というが、優生保護法の現状維持を求めるのでは障害者差別の肯定だ」と、不信が表明されてきた。法律で認められた優生手術は、男性は精管を、女性は卵管をしばって妊娠を成立させなくするものであり、本人の同意がなければもちろん人権侵害だが、さらに障害のある女性には、卵巣や子宮の摘出という違法手術が行われていた(19)。

優生条項については、障害者運動からの厳しい批判にもかかわらず、国内で廃止が政治アジェンダとならなかった。厚生省は、一九七〇年代・八〇年代の自民党支持勢力の分裂に懲り、他方で優生保護法が論じられればいつでも合法中絶反対を主張する議員——前出の村上議員で、当時参議院幹事長、支持母体は神社本庁に移行。二〇〇一年二月にKSD事件で失脚するまで「参議院のドン」——がおり、混乱を恐れていた。

一九九四年の国連カイロ人口開発会議・一九九五年の北京女性会議のNGOフォーラムで、日本の障害のある女性、安積遊歩が、国内の第二波フェミニズム運動の一部と連動して問題提起した。国内に反響があり、このアジェンダ設定後優生条項廃止は、厚生省もかかわったが連立与党幹部によって議員提案の形が選択され、自民党政務調査会でヒアリングが行われた。政府にとってのメリットは、政府提案だと与野党による審議が必要だが、議員立法で委員長提案という形だと委員会・本会議とも一秒も審議せず可決する慣行があり、「混乱」ないし村上議員のメンツ問題を回避できることであった。同法は、従来「優生条項プラス母性保護条項」と理解されていた。それゆえ、厚生省や厚生委員会の男性理事たちは、改正後の名称を「母性保護法」と考えた。しかし、与党の女性議員が反発した。

厚生省が一九三八年に陸軍の意向で内務省から分離独立した時、兵士の質の向上のための「母性保護」が政策の軸だった。これに「産めよ殖やせよ」政策が重なって、戦前の「母性保護」政策は「多く産め」だった。ところが戦後のベビーブームと食糧難のなかで優生保護法を作り、「母性保護」は「多く産ませない」ことになった。のちに高度成長後少子化が進み一九九〇年に「一・五七ショック」が喧伝され、一九九四年末、「エンゼルプラン」が作られた。新しい「母性保護」政策は、「多く産め」である。六〇年間に同じ名称で二度も政策内容が一八〇度転換した。女性にとっては、政府が女性を都合よく使うための「魔法の杖」としての「母性保護」は、「もう、たくさんだ」となった。

女性議員のなかには、リプロダクティブ・ライツに相当する名称案もあったが、政府や与党幹部とのぎりぎりの妥協で、「母体保護法」となった。内閣法制局がかかわる政府提出であったら、一文字の変更さえ無理だったかもしれない。政策内容でなく名称の変更に女性議員が関与したので、「名目

（について）の参加」と呼ぼう。

(2) 夫婦別姓を含む民法改正

戦後民法は夫婦の姓を「夫または妻の姓」と定めており、形式上平等で、女子差別撤廃条約批准の際に変更されなかった。しかし、婚姻届を出すカップルの九七％は夫の姓だ。改姓すると、国家資格の免許状をはじめ様々な書類の変更に時間と手数料を取られ、結婚・離婚などプライバシーがさらされ、自分を失った感じが強まるなど、批判されていた。

法務省では五年余の審議の末、一九九六年二月、法制審議会民法部会が、橋本内閣の長尾立子法務大臣に民法改正要綱案を答申した。選択的夫婦別姓のほか、嫡出子と非嫡出子の相続差別撤廃、女性だけの離婚後六カ月の待婚期間の短縮を含んだ。以前から別姓導入を主張していた女性団体や専門家団体は、これを歓迎した。民法改正案は、「理論的に正しいから成立するはずだ」と、当時考えた。

しかし法案は、国会上程されなかった。一九六二年以来、法案を閣議にかける前に与党審査があり、省庁で要綱案に仕上げても自民党の合意がなければ、国会に出さなかった。自民党内の審査は、政務調査会と総務会の二段構えで、総務会は全会一致原則で動き、村上議員や亀井静香衆議院議員などが反対したため、国会への上程が止まった。他方、衆参の法務委員会の議員には、神社本庁関係者などから別姓反対のファックスの山が届いていた。六月に長尾大臣は、上程断念を表明した。奇しくも優生保護法改正と同時期で、何か交換条件があったのかもしれない。

政府提案の道筋は、自民党総務会での少数の反対で塞がれた。他方議員提案には、慣行上、所属会派の承認が必要だ。自民党内の別姓推進派は、上層部の承諾がなければ法案提出できない。他党からは別姓導入の法案提出が可能だが、自民党が多数だった二〇〇九年八月までは、成立の見込みがなかった。他党からの提案には党議拘束をはずせば賛成できるが、日本では脳死法案など非常に例外的だ。なお他国では、中絶や離婚などは信条に関するので党議拘束をはずすとか、国民投票にかける場合がある。日本での夫婦別姓というアジェンダは、この時期「非決定」となった。

(3) 介護保険制度の創設

一九九七年に介護保険制度が作られ、二〇〇〇年度に実施された。制度導入は厚生省がリードし、「介護の社会化」を喧伝した。「家族が親の面倒を見るのが日本の美風」という亀井発言のように、自民党内保守派は反発した。これに対して制度導入のため、女性たちは厚生省の援軍とされた。しかし、名目以上の参加はできなかった。

介護保険制度の起点は、①高齢者の社会的入院による、医療保険財政の悪化、②一般予算財源の増加に頼ることが、一九九四年の細川首相の「国民福祉税」導入失敗で不可能になったこと、③押しつけられた介護役割への女性たち自身の反発の表明、④高齢者間での受けられるケアの格差拡大――経済力や家族の形によるほか、特別養護老人ホームに入ったり病院に長期入院したりする際、コネや運に左右された――、⑤厚生省が、救貧的・限定的なケアの供給から中間層が等しく受けられるケアに転換を図り、大蔵省の統制を受ける一般予算でなく、保険として特別会計の設置を選択したことである。

自社さ政権での立案過程で、三グループが厚生省との交渉に成功した。①医療支出減少をおそれた医師会――高齢者医療を全部は介護の枠に入れず、急性期の医療を医療保険に残した――、②新たに保険の責任を負うことにとまどう市町村――国や都道府県によるバックアップを明文化した――、③経営者団体――雇用・医療保険のような雇用者負担は導入しなかった――であった(20)。

これらと異なり女性には、「介護の社会化による負担軽減」とのみ説明がなされ、家庭内介護に現金を給付しないことが決まって、厚生省は、「介護は女性の役割と決めつけない」ということだとアピールした。意図はともかく、こうした支出の限定は厚生省に好都合だった。しかし、ケアを受ける本人と長時間ケアを担当している者は、時間も資源もなく政治的に声をあげにくい。こうした当事者の声を聞いて政策に翻訳するにはかなりの工夫が必要だが、厚生省側でも女性運動の側でもそれは十分ではなかった。また、介護に携わる有償労働者の声も、吸い上げる工夫がなされなかった。

今の介護保険は、介護労働者の離職率が高いうえ、高齢者本人の一割負担のため介護の必要度が高くても貧困な場合サービス利用を控え、ケア不足や家族メンバー――多くは女性――の重い負担が継続している。これらの問題は、政策決定過程に起因している。とくに介護労働者を「安価な女性パートタイム」として設計したため低報酬となっており、介護需要が増すとともに人手不足に陥った。また、「女なら誰にでもできる」との先入観から、職業訓練が不充分だ。女性が制度設計にかかわり異議を出せていたら、違っていたのではないだろうか。

一九九〇年代の女性の政治的運動は、「母体保護法」で名称変更にかかわり、夫婦別姓では政策過程に関与できずアウトカムも得られなかった。「介護保険」は、名目だけの参加だった。まとめて、実質的な参加でなく、「名目の参加」の段階と位置づける。図表4の右上の「名目上の参加」より弱い。ただこの過程で、理論的に正しくても政策を動かせず、政党や行政の立法担当者とタフな交渉が必要だということが理解された。

5　「政策の創造」――DV防止法（二〇〇一年）

日本では、性について女性同士でも語ることが少ない。性暴力への対応が一九七〇年代に始まった諸外国に遅れ、DVについて公の政策論議は、一九九五年世界女性会議北京大会以降に始まった。日本の刑法は性暴力について女性の問題提起に対応せず、最近強姦罪などの処罰がやや強化されたが、配偶者間の合意のない性交渉の強要について、判例でも関係が破たんしていない限り強姦罪を適用していない。

法務省は、DV対策に不可欠な保護命令――加害者の被害者への接近や、同一の家に留まることを一定期間禁止し、違反者を罰する――の導入に激しく抵抗し、一九九七年の橋本内閣での土井・堂本暁子両党首のDV防止法への積極姿勢にもかかわらず、内閣提案で立法できなかった。

一九九八年の参議院議員選挙で、女性が二〇人当選し、非改選と合わせて二〇〇七年までの最大人数となった[21]。委員会は、政党に人数を割り振るが、その範囲で議員の所属したい委員会の選択が尊重される。一九九八年に「共生社会調査会」が設置された。調査会は、任期の安定という参議院のメリットを生かして長期課題に取り組むもので、権限は委員会と同じだ。共生社会調査会が始まってみると、女性議員が多かった。

外国人、障害者などに先行して女性を取り上げ、DVと政治参加を最初の課題とした。政治参加は成果がなかったが、DVは、行き詰まった政府提案のショートカットとして議員立法で取り組むことになった。海外研修で結束が深まり、一一名（うち男性一名）のプロジェクト・チーム（以下PT）を発足させ、調査会ないしPTで国内のNPO・DV被害当事者・支援者・学者・行政機関などからヒアリングを行い、参議院法制局とも協議し、二〇〇〇年度末に草案を作った。この間多くの女性運動が立法化を支持し、また女性議員たちは、DVに関する各地の女性の運動を支援し、講演会の講師などを務めた。

DV立法では、被害女性の生命身体の保護だけでなく、避難後の生活支援も課題だが、法務省の厚い壁と闘わなければならなかったので、身体的DVを犯罪と規定して保護命令を導入し、都道府県に配偶者暴力相談支援センターを作ることに甘んじなければならなかった。というのも、二〇〇一年の参議院議員選挙に非拘束式が導入され、共生社会調査会の議員のうち改選者の当選が少なくなると合意を一から作り直さなければならないので、この国会での決着が求められたからだ。

他方、同時期にストーカー規制法、児童買春ポルノ禁止法が議員立法で、男女共同参画社会基本法が政府提案で成立した。小渕恵三内閣の官房長官や森喜朗内閣の幹事長を務めた野中広務衆議院議員が、女性関連立法のキーパーソンとして動いた。しかし二〇〇一年春、不人気な森首相の後継の自民党総裁選挙が行われ小泉純一郎が当選し、野中が属す橋本派に厳しい対決姿勢を示し、野中は小泉政権が発足すると同時に影響力を失うことが予測された。そのため法案を、六月の通常国会末でなく、新政府発足前の四月に急遽上程した。この事情からも、保護命令が荒削りで使いにくく、生活再建も入らない法案となった。DV法案は、上程されると参議院では委員長提案の手続で通過したが、衆議院では法務委員会において参議院での提案者が質問を受ける形で審議が行われ、八日、可決成立した。[22]

二〇〇一年選挙で女性議員は減少したが、調査会メンバーは予想以上に当選した。そこで、二〇〇一年法の弱点に関して、新PTを作り三年後の見直しを前倒しに再検討を始めた。保護命令期間の延長、再申請手続きの容易化、つれて逃げた子どもへの保護命令発令、外国籍や障害のある女性への配慮条項の導入などである。

外国籍女性は、言語やリーガルリテラシーのほか、就業チャンスなど暴力的な夫から逃げにくい厳しい状況にあるが、さらに永住者でないと、ビザ切れで困難に直面する。というのも入国管理法が、公立病院や福祉部局も含む全公務員に、ビザなし外国人と接触したら直ちに入国管理局に通報するよう義務づけており、帰国に人権上問題があっても通報・収監・強制退去というルートに乗せざるをえなかったからだ。それゆえ、一時保護など民間シェルターしか対応できなかった。また日本人男性の配偶者ビザの場合、更新に夫の協力が必要で、夫がそれを楯に暴力をほしいままにする例もある。外国人の管轄は法務省であり、保護命令新設で法務省との交渉が難航したので、二〇〇一年法には外国人への配慮が抜けていた。

他方、障害のある女性の場合、市町村役場に援助を求めるとDV被害者でも障害者部局に回されがちだ。そうした部局の職員は、適切に対応できないことも多い。シェルターには、公設・民営ともバリアが多い。公の障害者施設に入所すると、所番地から加害者による追求が容易だ。また、制度の発足当時は、「DVとは何か」や相談や保護命令についての情報が、視覚・聴覚・知的障害者などに対応していなかった――音声や点字、ファックス、やさしい言葉での案内など――。

二〇〇四年改正に向け、女性団体は二〇〇一年法の問題点を明らかにし、女性議員や省庁と交渉を繰り返した。その成果によって、保護命令の強化拡大や生活再建条項、外国人女性・障害のある女性への配慮条項が入った。こうして、行政が消極的でも、議員立法で新政策作りが可能だということが明らかになった[23]。二〇〇七年には、限定的だが精神的暴力にも保護命令が出るよう改正した[24]。このように、女性市民と女性議員の連携によって、自分たちの使いやすい法律を作ること、つまり政策の創造ができ、それによって、他領域の政策も人任せでなく自分たちで作りうると分かったのである。

ただ、二〇〇七年改正法には三年後の見直し条項が入っていない。また次期改正では、今までの改正を進めてきた女性たちは、法律婚・事実婚の配偶者に加え、デートDVや同性カップル[25]にも適用することを考えている。しかしこれには、より厳しい壁があると予測され、実際二〇一〇年には改正が

図表5　国家公務員Ⅰ種（旧上級）に占める女性比率

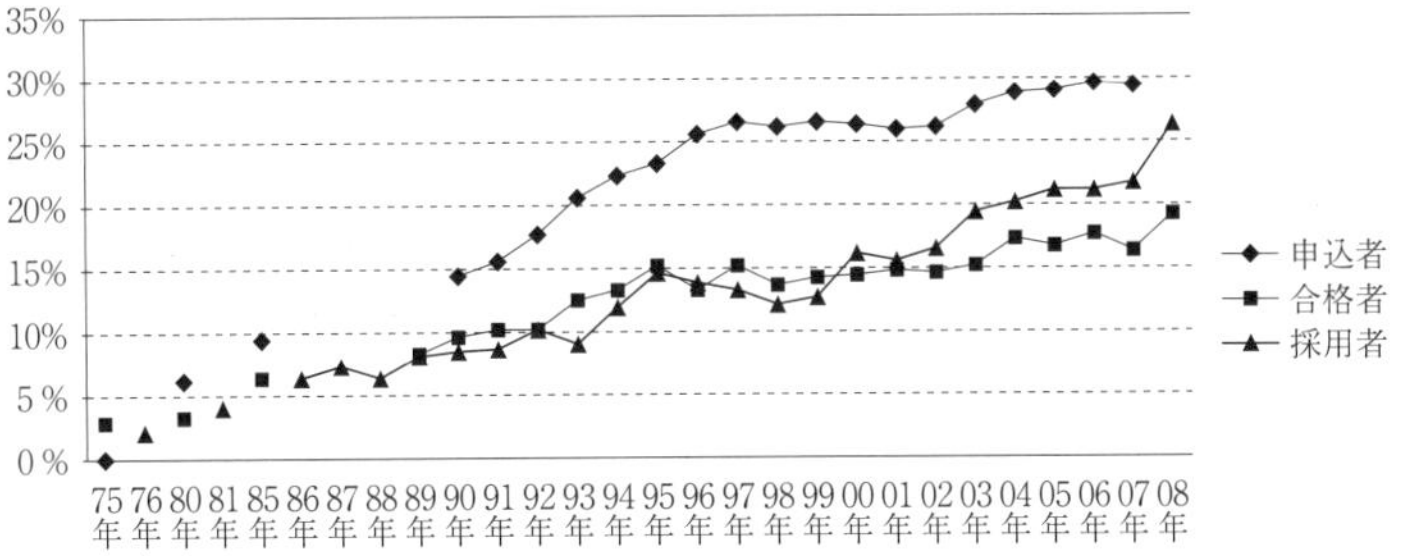

出典）『国家公務員白書』、『男女共同参画白書』、『女性参政関係資料』（40周年記念・50周年記念・60周年記念：市川房枝記念会）より筆者作成。

図表6　国家Ⅰ種のうち事務区分（行政・法律・経済）に占める女性比率

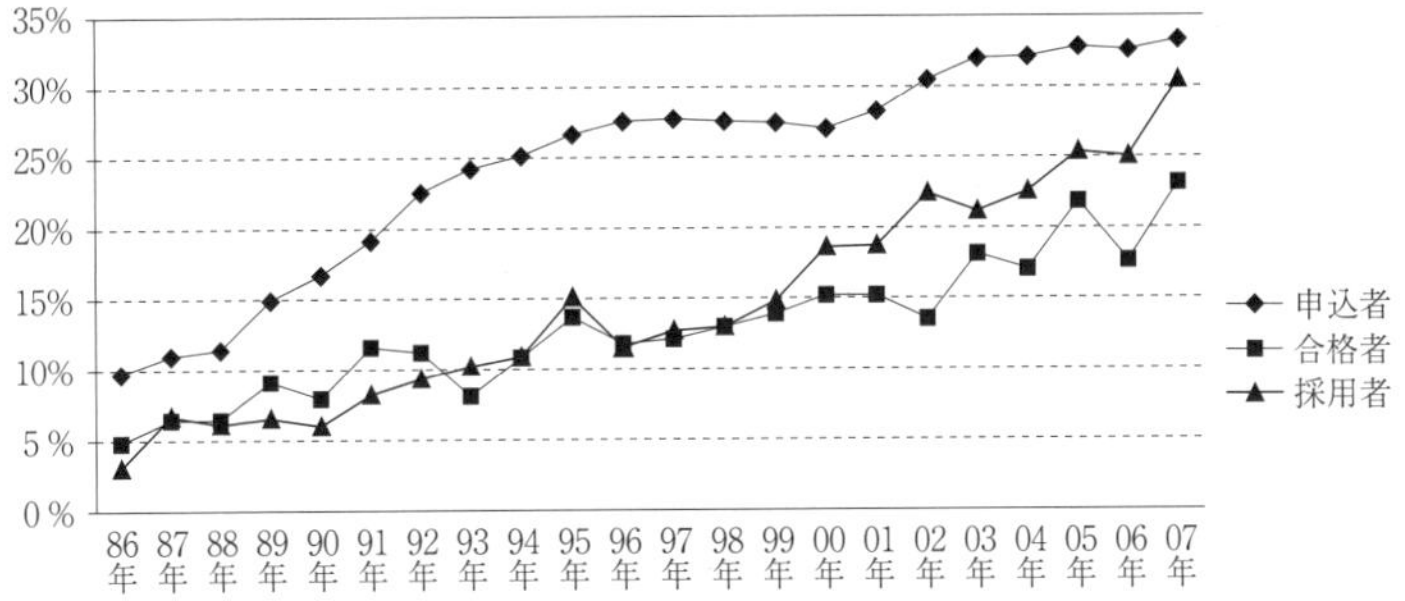

出典）平成20年度『国家公務員白書』より筆者作成。

行われなかった。

第一に、妻が虐待されていれば「夫が、けしからん」と理解されやすいが、交際段階だと「好きで交際していて、なぜ逃げないのか」というDV被害者を追い詰める問いが、より声高になりかねない。当事者間で、被害者が「自分は無力で、加害者から逃げられない」と思い込まされているのに変わりないにもかかわらず、である。性暴力について理解の歴史が浅い日本では、問題意識のある女性市民と女性議員が連携しても、男

図表7　国家公務員幹部に占める女性比率

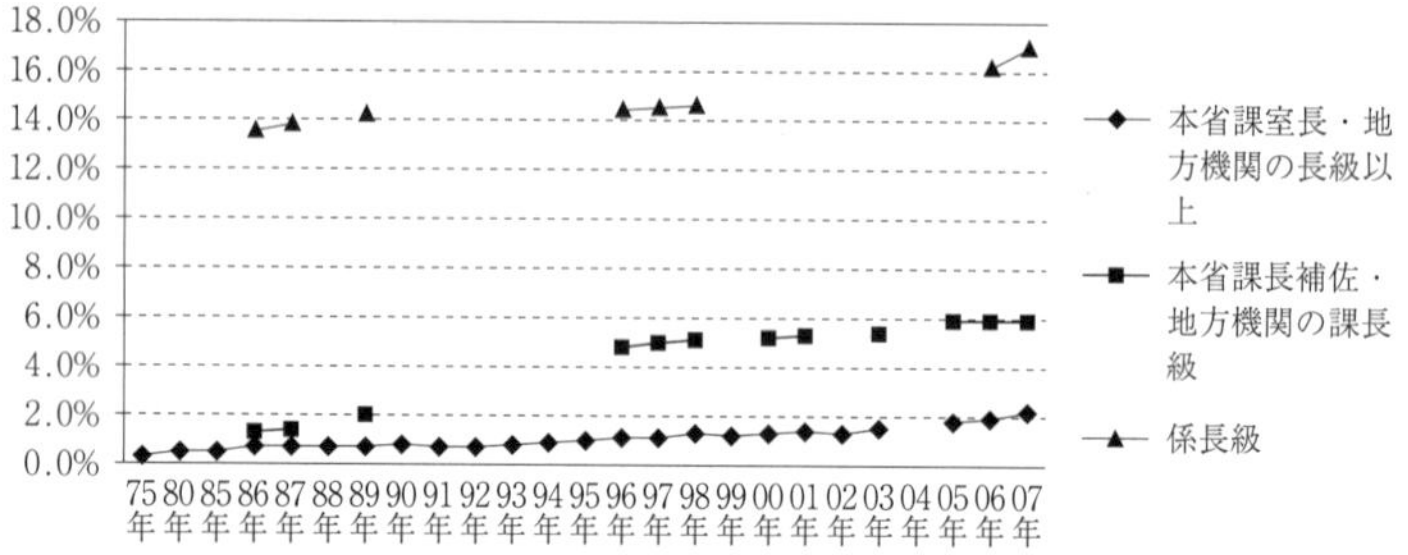

出典）『国家公務員白書』、『男女共同参画白書』、『女性参政関係資料』（40周年記念・50周年記念・60周年記念：市川房枝記念会）より筆者作成。

性議員のみならず、保守的な意識の女性の理解を得るのが難しいかもしれない。つまり男性議員がおそれる「多くの女性票」が、発動しない恐れがある。

第二に、鳩山由紀夫内閣では小沢幹事長が民主党を牛耳っており、二〇一〇年五月まで、議員発案を原則禁止していた。日本では通常、内閣提案によって立法が行われ、五五年体制下では議員立法は一割、一九九〇年代以降でも二割である。しかし、女性関連立法の多くは、実は議員立法である(26)。その理由は、男性の官僚たちが、外国に先進的な女性立法があっても、それを意識しないので、導入しないからである。あるいは、困り果てている国内の女性たちを見ても、自ら調査を設計して「何が問題か」を突き止めるという行動のスイッチが、入らない、つまり政策の必要性を意識しないからではないかと、私は疑っている。日本の行政官僚制は、I種公務員の採用で女性がようやく二五%に達したが、実は現在でも指定職以上は女性が二%という、おそろしい男社会である。

他方、国会議員は、男性でも女性票を意識する。女性議員から提案があると、表立って反対できない。そうした事情から、女性に関連する法律を政府が作るのは、国際条約がらみ（雇用機会均等法・男女共同参画社会基本法など）か、政権が女性票を強く意識した時（一九九一年の消費税改正、一九九七年の介護保険）に限られがちである。なお、二〇〇九年の政権交代前に、育児休業法が男性の育児休業を促すよう政府提案で改正された。女性官僚の活躍を含めて別稿で扱いたいが、ねじれ国会で自公政権が窮地にあったことは押さえておきたい。

ＤＶ法をはじめ、多くの女性関連立法が議員立法なのだから、議員立法の禁止は、女性関連立法の妨害であると言えよう。ただし政府提案として女性関連立法が進むのであれば、この批判は成り立たなくなるが。鳩山内閣には千葉景子法務大臣・福島瑞穂男女共同参画大臣がいたものの、夫婦別姓を含む民法改正も、二〇一〇年通常国会に上程されなかった。

他方、議員立法にも限界がある。英・独・仏でも、議員立法は二割程である。執政部がアジェンダ設定をして行政官僚制が草案を作るなら、短期間により多くのことができる――行政にも女性リーダーが必要だが――。議員の持つ資源には限界があり、議員立法は、内閣・行政ルートで立案できないレアケースに集中するべきだと考える。今後、政府提案と議員提案とのどちらが新しい女性関連政策を創るのか、あるいは両方とも動かないのか注目したい。さらに政府提案でも、女性市民・女性議員からの入力は欠かせない。つまり、政党や行政は、女性が「反対、反対」を言い立てるべき「敵」ではなく、ヘゲモニー闘争の賭け金なのであり、新しい政策を創造するための、せめぎあいの場なのである。そして狭義の女性関連立法のみでなく、予算や、外交・金融・治安政策なども女性の視点から見直すべきであり、議会、政党や行政はそのアリーナなのだ。

6　クリティカル・マスとマイノリティ

一九八五年国連世界女性会議ナイロビ大会は、政治・経済・学術・文化などの「意志決定の場に女性を三〇％に」と謳った。この数値目標は、クリティカル・マスという考えと連動している。紅一点、二点の「お飾り」では、女性は過剰に男性に同調したり、逆に「自分は女性だ」と過剰に強調したりしがちだという知見から、半数でなくても少なくない比率を占めるべきとの主張だ。ただクリティカル・マスは、連鎖反応を始める十分な量という語を原子物理学から借用しており[27]、核への警戒心が強い日本の女性には使いにくく、訳語が未定である。

クリティカル・マスには、多様な女性を代表するメリットもある。紅一点、二点では、その女性は、白人――日本では東洋人で、ここが特異である――、支配民族、異性愛、中間階級で、障害のない女性である場合が多い。彼女たちですべての女性を代表させれば、非白人、少数民族・先住民族、外国人女性、同性愛、貧困者、障害のある女性など、マイノリティ女性が捨象される。

例えば同性愛者を人口の五％とすると、二〇人近く女性議員がいなければ、レズビアンの議員は出にくいと言えるかもしれない。ただし約三万人の現在の日本の地方男性議員のうち、同性愛者と表明しているのは、ほんの数人である[28]。マイノリティの代表は、「自由競争」に任せては実現しにくい。

フランスのように男女同数代表（パリテ）のための憲法改正を行わなくても、政党での候補者セレクションの工夫で、多様なマイノリティの候補・議員を可能にする方法はある。しかしながら、過小代表されてきたグループに、補償として確実に代表を割り当てるという考えが、日本では拒否されがちだ。このことは本章を超える課題であり、外国の理論やクオータの紹介だけでは解決しない歴史的・思想的・文化的課題として、解明されなくてはならない。しかも、マイノリティの過小代表への補償のためには、広義の制度変革――政党組織などを含む――を構想しなくてはならないのである。

一九九七年のブレア政権（英）、ジョスパン政権（仏）、一九九八年のシュレーダー政権（独）など、左翼政党による政権獲得は、多くの女性議員を伴った。これは、党首の個人プレイでなく、機関決定をした党則のクオータによる(29)。日本の政権交代に欠けていたものだ。また、機関でのセレクションならば、候補から様々なマイノリティを排除しないようチェックできる。日本で必要なのは、各党が具体的な公認候補セレクション制度を構想し、どれが女性に最もフレンドリーか、競い合いが起こることなのである(30)。

おわりに

女性議員は一九八〇年代から増加し、衆議院でも一一％、地方議員でも一割を超えた。この背景に、「政治を男性まかせにできない」という意識・行動の高まり、女性の経済力・資格・スキルの増加、ネットワーキングの強化があげられる。そして、平成の大合併が地方議員数を大幅に減らし、結果として「地域推薦」を機能不全に陥れ、いびつな選挙制度のなかでの女性議員の比率の増加に、若干貢献している(31)。

いまや、女性の政治的代表が本当に必要である。公の財源に限界があり、政府の仕事とされたものの一部は、企業やNPOや個人や家族で担うかどうかが常に問われる。女性は市場経済のなかでは貧しく高齢者も多いので、福祉や教育や医療や公共交通の受益者が多い。政府内の福祉や教育や医療の担い手も、女性が多い。

厳しい財政状況のなか、これらを残すなら、他の何を削るべきか提起しなければならない。また、こうした仕事が政府から離れても、担い手には当面女性が多いだろう。何を政府の外に出し何を残すのか、どういう形を与えるのか、その決定に関わらなければ女性にとって不利な制度が導入されるだけではなく、そのことによって制度が機能不全になりもする。税制も変更されるだろうが、税の担い手としても女性は無視できない。さらに、性犯罪規制など、女性の視点で見直すべき、あるいは新設すべき政策領域も少なくない。新たにマイノリティ対象の法律を作る際も、そこに女性が半数いることが忘れられてはならない。女性は政策作りに名目のみならず実質的に参加するべきであり、そのためにも男性やマジョリティに偏らない多様な代表のための制度作りが必要なのである。

国連の女子差別撤廃委員会は、日本政府の男女共同参画政策におけるマイノリティ女性への配慮の欠如をしばしば指摘する(32)。マイノリティ女性の現状に関する統計も不備である。そうした指摘がなされる背景には、国際レベルでのマイノリティ女性運動の前進がある。また日本の、障害のある女性も、先住民女性も、被差別部落出身の女性も、外国人女性も、こうした運動と連帯を強めている。例えばレズビアンの連帯というとき、白人中心や英語中心になっていないかが意識されるのであり、日本国内での会合では、在日外国人や非ヤマト民族の女性の排除になっていないか、問いかけが行われている。[33]

マジョリティ女性は、マジョリティとして特権を持つ立場にあることを意識し、マイノリティ女性に及ぼしている人権侵害を理解し、その権利回復に心を砕き、彼女たちが過小代表に陥らないように動く責務がある。譲るべきものがあるのだ。しかし、マイノリティ女性の置かれた状態について、最も重責なのはマジョリティ男性である。[34]日本の女性は、マジョリティ女性であっても、政策を創りだすチャンスから閉め出されてきた。ＤＶ法に至ってようやく、「政策の創造」という参加の形態が明確に見えてきたのである。同時に同法の改正過程で、マイノリティ女性の権利に関する条項が初めて入った。これらを、点から線に、線から面に広げなくてはならない。

国家や政党の本質を先験的に規定して、あれもこれも不可能だと決めつけることは、一九六〇年代後半の第二波フェミニズムの初発にとどまることである。そうではなく、近未来における実現可能な変革について、創造性を発揮しながら構想することが、今日の課題である。その創造性は、異質な女性たちがつながりあうためにも、発揮されなくてはならない。海外の立派に見える制度も、一夜にしてできた訳ではない。壁にぶつかりながら、女性たちが自らをエンパワーし、自らの代表とともに政策を編み出し、妥協も含みつつ交渉の結果勝ち取ったものである。日本に住む女性たちにとって、こうしたことは先験的に不可能ではない。「学習による無力感」が、やや重度なだけである。しかしその重症さこそが、日本における保守のヘゲモニーを支えている。暴力的に狭い分野に閉じ込められてきた女性の創造性を回復することが、実はヘゲモニー闘争そのものなのである。

【注】

（1）牧瀬菊枝「母親大会」朝日ジャーナル編『女の戦後史Ⅱ』朝日新聞社、一九八五年、二九―三六頁。

（2）篠原一『現代日本の文化変容』れんが書房、一九七一年、では、「全日制市民」として、平日は地域にいない男性勤労者と比較して主婦の政治参加を高く評価しているが、首長や議員の性別には言及がない。

（3）Research Network on Gender, Politics and the Stateという研究グループによって啓かれた「ジェンダーと政策」研究の問題意識による。Cf. Dorothy McBride Stetson and Amy Mazur,（ed.）, *Comparative State Feminism*, Sage Publications, 1995, Amy Mazur（ed.）, *State Feminism, Women's Movements, and Job Training: Making Democracies Work in the Global Economy*, New York and London: Routledge, 2001, Joyce Outshoorn,（ed.）, *The Politics of Prostitution: Women's Movements, Democratic States, and the Globalization of Sex Commerce*, Cambridge University Press, 2004, Joni Lovenduski,（ed.）, *State Feminism and Political Representation*, Cambridge University Press, 2005, Melissa Haussman and Birgit Sauer（ed.）, *Gendering the State in the Age of Globalization: Women's Movements and State Feminism in Post Industrial Democracies*, Rowman and Littlefield, 2007.

（4）優生保護法の合法中絶条件は、①本人・配偶者の精神病・精神薄弱・精神病質・遺伝性精神疾患・遺伝性奇形、②本人または配偶者の四親等以内の血族の、①と同じ障害、③本人または配偶者がハンセン病《以上、優生条項》、

④妊娠の継続または分娩が身体的または経済的理由により母体の健康を著しく害する場合、⑤暴行・脅迫による性交での妊娠《以上、母性保護条項》であった。優生手術については、中絶よりも優生学的理由がより広く認められていた。また優生学的理由がない場合は、身体的理由が不可欠となっている。

(5) 優生保護法に関して、ティアナ・ノーグレン『中絶と避妊の政治学』岩本美砂子監訳、青木書店、二〇〇八年、参照。

(6) ベティ・フリーダン『新しい女性の創造（改訂版）』三浦冨美子訳、大和書房、二〇〇四年、参照。

(7) 小西聖子『トラウマの心理学』日本放送出版協会、二〇〇一年。

(8) 日本では性暴力問題をアジェンダにすることがなかなかできなかった。一九七〇年代に用いられた battered wife の定訳はない。また、「家庭内暴力」が子どもによる暴力として使われてきたため、一九九五年以降「ドメスティック・バイオレンス」というカタカナ語で、この現象を共有するようになった。

(9) 法務省刑事局編『法制審議会　改正刑法草案の解説』大蔵省印刷局、一九七五年。唯一、性交同意年齢──女性の同意があれば強姦としない境界──を一三歳から一四歳に引き上げるというのが、フェミニストの観点と一致するものであった。

(10) ノーグレン、前掲『中絶と避妊の政治学』のほか、岩本美砂子「人工妊娠中絶政策における、『決定』『非決定』『メタ決定』」『行政研究年報』一九九三年、参照。

(11) ドミティーラ『私にも話させて』唐沢秀子訳、現代企画室、一九八四年、二九七―三〇五頁。

(12) リブ新宿センター資料保存会『リブ新宿センター資料集成』インパクト出版会、二〇〇八年、など参照。

(13) 御巫由美子『女性と政治』新評論、一九九九年。

(14) よく知られているように、日本の母子家庭の所得は低く、養育費が払われるのは五分の一程度で──別れた夫より取り立てる制度の国も多いのだから、立法の不作為と言える──、福祉による援助も少ない。離婚すると、「経済的に罰される」。それを恐れて、暴力的な夫とも離婚できないケースもある。経済的な「罰」がより軽いところでは、暴力から逃げられる可能性が、より大きい。

(15) 金井淑子は、「『関係性に対する飢え』のような……不倫ブームと……無関係とは思えない」と、政治でも不倫でもいい「何か」を求めたことを捉えている。金井淑子『ポストモダン・フェミニズム』勁草書房、一九八九年、一〇—一一頁。

(16) 日本では、女性候補を〇〇%とするというクオータを採っている政党は他にない。こうした地域政党では、「五〇%対五〇%」でなく「一〇〇%対ゼロ」という究極のポジティブ・アクションを行っている。

(17) 「女で政治を変える」『現代の理論』一九八七年四月号。

(18) Cf. Misako Iwamoto, "Electoral Reform in Mid-1990s Japan," in Melissa Hausman and Birgit Sauer, *op. cit.*

(19) 優生手術に対する謝罪を求める会編『優生保護法が犯した罪——子どもをもつことを奪われた人々の証言』現代書館、二〇〇三年、などを参照。

(20) 増山幹高「介護保険の政治学——政策理念の対立と収斂」『公共政策　日本公共政策学会年報』一九九八年一号、および、衛藤幹子「連立政権における日本型福祉国家の転回——介護保険制度創設の政策過程」『レヴァイアサン』臨時増刊号、一九九八年、による。

(21) その後、比例代表が非拘束名簿に変わった。拘束式では上位の女性は当選しやすいが、非拘束だと同一党内の男性候補とフラットで争うことになり、地盤・看板・カバンで劣る女性は、当選しにくい。

(22) 岩本美砂子「日本のドメスティック・バイオレンス防止法（二〇〇一年）制定をめぐる政治過程」『法経論叢（三重大学）』第二三巻第一号、二〇〇五年、参照。

(23) 岩本美砂子「家父長制とジェンダー平等——マイノリティ女性条項が新設された二〇〇四年DV法を手がかりに」『年報政治学』二〇〇六年第一号、参照。

(24) この時は、超党派でなく、与党の自民党・公明党の女性議員の提案という形を取った。

(25) 二〇〇四年に議員立法でできた、性同一性障害者の戸籍上の性別変更の特例法で、法的に婚姻をしていないことが性別変更の条件のひとつとされている。つまり、(異性の) 配偶者の片方の性別変更を認め法的に同性のカップルを夫婦と認めることを、排除した。ここから推論すると、「配偶者間の暴力」に関する法律という構えを維持したまま同性カップルに適用を拡大することに大きな抵抗がありそうだ。

(26) 岩本美砂子「女のいない政治過程」『女性学』第五号、一九九七年、で、優生保護法（一九四八年）、産休教員の代替確保法（一九五五年）、売春防止法（一九五六年。政府立法だが、女性議員の提案が元になっている）、母子保健法（一九六五年）、旧育児休業法（一九七五年）、育児休業法（一九九一年。政府立法だが、女性議員の提案が元になっている）、母体保護法（一九九六年）を指摘した。酔っ払い防止法（一九六一年）も議員立法で、これについては、佐藤ゆかり「『酔っ払い防止法』の再評価とその限界——ドメスティック・バイオレンス、セクシュアル・ハラスメントの概念がなかった時代に」『国立女性教育会館　研究ジャーナル』第一四号、二〇一〇年、で指摘いただいた。

（27）Drude Dahlerup and Lenita Freidenvall, 'Quotas as a "Fast Track" to Equal Political Representation for Women: Why Scandinavia is No Longer the Model', paper presented at the American Political Science Association's Annual Meeting, Philadelphia, August 2003.

（28）尾辻かな子『カミングアウト』講談社、二〇〇五年、一六一—一六三頁。

（29）英、独については、『年報政治学』二〇一〇年第二号（「ジェンダーと政治過程」）に梅川正美「イギリスにおける女性議員と代表論」、中谷毅「ドイツにおける女性議員のクオータ制」が掲載予定である。フランスについては、Mariette Sinneau, "Des Femmes en politique," Economica, 1988, do., "Profession, femme politique," Presses de Sciences Po, 2001. による。

（30）岩本美砂子「クオータが論じられない日本政治の不思議」川人貞史・山元一編『政治参画とジェンダー』東北大学出版会、二〇〇七年、参照。

（31）岩本美砂子「女性地方議員の現状と課題——数量データに注目して」『公明』二〇一〇年一二月号。

（32）国連女子差別撤廃委員会「総括的所見」（二〇〇九年八月七日）のパラグラフ五一、五二、五三、五四。http://www2.ohchr.org/english/bodies/cedaw/docs/co/CEDAW.C.JPN.CO.6.pdf

（33）飯野由里子『レズビアンである〈わたしたち〉のストーリー』生活書院、二〇〇八年、第三章。

（34）「女性は『女性という弱者』なのだから、他の『弱者』——男性を含む——ともつながるべきだ」と言って女性の責を大きく設定することは、両義的である。マジョリティ女性が、女性のみでないマイノリティ集団と連携を作りだすことは、新しいヘゲモニー戦略でありうる。しかし、マジョリティ男性がそれを「女性の任務だ」と規定することは、マジョリティ男性から奪うべきものを棚に上げ、「マジョリティ女性がマイノリティと分かち合うべきだ」と強要することにもなりうる。新たな形態での、男性による支配の危険性がひそんでいる。

第8章　グローバル・ジャスティスの政治
——金融拡大局面終焉期における規制強化を中心に

土佐　弘之

はじめに

一九九〇年代以降、本格的に進んでいったネオリベラル・グローバリゼーション（ネオリベラルなグローバル・ガヴァナンス）の負の側面が明らかになるにつれ、オルタ・グローバリゼーション運動（ないしはグローバル・ジャスティス運動）が本格的に展開するようになり、それはたとえば、一九九九年一一月、シアトルで予定されていたWTO閣僚会議を中止に追いやるところまで抗議運動が広がるなど、グローバル政治に大きな影響を及ぼすようになっていった。一連のオルタ・グローバリゼーション運動の目標のひとつは、トービン・タックス税（通貨取引税）案に見られるように、私企業の経済活動に対する規制再強化などを通じて、過度な規制緩和にともなって発生した社会問題の解決、とくに社会経済的格差の解消や貧困の削減を求めるものであった。

その後、二〇〇八年のグローバル金融危機を契機に、先進資本主義諸国においては、破綻した金融機関の救済のため多額の公的資本が注入されたほか、ケインズ主義の復活を思わせるような大規模な財政出動が行われるなど、表面上、ネオリベラリズムを軸にしたグローバル・ガヴァナンスは大きな修正を余儀なくされている。しかし、それ以前から顕れていた貧富の格差の拡大などの社会経済的な構造的問題への本格的な取り組みが開始されたというより、危機の先延ばしがはかられているだけという印象が強く、オルタ・グローバリゼーション運動による異議申し立ては続いている。ただ、金融資本に対する規制強化などの点においては、「上からのグローバル・ガヴァナンス」の方向性とオルタ・グローバリゼーション運動との間での部分的な収斂が見られる。これは、中・長期的な観点から見れば、規制緩和（市場化）とそれにともなう社会経済的矛盾の噴出、それに呼応した規制強化・社会防衛の動きの顕現といった、カール・ポラニーの言うような一連の「ダブル・ムーブメント」の一《ひと》齣《こま》、ないしは社会への市場の再埋め込みの動きとも言える。さらに、世界システム論的な観点すれば、金融拡大局面の終焉にともなう社会経済的ガヴァナンスの再編過程（規制再強化）とも解釈できる。(1)

さらに、こうした金融規制を目指す運動には、単に行きすぎたネオリベラリズムの歪みを修正する動きというだけではなく、グローバルなレベルでの民主主義の深化を推し進める動きという側面もあることに留意する必要がある。経済がグローバルに統合されていくにつれ、ある国での経済政策の決定や市場での取引が、遠く離れた国で生活する人々に大きな影響を与えるということが日常的になってきている。一方で、遠隔地での決定に大きな影響を受けている人々が、その決定に参画できないばかりか、その決定過程になんの影響力を与えることもできないということもよく見られる。グローバル政治経済の仕組みは、明らかに「民主主義の赤字（democratic deficit）」の状態にあると言ってよいだろう。グローバル・ジャスティス運動は、「意志決定によって影響を受ける人々は、その意志決定に参画する権利があるという原則（the principle of affected interests）」[(2)]をグローバルなレベルに持ち込み、そこにある大きな「民主主義の赤字」を縮小させようとする試みでもあるということである。

民主主義を構成する民衆（demos）とは、一般に国民とほぼ同じものとするのが従来の見方であっただろうが、今日の世界のように、国境を越えて、それぞれの意志決定によって互いに影響を与えあっている状況を考えると、一国単位での民主主義は成り立たなくなっていると言ってよい。とくに問題となるのは、ある一部の金融エリートによる金融市場での投機的行為によって多大な損害を被る人々が世界的規模で存在しているような場合である。先の「意志決定によって影響を受ける人々は、その意志決定に参画する権利があるという原則」に照らして考えれば、投機的行為によって被害を受けている人々は、金融市場の規制政策についての意志決定に参画する権利があるということになろう。

ただし、同じ金融規制の動きにも、こうしたオルタ・グローバリゼーション運動と「上からのグローバル・ガヴァナンス」の延長線上にある動きとの間には、その狙いにおいて大きなギャップが依然として存在している。前者が、資源再配分を含むグローバルな政治の実現、そのためのグローバルなレベルでの民主主義の深化を目指しているのに対して、後者は、あくまで金融市場の安定化といったテクノクラート的ガヴァナンスの補強に照準を当てている。両者の動きは一部で収斂するところも見せているが、両者の間の隔たりはなお大きい。また、ネオリベラル・ガヴァナンスの普及拡大・浸透過程においても地域・国ごとに差異が見られたように、規制強化過程においても地域・国ごとによって差異が生じている。それは、地域・国ごとに異なるネオリベラル・ヘゲモニー・ブロックの抵抗の強弱やオルタ・グローバリゼーション運動の強弱などとも関連しているであろう。本章では、そうしたネオリベラル・ガヴァナンスの再編過程の政治的ダイナミクスについて検討を加えながら、グローバル・ジャスティスをめぐる政治におけるオルタ・グローバリゼーション運動のもつインプリケーションについて明らかにしていきたい。

1　ヘゲモニックな金融規制の動き——金融市場の安定化と税のハーモナイゼーション

二〇〇八年のグローバル金融危機を受けて、国際的なレベルにおいても、ようやく金融取引規制の動きが本格的に始まっていることは周知のとおりである。たとえば、二〇〇九年四月、ロンドンで開かれたG20首脳会合（金融サミット）では、税情報の交換協定に協力的でない国に対しては「制裁措置を講じる用意がある」という形で、タックス・ヘイブン（租税回避地）の監視強化での合意が取り付けられた。タックス・ヘイブンの監視強化のみならず、金融取引全般に対する監督・規制強化がはかられ、それにあわせる形で、各国金融当局によって構成される金融安定化フォーラム（Financial Stability Forum：以下FSF）の機能強化のため、G20すべてが参加する金融安定化理事会（Financial

Stability Board：以下ＦＳＢ）に改組された。さらに同年六月、イタリア・レッチェで開かれたＧ８財務相会合では、金融危機の再発防止に向けて、多国籍企業や金融機関の監視・規制などに関する包括的な指針（レッチェ・フレームワーク）を策定することで合意がなされた。

しかし、金融規制の動き、または金融規制を求める動きは、二〇〇八年のグローバル金融危機以前からあったことは周知のとおりである。まず、国際決済銀行の下にバーゼル銀行監督委員会というものが設立されたのが一九七四年であるが、一九八〇年代に金融自由化が進められるなか、大手銀行のコンチネンタル・イリノイ銀行が破綻したことを受けて、同委員会は一九八八年、銀行の自己資本比率に関する規制、自己資本の測定と基準に関する国際的統一化（バーゼル合意ないしはＢＩＳ規制）を採択し、各国にその適用を迫ったのが、国際的な金融規制の始まりであろう。しかし、金融不安定化を引き起こさないように定められた制度的基準を満たしていくことを各国に課していく、こうした金融規制の主眼は、あくまでアメリカ主導の金融自由化を進めるためのものであった点に注意を払う必要があるだろう。そうした方向性のもとで、メキシコ通貨危機、アジア通貨危機、ロシア通貨危機といったいくつかの通貨危機を契機にしながら、指標・標準を設定し、それへの改善を迫るネオリベラルなベンチマーキング型の国際的金融規制枠組みが緩やかに形成されていった(3)。

先に触れたＦＳＦもまた、そうした流れのなか、一九九七年のアジア通貨危機後のＧ７首脳会合（ボン・サミット）で、金融市場のサーベイランス強化のために、バーゼルの国際決済銀行に事務局を置く形で設置されたものである。ＦＳＦは二〇〇〇年、「オフショア・センターに関するワーキング・

グループ・レポート」をまとめて発表、オフショア金融センター（Offshore Financial Centers：以下OFCs）の問題はグローバル金融システムの安定性を脅かす危険性を有しており、OFCsを監視するための協力体制整備、そのための国際基準の確立などの勧告を行っている。[4]また、同レポートでは、約三〇のオフショア地域を確定したうえで、「協力的で高い水準の監視が行われているなど、国際基準をほぼ満たしている行政管轄体（jurisdictions）」をグループⅠ、「協力的で監視も比較的良好であるが、実際のパフォーマンスは国際基準に達しておらず実質的な改善が求められる行政管轄体」をグループⅡ、そして、「監視の質が低く非協力的であり、国際的基準を満たそうという試みがほとんど行われていない行政管轄体」をグループⅢに分類し、それぞれの国・地域名を公表したうえで、とくにグループⅢの国・地域に対しては是正勧告を行っている。これは、行動基準・標準を設定したうえで、それを遵守しない国・地域の名指しする形でのインフォーマルな制裁措置を通じて基準への遵守を間接的に迫るという、ネオリベラルな統治性に見られるベンチマーキング・システムの典型例のひとつであり、こうした金融規制は、あくまでネオリベラル・ガヴァナンスの方向性に即した「遠隔統治」である点には注意を払う必要があるだろう。[5]

ＯＥＣＤもまた一九九〇年代半ばから、租税に関する国際協調という観点から、ＯＦＣｓ、タックス・ヘイブンを問題視するようになり、一九九八年に「有害な税の競争：新たなグローバルな問題」、二〇〇〇年に「グローバルな租税協調へ有害な租税競争の特定および除去作業の進展」などのレポートを発表するなど、有害税制の判断基準の確定とともに有害租税競争を除去するための情報交換や透明性確保を進め、とくにタックス・ヘイブンを利用した租税回避や脱税に対する取り組みを行うようになっていった[6]。また、一九八六年、アメリカ政府が「麻薬との戦い（War on Drug）」という文脈で、マネーロンダリングを犯罪として認識しだしたことが契機となり、マネーロンダリングの取り締まりが強化されるようになった[7]。まず、一九八九年のＧ７首脳会合（アルシュ・サミット）で、政府間機関としてＯＥＣＤ内にマネーロンダリングに関する作業部会（Financial Action Task Force on Money-Laundering：以下ＦＡＴＦ）が設立され、麻薬取引や国際的組織犯罪の資金調達などに関連する金融取引の取り締まり強化がはかられることになった。一九九〇年に発表された「四〇の勧告」の最初で、麻薬取引などに関わっているマネーロンダリングを犯罪として取り締まることなどをうたっている[8]。そして、ここで出されたマネーロンダリングの取り締まり強化のための指針が、その後の反マネーロンダリング（Anti Money-Laundering：ＡＭＬ）・レジームの運用の基本的枠組みとなる。その後、とくに一九九八年のロシア通貨危機の際にはマネーロンダリングを介して大規模資本逃避が加速したとの見方がとられたことから、二〇〇〇年からはロンダリングに非協力的な国や地域、いわゆるブラック・リストを公表するという形での取り締まりが強化されるようになった[9]。ここでも、ＦＡＴＦのガイドライン表明とそれを遵守しない国・地域の名指しといった形のインフォーマルな制裁措置を介しながら、ＡＭＬのためのグローバル・ベンチマーキング・システムないしはグローバルな統治性が緩やかに構成されることとなった[10]。そして、ＡＭＬ政策は、そのコンプライアンスに問題を抱えながらも[11]、各国に一定程度の政策波及（policy diffusion）を引き起こしていくことになる[12]。

さらに、テロリスト資金調達の取り締まりという観点からも金融規制の動きはあった。まず、国連総会では一九九九年にフランスのイニシアティブのもと、「テロリズムに対する資金供与の防止に関する国際条約（テロ資金供与防止条約）」が採択され、二〇〇一年の九・一一事件後、反テロリズム委員会の設置を含め、同条約の強化などをもうたった国連安保決議一三七三が採択された。[13] ＦＡＴＦもまたテロリスト資金調達の取り締まりという観点から「八つの特別勧告（のち、九つの特別勧告）」が追加され、[14] ロンダリングの取り締まりは、経済犯の摘発というだけはなく、対テロ戦争と一体となった安全保障政策という側面が色濃くなる。ＡＭＬレジームが「テロリストによる資金調達との戦い（the Combating of the Financing of Terrorism：ＣＦＴ）」といったアメリカ主導の対テロ戦争の枠組みに組み込まれることで、ロンダリング問題のセキュリタイゼーション（安全保障問題化）の動きは強まった。[15]

しかし、皮肉なことに、その対テロ戦争を推進したブッシュ政権は同時に、ネオリベラリズム的政策、とくに金融の規制緩和を維持・推進を維持する観点からタックス・ヘイブンなどの取り締まりに消極的な姿勢をとったと同時に一国主義的外交へ走り多国間主義的枠組みを軽視したため、ＡＭＬに対するアプローチにおける欧米間の差が目立つようになり、ＯＥＣＤ／ＦＴＡによるＡＭＬレジームはその実効性を失いＯＦＣｓはほぼそのまま生き残ることになる。[16] こうしたＡＭＬをめぐる思惑の違いは、マネーロンダリングやＯＦＣｓについての見解の違いからも派生している。マネーロンダリングやＯＦＣｓ自体は問題ではなく、それを悪用する者が問題なのであるというという見方をとれば、当然、その取り締まりは緩くなるし、ＯＦＣｓやタックス・ヘイブン自体が問題であるという見方を採用すれば、その全面的規制が必要という主張につながっていくであろう。その見方は時代的文脈によって大きく変わってくるものであり、ネオリベラリズム全盛期、ましてや世界資本主義の金融拡大局面においては、ＯＦＣｓそのものを問題とする見方は当然へゲモニックにはなりえなかったということである。

ＯＦＣｓとは、一般には、非居住者の資産に対する所得税が著しく低いか無税の国や地域のことを指すが、より広義の定義だと、非居住者から資金を調達し非居住者に資金を調達するためにできた国際金融市場を指す。こうしたオフショア市場の歴史は、一九世紀半ばのアメリカのデラウェア州による会社法人に対する最低課税を梃子にした同州への企業登記誘致、二〇世紀初め頃から目立つようになった大英帝国内において本社を架空の所在地に移転させながら課税を回避する試み、また秘密厳守という比較優位によるスイスの銀行への資本流入といったところからすでに始まっているが、オフショア市場が本格的に発展するようになったのは、周知のとおり、一九五〇年代末のユーロ市場の成立以降である[17]。その後、一九七〇年代初めの固定相場制から変動相場制への移行、オイルダラーのリサイクリング、さらには一九八〇年代以降の金融の自由化・金融工学の発達にともなう新しい金融商品の拡大と証券化などをバックに、オフショア市場は逐次的に拡大していくことになる。

このようにオフショア市場の歴史的な沿革を見れば、パランが指摘するとおり、ＯＦＣｓに相当するものは、その時代環境などによって異なる役割を果たすものであり、また、その要因を一義的に決定することもできないことはわかる。[18] ＯＦＣｓ形成の要因を資本主義システムに一元的に帰することはできない。むしろ、ＯＦＣｓは主権の副産物と捉えたほうが正確かもしれない。[19] より正確に言えば、それは、主権国家体系と世界資本主義との間の齟齬・矛盾から派生し形成されたものであると言えるだろう。その相対的に優位な位置を維持しようと主要国は金融資本を優遇しようとするが、主権国家間での税制のハーモナイゼーションを達成できないため、高い可動性をもつ金融資本はその矛盾を突くかたちでタックス・ヘイブンを提供する国や地域へと移動することになる。高い可動性をもった資本は一部の主権国家に庇護されながら主権国家体系そのものを揺さぶり、結果として、資本逃避された側は租税主権を事実上喪失する形となる。こうした現象は、世界資本主義の金融拡大局面および金融のさらなる自由化によって、より顕在化することになった。ヘゲモニー主導の金融規制緩和が時代の基調としてあるあいだは、金融規制は困難で、ＯＦＣｓへッジファンドなどは事実上野放しとなり、深刻な金融危機といった金融拡大局面の終焉まで矛盾はさらに拡大することになる。つまり、ベンチマーキングやモニタリングを強化しながら、問題あるタックス・ヘイブンやマネーロンダリングなどを摘発しようとする一方で、ネオリベラルな統治性そのものがＯＦＣｓやそこに根拠地をもつ法外な状態を産出・拡大するというアイロニカルな状況は、アナーキカル・ガヴァナンスとでも呼ぶべき、ネオリベラルな統治性と例外状態のシンクロナイゼーションの現象とも類似している。[20] そうしたアナーキカル・ガヴァナンスの状況下でも、統治性の構造そのものの変革を視野に入れながら金融規制を求める動きが進んでいったわけであるが、そのことについて、次に見ていきたい。

2　カウンター・ヘゲモニー的な金融規制の動き——国際連帯税とグローバル・ジャスティス

下からの金融規制を求める動きもまた、グローバル金融危機以前からあったのは周知のとおりである。上からの金融規制が当初、金融安定化をはかるためのネオリベラルなベンチマーキング・システムを基調としていた限定的なものであったのに対して、下からの金融規制を求める動きは、通貨取引税（トービン税）などのグローバルな税制度の確立を目指し、その財源をもとに貧困削減を推し進め、世界的規模な所得再分配・福祉社会の実現を目指す、ネオリベラルなグローバリゼーションそのものに対抗する社会運動（つまりオルタ・グローバリゼーション運動）として展開していた点で、二つの規制の動きは極めて対照的であったと言えよう。その代表格は、「アタック（正式名称：市民を支援するために金融取引への課税を求めるアソシエーション、Association pour la Taxation des Transactions financières pour l'Aide aux Citoyennes et citoyens）」で、それがフランスで結成されたのは一九九八年のことである。一九九七年一二月の月刊誌『ル・モンド・ディプロマティーク』に編集長のイグナシオ・ラモネ（Ignacio Ramonet）が「金融市場を非武装化する」という論考を発表、国際金融市場を規制する運動の呼びかけを行ったことが一つの契機ともなり、NGO、労働運動、農民運動、市民運動などによって、アタックが結成され、その後、その運動は世界各地に波及していくことになる。アタックを含むオルタ・グローバリゼーション運動のうねりは、その後、一九九九年一一月のシアトルでのW

TO会議、二〇〇〇年四月のワシントンでのIMF世銀会議、二〇〇一年九月のプラハでのIMF世銀年次総会、さらには二〇〇一年七月のジェノバでのG8サミットに併行して街頭抗議活動の形で、また二〇〇一年以降の世界社会フォーラムのような世界的規模のフレキシブルな運動ネットワークの形で、次第に大きくなっていったことは周知のとおりである。

また、通貨取引税の制度化を求める運動に限っても、一九九〇年代、フランス発祥のアタック以外にも、ヨーロッパなどを中心にいくつかの動きが見られた。一九九七年にフィンランドに設立されたNIGD（グローバル民主化のためのネットワーク協会）や二〇〇一年にNGO「War on Want」を中心にイギリスで発足したトービン税ネットワーク、二〇〇三年にやはりイギリスで発足したタックス・ジャスティス・ネットワークなどが、それである。フィンランドの国際政治学者のヘイッキ・パトマキなどの著作に見られるように、アカデミズムでも、こうした運動を理論面から支援する動きが目立つようになる。[21] そもそも通貨取引税は、アメリカの経済学者ジェームズ・トービンが一九七二年にプリンストン大学での講義のなかで主張したものであったわけだが、トービンが当初想定していた短期の投機的取引の抑制・金融市場の安定化といった目的に加えて、次第に国連で採択された貧困削減などのミレニアム開発目標（MDGs）達成のための「革新的な財源」確保といった目的をもつようになっていった点に留意が必要であろう。具体的には、二〇〇一年七月にアナン国連事務総長が指名した「開発資金に関する専門家委員会」が提出したレポートなどにおいて示されたものであるが、[22] ただ、こうしたアイディア、つまりトービン税を開発途上国の国際開発支援の資金源として活用するプランは、すでに、人間の安全保障概念を前面に打ち出したものとして有名な一九九四年のＵＮＤＰレポートにおいて提示されていたものである[23]。そうしたアイディアが、グローバル・サウスや下からの社会運動からの圧力の結果、マルチラテラル・ガバナンスの制度として具体化の方向へ進んでいったということである。

さらに興味深いのは、こうした動きに呼応する形で、フランスなどのいくつかの国が通貨取引税などを政策として採用しだしたということである。カナダ議会が一九九九年三月、政府に対して通貨取引税を創設することを要求する法案を可決したのが、その最初の例で、二〇〇一年にはフランスの国民議会がトービン税を盛り込んだ財政法修正を可決し、ベルギー下院・上院もまた政府に対して通貨取引税の実現可能性を検討することを求める決議を採択している[24]。さらに注目すべきは、ミレニアム開発目標（ＭＤＧｓ）達成のための財源として国際連帯税を創設するとともに、そのなかに通貨取引税を組み込んでいこうとする動きも加速しだしたことであろう。二〇〇二年三月にメキシコのモンテレーで開催された国連開発資金国際会議では、ＭＤＧｓ達成のために必要な年間約五〇〇億ドルを確保するための「革新的な開発資金調達メカニズム（Innovative Development Financing Mechanisms）」の必要性が議論されるようになる。それを受ける形で、フランス政府は、この問題に対する積極的な取り組みを始め、二〇〇四年、いわゆるランドー・レポートをまとめ通貨取引税を含む国際連帯税の基礎となるアイディアを提示し[25]、二〇〇五年にはシラク大統領自ら世界経済フォーラムで国際連帯税の構想を発表した。こうした動きにブラジルのルーラ大統領なども賛同し、二〇〇四年には革新的資金メカニズムに関する専門家グループを発足させ、同年秋には、金融取引や武器輸出への課税やタックス・ヘイブンの取り締まりなど包括的な資金メカニズムの提言を行った「飢餓と貧困に対する行動」レポートを発表し[26]、さらには、そうした提言をもとに、フランスやブラジルなどを軸に、二〇〇六年には「開発資金のための連帯税に関するリーディング・グループ」(以下、リーディング・グループ)が結成されるなど、国際連帯税の制度化が推し進められていった[27]。

こうした「リーディング・グループ」の動きは、アタックなどのグローバル・ジャスティス運動による「下からのグローバリゼーション」、下からの金融規制の動きに呼応する形でフランスやブラジルなどが形成した対抗へゲモニー・ブロックともみることができよう。もちろん、こうした動きに対して、アメリカ政府は反対の立場を維持してきた。たとえば、一九九五年のコペンハーゲンでの世界社会開発サミットでは、トービン税を実施し世界社会開発基金に組み入れることが決議草案に提案されたにもかかわらず、アメリカなどの反対で、最終宣言案から削除され、同年のG7ハリファックス・サミットで出されたカナダのトービン税の検討案もまた、同様の反対にあい却下された[28]。また、先述したように、ブッシュ政権になってからは、OECDによるタックス・ヘイブンに対する規制にまで反対を表明するようになった。

しかし、グローバル金融危機、そしてオバマ政権への移行といった状況の変化のもとで、マルチラテラルな金融規制強化の動きは押しとどめられなくなってきている。アメリカのサブプライム・ローンの焦げ付きに端を発した急激な信用収縮として起きたグローバル金融危機であるが、焦げ付きのもととなった証券化されたローンの売買が主としてケイマン諸島など規制の緩いオフショア市場で取引されていたという事実を背景に、オフショア市場を含めて金融市場に対する規制強化の動きが一気に強まった。トービン税導入についても積極的な発言をする国が増えることになった。たとえば、二〇〇九年九月ピッツバーグで行われたG20サミットでは、ドイツのシュタインブリュック財務相が通貨取引税導入を提起し注目を浴び[29]、また、強い金融規制に警戒感をもっていたイギリスの金融当局のトップ（ターナー金融サービス機構会長）までもがトービン税に賛同の意を表すようにまでなってきているのは注目すべき変化であろう[30]。こうした変化は、英米によるネオリベラルな金融支配レジームが、カウンター・ヘゲモニー・ブロックの力によって徐々に再編されつつある移行過程的な現象とも見ることができる。

3　グローバル・ジャスティス運動の特徴とヴァリエーション

アタックなどによるトランスナショナルな運動を、オルタ・グローバリゼーション運動またはグローバル・ジャスティス運動と呼ぶことからも明らかなように、ネオリベラルな金融支配レジームに対するカウンター・ヘゲモニーを支える思想的なキーワードのひとつとしてグローバル・ジャスティスがある。グローバル・ジャスティスは、すべての人間が基本的人権を享受する資格を有すると同時に、すべての人間は他の人間の権利を尊重する義務を有するといった、強いコスモポリタニズム的理念に基礎をおいている。[31] グローバル・ジャスティス運動もまた、良い意味でも悪い意味でもコスモポリタニズム的志向と同時に理想主義的志向を併せもっている。国境を越えたところに政治的応答責任の範囲を想定するという点でコスモポリタニズム的であるし、オルタナティブを信じながらネオリベラリズムの方向で構成されてきたリアリティーを変えようとしている点で理想主義的であるということである。タックス・ヘイブンの問題をひとつとっても、主流の規制論とは異なり、単なる金融市場の不安定化を招く問題としてだけではなく、グローバルなレベルでの不正義の問題として捉えられている点に注意を払う必要があろう。たとえば、平均寿命が八〇歳を超える先進諸国がある一方で、平均寿命が四〇歳前後という最貧国があるといったように、生に与えられた機会そのものにおいて著しい地理的不平等が存在している。[32] そして、より多くのライフ・チャンスを求めて、南から北への人の移動が起こるものの、その多くが国境で阻止される。しかし、その一方で、資本は高い利益を維持するべく新たなタックス・ヘイブンを求め地理的障壁を軽々と越えながら自由に移動していく。そのような不正義ともいうべき状況に対して、国境という道徳的障壁を越えながら現実を是正していこうとしているところに、グローバル・ジャスティス運動の特徴を見いだすことができよう。

こうした運動がトランスナショナルなカウンター・ヘゲモニー・ブロックの一翼を担うようになってきているということは、ある意味でヘゲモニーの危機にともなうヘゲモニーを含む世界秩序の再編過程が進んでいることと同時に、グローバリゼーションのある種の帰結として政治的責任の脱領域化が現れていることを示していると言えよう。グローバル・ジャスティス運動は、グローバル・ポリテイクスの「現実」に関しての批判的解釈を共有することを通じて、従来のナショナル・アイデンティティを超える集団的アイデンティティ（コスモポリタン・アイデンティティ）を醸成しつつある。

それが、しばしば街頭示威行動・集会として現れる背景のひとつには、国レベルでの政党政治が機能不全に陥っているということがあることは留意すべき点であろう。冷戦終焉よりも前、投資家階級・企業家階級・労働者階級の「ケインズ連合」と言われる権力ブロックが形成された頃から「階級政治の終焉」ということが言われ、現実に多くの国で政党政治がポスト階級政治（総保守化）へと傾斜していた。その後、企業の多国籍化、ネオリベラリズムの深化とともにケインズ連合が解体し、「新たな階級政治（排除の政治）」が現れてきたわけだが、既存の政党システムはこうした新しい現実を媒介ないしは表象／代理する能力を喪失していたということである。ナショナルなレベルでの、そうした政治的表象／代理の機能不全、そしてグローバルなレベルでの民主主義の大幅な赤字を穴埋めすべく現れた政治現象のひとつが、グローバル・ジャスティス運動と言えよう。

しかし、これらの運動がナショナル・レベルでどのように展開してきたかを仔細に見ると、その実態・内容は地域や国ごとにさまざまである。たとえば、イタリアなど南欧では、労働組合など旧来の階級政治とのつながりが強く、また直接行動に訴える傾向が強いのに対して、ドイツやUKなどでは旧来の階級政治が衰退化していることもあり、そことのつながりは弱く、また政治行動もより間接的なアプローチがとられる傾向があるとの指摘もある。(33) またヨーロッパ諸国と比べると、アメリカの場合、一九九九年のシアトルでのＷＴＯに対する抗議運動の盛り上がりがあったものの、グローバル・

ジャスティス運動は相対的に弱く、とくにブッシュ政権下では、九・一一事件以降、国際政治の領域においては「テロとの戦い」に国民の関心が奪われた関係で、社会運動は内向き志向になりグローバル・ジャスティス運動へとつながっていくことがあまり見られなかったという。[34]

翻って、アジア地域を見てみれば、グローバル・ジャスティス運動はさらに弱いという印象が否めない。それは、運動だけではなく、国家についても同様のことが言える。たとえば、先に触れた「リーディング・グループ」に当初から加わっていた国のなかで、アジア地域からの参加国は、韓国とカンボジアだけであった（のちに、日本とインドも加わるが）。このコミットメントの弱さは、とくに金融資本に対するカウンター・ヘゲモニックな規制強化において、アジア諸国が主導的な役割を果たしていないということの現れであろう。それは、それぞれの国でオルタ・グローバリゼーション運動が相対的に弱いためにグローバル・ジャスティスといった考え方が政策として反映されないということに加えて、アメリカからアジアへのヘゲモニー・シフト、そしてネオリベラル資本主義から開発主義国家主導の資本主義への揺れ戻しが起きているなかで、[35]グローバル・ジャスティス問題そのものに対する関心が相対的に低く留まっていることが遠因のひとつとして考えられるであろう。また、とくに中国やインドなどのように本格的な（周辺部）フォーディズム段階に入っているところでは、開発主義的メンタリティは依然として根強く、脱物質主義的ないし脱開発志向的なオルタ・グローバリゼーション運動の広がりは限られているという背景事情もあるだろう。そうしたなかでは、チェンマイ・イニシアティブから、再浮上しつつあるアジア通貨基金構想なども、オルタ・グローバリゼーション運動のようにグローバルな金融秩序を変革しようとする試みというよりは、西から東へのヘゲモニー・シフトに連動した金融安定化策としての側面を強くもつ動きと捉えたほうが適切であろう。今後、アジア地域の政府および運動が、どの程度、またどのように、金融規制強化を含め国際金融レジームの変革にコミットしていくかが、注目されるところであるが、西から東へのヘゲモニー・シフトの追い風を受けながら国際分業ピラミッドの梯子を上がりつつあり、また開発主義が依然として根強いアジア地域は、グローバル・ジャスティス運動的な金融規制における役割という点において、かなりアンビバレントなポジションにあると言ってよい。

おわりに

経済の自由化を推進していったネオリベラリズムの考え方は、一九四七年にハイエクらによって設立されたモンペルラン協会などの（反革命的）アソシエーションを媒介にして徐々に広がり、一九七〇年代初めのフォーディズム的資本主義の危機を契機に、それまで主流の座にあったケインズ主義に取って代わることになった。そうしたネオリベラリズムの主流化を背景に、また、世界資本主義の金融拡大局面、さらには情報通信技術と金融工学の革新をともなった金融自由化が進展するといった状況のなかで、金融資本は時空間の制約を超えながら自らの自由な移動を止めどなく追い求め、結果として円滑な空間（トマス・フリードマンの言う「フラットな世界」）を創出していった。各国の金融市場がグローバルな金融市場として統合されていっただけではない。外国為替市場、証券市場、オプション市場、先物市場、商品市場、デリバティブ市場それぞれの市場間の境界もなくなり、さらにレバレッジを媒介にして、この巨大な金融市場は実体経済と乖離しながら膨張し続けたことは周知のとおりである。

しかし、円滑な金融空間が創出されていく際、ウェストファリア・システムのもつ領域性という特性は大きな障害となり、深刻な捻れが生じることになる。つまり、領域的境界とそれにともなう領域間の差異は、利潤につながる差異（たとえば利子率や税率の差異）をもたらすことになるが、そうした差異を媒介にして資源配分の著しい不均等が生じることになる。その捻れを象徴するもののひとつが、歪《いびつ》な形な資本の流れ、たとえばタックス・ヘイブンや投機的な通貨取引などである。これらを規制する動きとして、主に二つの系譜があることを紹介した。ひとつは、金融市場の安定化という目的のために、あらたに設けた国際基準に照らし合わせながら「問題ある」タックス・ヘイブンなどを監視・コントロールしていこうとする、FSFやFATFなどによる金融規制の動きである。しかし、こうしたベンチマーキング・タイプの規制は、システムの矛盾を根本的に解決するというよりは、ダメージ・コントロール的な弥縫《びほう》策の性格が強い。そして、もうひとつの規制の動きは、グローバル・レベルでの構造的不正義を是正するために、たとえば国際連帯税といったように通貨取引税などをMDGsの財源にあてるために、金融規制を強化していこうという動きである。そこにあるのは、ネオリベラリズムに沿った金融のグローバル化にともなう問題の二つ、つまり金融の過剰流動性とそれにともなうグローバルな格差拡大といった、二つの問題を結びつけながら、グローバルな金融秩序そのものを変革していこうとする企図である。

また冒頭で触れたように、こうした金融秩序変革を目指す運動には、単に行きすぎたネオリベラリズムの歪みを修正する動きというだけではなく、グローバルなレベルでの民主主義の深化を推し進める動きという側面もあることに留意する必要がある。明らかに「民主主義の赤字」の状態にあるグローバル政治経済の仕組みを変革しようとするグローバル・ジャスティス運動は、「意志決定によって影響を受ける人々は、その意志決定に参画する権利があるという原則」をグローバルなレベルに持ち込みながら民主主義を深化させようとする試みでもあるということである。

民主主義を構成する民衆とは、一般に国民とほぼ同じものとするのが従来の見方であったが、今日の世界のように、国境を越えて、それぞれの意志決定によって互いに影響を与えあっている状況を考えると、一国単位での民主主義は成り立たなくなっていると言ってよい。「意志決定によって影響を受ける人々は、その意志決定に参画する権利があるという原則」は、国境を越えて適用しない限り、意味をもたなくなってきている。一部の金融エリートによる金融市場での投機的行為によって多大な損害を被る人々が世界的規模で存在しているような場合、その原則に照らして、投機的行為によって被害を受けている人々は、金融市場の規制政策についての意志決定に参画する権利があるということになろう。実際、年金基金などが投機的金融市場に注ぎこまれる形で、生活圏の金融化が全面的に進んでいるなか、金融市場に対する民主的統制は喫緊の課題となっている。(36)

さらに言えば、後者の、とくに下からの金融規制の動きには、ジャック・ランシエールの言うような、「排除された者たちによる政治的主体性の構築と、それを通じ平等を推し進める民主主義の政治」が認められる。[37] ネオリベラリズムに沿った金融資本の運動がフラットな世界を創出していく過程で「強い個人主義（自己責任主義）」を梃子に社会的連帯性を解体していきながら「平準化されたコンセンサス（ヘゲモニー）」に基づくガヴァナンスを構築していったのに対して、グローバル・ジャスティス運動は、達成されていない「基本的人権における平等」を目指しながら、現在の社会経済的秩序から排除された者たちの間における連帯性を回復しようとする運動でもあった。

責任の脱領域化と連動するかたちで、その連帯の範囲を領域的主権（狭義の政治共同体）の境界を越えたところにまで伸ばしていく点にも、その運動の特徴がある。金融資本が国境を（先物市場を介して時間までも）越えて自由自在に動きながら世界中の人々に大きな影響を与えていく以上、アイリス・マリオン・ヤングが指摘していたように、そこには行為責任が特定できない複雑なグローバル・コネクションが生じることになり、そのつながりのなかで生きている人々は、狭義の政治共同体を越えた社会的コネクションを介する形で、お互いに構造的不正義に対する責任を共有することになる。[38] それは、ロールズの正義の第二原理を構成する格差原理をグローバルなレベルで適用すべきという議論にも通じることになる。たとえば、先進国の富裕市民は、グローバルな不正義状態を放置したまま最貧国で飢餓や貧困で苦しんでいる人々を見放すことは倫理的にも許されなくなってきているということである。[39] さらに言えば、貧困削減だけを語るのは「人間の顔をとってつけたネオリベラリズム」

のようなものであり、グローバル・レベルでの不平等という問題を捉え直さなければならず、その問題を解決する形で、グローバルな金融財政枠組みを変革していく必要があるというのが、タックス・ジャスティス運動の考え方である。(40) こうした動きには、かつて一九世紀後半にナショナル・レベルで社会問題が発見され社会的連帯が誕生していった流れとの類似性を認めることができよう。(41) つまり、金融拡大局面の終焉というひとつのヘゲモニーの黄昏を契機に前景化してきているタックス・ジャスティス運動ないしグローバル・ジャスティス運動は、グローバル・レベルでの社会問題が再発見され社会的連帯が生まれつつあることの一徴候として立ち現れていると言えよう。

【注】

（1）生産拡大局面に続く金融拡大局面の終焉を一つの長い覇権循環サイクルの終わり（終末的危機）とみなす見方は、ジョバンニ・アリギの世界システム論に依拠している（G. Arrighi, *The Long Twentieth Century: Money, Power and the Origins of our Times*, London: Verso, 1994）。もちろん、グローバル金融危機から一年も経たないうちに石油か大豆などの先物市場価格の再上昇などすでに投機的資本権力の短期的リカヴァリーが観察されており、金融市場が実態経済を反映しないという「現実」はしばらく大きく変わらない可能性もある。つまり、資本主義のサイクルに加えて、現在の金融拡大局面には、先物・オプション市場の登場、また、それらがエレクトニック・ネットワークによって、ある市場でのリスクを別の市場でヘッジできるようになったこと、さらにブラック＝ショールズ評価式などをくみこんだソフトウェアが発達し、リスクの金融商品化が過度に進んだことなどがあることは周知のとおりである（ジョエル・クルツマン『デス・オブ・マネー』山岡洋一訳、講談社、一九九三年、二〇九―二一〇頁）。

(2) R. A. Dahl, *After the Revolution? Auhtority in a Good Society*, New Haven: Yale University, 1990, pp. 49–52. R. E. Goodin, *Innovating Democracy: Democratic Theory and Practice After the Deliberative Turn*, Oxford: Oxford University Press, 2008, pp. 135–154.

(3) A. Walter, *Governing Finance: East Asia's Adoption of International Standards*, Ithaca: Cornell University Press, 2008, pp. 8–28.

(4) FSF, "Report of the Working Group on Offshore Centres," Basel: Financial Stability Forum, 2000.

(5) 土佐弘之「グローバルな統治性」芹沢一也・高桑和巳編『フーコーの後で：統治性・セキュリティ・闘争』慶應義塾大学出版会、二〇〇七年、一一九―一五三頁。.

(6) OECD, "Harmful Tax Competition: An Emerging Global Issue," Paris: OECD, 1998. OECD, "Towards Global Tax Cooperation: Progress in Identifying and Eliminating Harmful Tax Practices," Paris: OECD, 2000. R. S. Avi-Yonah, "The OECD Harmful Tax Competition Report: A Retrospective After a Decade," *Brook. J. INT'L L.*, 34 (2009), pp. 783–795.

(7) R. Hülsse, "Creating Demand for Global Governance: The Making of a Global Money-landering Problem," *Global Society*, 21 (2007), pp. 155–178.

(8) FATF, "The Forty Recommendations," Paris: OECD, 2003.

(9) FATF, "Annual and Overall Review of Non-Cooperative Countries or Territories," Paris: OECD, 2005. 二〇〇〇年に出されたＦＡＴＦのレポートでは、バハマ、ケイマン諸島、クック諸島、ドミニカ、パナマ、セントビンセントグレナディーン、イスラエル、レバノン、リヒテンシュタイン、マーシャル諸島、ナウル、ニウエ、フィリピン、ロシアがブラック・リストに挙げられていた。二〇〇一年のレポートでは、エジプト、グアテマラ、ハンガリー、インドネシア、ミャンマー、ナイジェリア、グレナダ、ウクライナが新たにリストに加えられている。これらのほとんどの国・地域は、二、三年のうちに非協力的な行動に改善が認められたとしてリストから外されている。

(10) Y. -K. Heng and K. McDonagh, "The other War on Terror revealed: global governmentality and the Financial

Action Task Force's campaign against terrorist financing," *Review of International Studies*, 34 (2008), pp. 553-573.

(11) C. Verdugo-Yepes, "Enhancing International Cooperation in the Fight Against the Financing of Terrorism," *Journal of Global Change and Governance*, 1 (2008), pp. 1-27.

(12) J. C. Sharman, "Power and Discourse in Policy Diffusion: Anti-Money Laundering in Developing States," *International Studies Quarterly*, 52 (2008), pp. 635-656.

(13) I. Bantekas, "The International Law of Terrorist Financing," *American Journal of International Law*, 97 (2003), pp. 333-341.

(14) FATF, "Special Recommendations on Terrorist Financing," Paris: OECD, 2004.

(15) Hülsse, "Creating Demand for Global Governance: The Making of a Global Money-landering Problem."

(16) A. L. Clunan, "The Fight against Terrorist Financing," *Political Science Quarterly*, 123 (2006), pp. 569-596. W. Vlcek, *Offshore Finance and Small States: Sovereignty, Size and Money*, New York: Palgrave Macmillan, 2008.

(17) C. Chavagneux and R. Palan, *Les Paradis Fiscaux*, Paris: La Découverte.（『タックスヘイブン』杉村昌昭訳、作品社、二〇〇七年）。

(18) R. Palan, *The Offshore World: Sovereign Markets, Virtual Places and Nomad Millionaires*, Ithaca: Cornell University Press, 2003, pp. 9, 71.

(19) *Ibid.*

(20) H. Tosa, "Anarchical Governance: Neo-liberal Governmentality in resonance with the State of Exception," *International Political Sociology*, 3 (2009), pp. 411-430.

(21) H. Patomäki, *Democratising Globalisation: The Leverage of the Tobin Tax*, London: Zed Books, 2001.

(22) High-Level-Panel-on-Financing-for-Development, "Report of the High-Level Panel on Financing for Development," New York: the United Nations, 2001.

(23) UNDP, "Human Development Report 1994," New York: UNDP, 1994.

(24) B. Jetin, *La taxe Tobin et la soliradité entre les nations*, Paris: Descarte & Cie.（『トービン税入門』和仁道郎訳、社会評論社、二〇〇六年）。
(25) J. -P. Landau, "Rapport à Monsieur Jacques Chirac Président de la République: Les nouvelles contribution financières internationales," Groupe de travail sur les nouvelles contribution finacières internationales (ed.), Paris: La Documentation française, 2004.
(26) "Report of the Technical Group on Innovative Financing Mechanisms", New York: 2004.
(27) 発足時のリーディング・グループのメンバーは、主として、ヨーロッパ、ラテンアメリカ、そしてフランコフォニーのアフリカ諸国からなり、次の三九カ国。アルジェリア、オーストリア、ベルギー、ベニン、ブラジル、ブルンディ、カンボジア、カメルーン、ケープヴェルデ、チリ、コンゴ、キプロス、エチオピア、フランス、ガボン、ドイツ、ギニアコナクリ、ハイチ、インド、象牙海岸、ヨルダン、レバノン、ルクセンブルク、マダガスカル、マリ、モーリタニア、モーリシャス、メキシコ、モロッコ、モザンビーク、ナミビア、ニカラグア、ニジェール、ノルウェー、南アフリカ、韓国、スペイン、UK。国際連帯税の沿革・概要については次の論考を参照。金子文夫「金融危機と国際連帯税」『世界』二〇〇九年三月、二五一―二五九頁。田中徹二「国際連帯税ならびにUNITAIDをめぐる動向と課題」『千葉大学　公共政策』第三号、二〇〇七年、一一七―一四三頁。上村雄彦『グローバル・タックスの可能性』ミネルヴァ書房、二〇〇九年、二七五―三一四頁。
(28) 吾郷健二『グローバリゼーションと発展途上国』コモンズ、二〇〇三年、二八五―二八六頁。
(29) S. Steinbrück, "Tax Trades to Share the Costs of the Crisis," *Financial Times*, September 24, 2009.
(30) P. Inman, "Financial Services Authority Chaiman backs tax on 'socially useless' bank," *The Guardian*, 27 August 2009.
(31) J. Mandle, *Global Justice*, Cambridge: Polity, 2006.
(32) UNDP, "Human Development Report 2007/2008," New York: UNDP, 2007.
(33) D. della Porta, "The Global Justice Movement in Context," in D. della Porta (ed.) *The Global Justice Movement: Cross-national and Transnational Perspectives*, Boulder: Paradigm Publishers, 2007, pp. 232–252.

(34) J. Hadden and S. Tarrows, "The Global Justice Movement in the United States since Seattle," in D. della Porta (ed.), *The Global Justice Movement*, Boulder: Paradigm Publishers, 2007, pp. 210–231.

(35) I. Bremmer, "State Capitalism Comes of Age: The End of the Free Market?," *Foreign Affairs*, 88 (2009), pp. 40–55.

(36) C. Marazzi, *Capitale & Linguggio: Ciclo e crisis della new economy*, Soveria Mannelli: Rubbettino, 2001. (『資本と言語——ニューエコノミーのサイクルと危機』柱本元彦訳、人文書院、二〇一〇年)、三九頁。

(37) J. Rancière, *La Mésente: Politique et Philosophie*, Paris: Galilèe, 1995. (『不和あるいは了解なき了解——政治の哲学は可能か』松葉祥一・大森秀臣・藤江成夫訳、インスクリプト、二〇〇五年)。J. Rancière, "Who is the Subject of the Rights of Man?," *The South Atlantic Quarterly*, 103 (2004), pp. 297–310.

(38) I. M. Young, *Global Challenges: War, Self-determination and Responsibility for Justice*, Cambridge: Polity, 2007, pp. 159–186.

(39) T. Pogge, *World Poverty and Human Rights*, Cambridge: Polity, 2002, p. 13.

(40) F. Mestrum, "Why We Have to Fight Global Income Inequality," in K. Matti and F. Mestrum (eds.) *Tax Justice: Putting Global Inequality on the Agenda*, London: Pluto, 2009, pp. 25–44.

(41) 田中拓道『貧困と共和国——社会的連帯の誕生』人文書院、二〇〇六年。

あとがき

二〇〇九年に、日本では長期の政権党であった自由民主党が総選挙で敗北し、野党の民主党を中心とした新政権が生まれた。いわゆる政権交代である。

政治への期待は高まった。しかしすぐに失望も生まれた。長期の自民党支配への不満と政権交代への期待が大きかっただけに、その期待に十分に応えられない新政権へのいらだちが、マスコミの批判と世論の振幅として現れる。政治の変化への過剰期待と政治不信の深化のサイクルである。

こうした現象は、二一世紀の政治では、世界的である。二〇世紀の終わりに、ベルリンの壁が崩れ、東西冷戦が終わって旧ソ連・東欧に市場経済と民主主義が導入された時、世界はある種の希望に満ちていた。自由市場を媒介に地球は一つになり、核戦争の恐怖は遠のくかに見えた。だが、湾岸戦争からコソボ紛争、九・一一からアフガニスタン・イラク戦争と、戦火は止まなかった。冷戦の過去も暴かれた。「非核三原則」の建前のもとで、米国と核持ち込みの「密約」を結び、自前の核兵器保有さえ秘かに画策してきた戦後日本の姿が明るみに出た。情報公開という意味では一歩前進だが、「核なき世界」への不断の運動がなければ、既成事実の追認にされてしまう。

グローバリゼーションの波に乗って、旧ソ連・東欧諸国の市場経済化は進んだが、政治の民主化は遅々とした歩みで、混迷のなかから独裁政治へのノスタルジアまで現れた。それは、当事国のみに留まらなかった。イタリアでは戦後政治の中核にいたキリスト教民主党の腐敗があばかれ、長期政権の与党が解体した。インド国民会議派の政権独占も終止符をうったが、それは宗教的原理主義の台頭を伴っていた。メキシコでは七〇年に及ぶ制度的革命党政権から野党に政権が移っても、隣国アメリカとの関係に拘束されて、政策転換は小幅なものになった。

短期で見れば、政権交代への期待と失望は、いたるところで見られる。「チェンジ」を掲げて当選した非白人オバマ大統領のもとでのアメリカ政治は、二年足らずで世論の離反ばかりか、移民排斥や宗教的保守化のバックラッシュをもたらした。日本の政権交代とその後の政治不信は、冷戦崩壊後の政治の全般的転換の、遅すぎた一齣なのである。

本書の各論文は、こうした政治の限界を見据えつつ、その基底で民衆の理性と参加を信頼し、民主主義の長期的トレンドを読み解く試みである。本書の狙いと構成については、すでに序章の冒頭に論じてあるので、ここでは繰り返さない。執筆者各位とともに、本シリーズの出版を決断し、本書の編集にあたられた、日本経済評論社栗原哲也社長、編集部の谷口京延さん、吉田真也さんに、心から謝意を表する。

加藤　哲郎・丹野　清人

鈴木 規夫（すずき のりお）　〔第５章〕
愛知大学国際コミュニケーション学部長・教授、同大国際問題研究所所長。
1957年生まれ。論文博士（政治学）成蹊大学。
著書に『光の政治哲学――スフラワルディーとモダン』（国際書院、2008年）、『現代イスラーム現象――その恐怖と希望』（国際書院、2009年）など。

西澤 晃彦（にしざわ あきひこ）　〔第６章〕
東洋大学社会学部教授。
1963年生まれ。東京都立大学大学院社会科学研究科博士課程単位取得退学。
著書に『隠蔽された外部――都市下層のエスノグラフィー』（1995年、彩流社）、『貧者の領域――誰が排除されているのか』（2010年、河出書房新社）など。

岩本 美砂子（いわもと みさこ）　〔第７章〕
三重大学人文学部教授。
1957年生まれ。名古屋大学大学院法学研究科博士課程単位取得退学。
監訳書に、ティアナ・ノーグレン『中絶と避妊の政治学――戦後日本のリプロダクション政策』（青木書店、2008年）、論文に、「2005年小泉首相の下で実施された衆議院議員選挙における女性自民党候補の多様性増大について」（『三重大学法経論叢』25巻２号、2008年）など。

土佐 弘之（とさ ひろゆき）　〔第８章〕
神戸大学大学院国際協力研究科教授。
1959年生まれ。東京大学大学院総合文化研究科修士課程修了。
著書に『安全保障という逆説』（青土社、2003年）、『アナーキカル・ガヴァナンス』（御茶の水書房、2006年）など。

【編者・執筆者紹介】

加藤 哲郎（かとう てつろう） 〔編者、序章〕
一橋大学名誉教授・早稲田大学大学院政治学研究科客員教授。
1947年生まれ。東京大学法学部卒業。博士（法学）。インターネット上で「ネチズンカレッジ」主宰。
著書に『象徴天皇制の起源』（平凡社新書、2005年）、『情報戦の時代』（花伝社、2007 年）、『ワイマール期ベルリンの日本人』（岩波書店、2008年）など。

丹野 清人（たんの きよと） 〔編者、第３章〕
首都大学東京人文科学研究科准教授。
1966年生まれ。一橋大学大学院社会学研究科博士後期課程単位修得退学、博士（社会学）。
著書に『顔の見えない定住化』（共著、名古屋大学出版会、2005年）、『越境する雇用システムと外国人労働者』（東京大学出版会、2007年）など、論文に「外国人労働者問題の根源はどこにあるのか」（『日本労働研究雑誌』587号、2009年）など。

宮本 太郎（みやもと たろう） 〔第１章〕
北海道大学大学院法学研究科教授。
1958年生まれ。中央大学大学院法学研究科博士後期課程単位取得退学、博士（政治学）。
著書に『福祉政治——日本の生活保障とデモクラシー』（有斐閣、2008年）、『生活保障——排除しない社会へ』（岩波新書、2009年）など。

畑山 敏夫（はたやま としお） 〔第２章〕
佐賀大学経済学部教授。
1953年生まれ。大阪市立大学大学院法学研究科後期博士課程単位取得退学、法学博士。
著書に『現代フランスの新しい右翼——ルペンの見果てぬ夢』（法律文化社、2007年）、『包摂と排除の比較政治学』（共著、ミネルヴァ書房、2010年）など。

木下 ちがや（きのした ちがや） 〔第４章〕
東京女子大学・首都大学東京非常勤講師、一橋大学大学院社会学研究科博士課程。
1971年生まれ。
著書に『グローバル化時代の人権——アメリカ自由人権協会の挑戦』（共著、明石書店、2005年）、訳書に、デビット・ハーヴェイ著『新自由主義——その歴史的展開と現在』（共訳、作品社、2007年）など。

民主主義・平和・地球政治　〈21世紀への挑戦　7〉

2010年11月30日　第1刷発行　定価（本体2500円＋税）

編者	加	藤	哲	郎
	丹	野	清	人
発行者	栗	原	哲	也

発行所　株式会社　日本経済評論社
〒101-0051　東京都千代田区神田神保町3-2
電話 03-3230-1661　FAX 03-3265-2993
info8188@nikkeihyo.co.jp
URL: http://www.nikkeihyo.co.jp

装幀＊奥定泰之　印刷＊文昇堂・製本＊高地製本所

乱丁・落丁本はお取替えいたします。　Printed in Japan

ISBN978-4-8188-2125-5